실전 게임 기초 AI 프로그래밍

실전 게임 기초 AI 프로그래밍

예제로 쉽게 배우는 게임 인공지능 프로그래밍

미카엘 다그라사 지음
금기진 옮김

| 지은이 소개 |

미카엘 다그라사^{Micael DaGraça}

포르투갈의 포르투에 살고 있는 게임 디자이너이자 AR 개발자다. 많은 게임 스튜디오에서 다양한 인디 게임과 앱을 만들어 왔다.

자라는 동안 많은 게임을 접했고 항상 게임에 대한 열정을 품고 있었다. 결국에는 게임 개발을 직접 배우기로 마음 먹었다. 코딩이나 3D 애니메이션의 배경 지식 없이 무작정 시작한 개발은 간단한 게임을 시작으로 계속해서 경험을 쌓아 더 나은 게임으로 발전했다. 게임이 작동하고 게임 플레이가 성숙하면서 제대로 된 게임을 출시하기로 결심하고, 오랜 친구와 함께 일하기 시작했다. 미카엘은 게임이 계획한 대로 잘 작동하도록 기술을 담당했고, 친구는 아트를 담당했다. 드디어 게임을 출시하고 다른 인디 게임 개발자들로부터 긍정적인 피드백을 받기에 이르렀다. 결국 게임을 통해 매출을 창출하면서, 원하던 게임 디자이너의 꿈을 현실로 이룰 수 있었다.

최근에는 다른 스튜디오의 개발자들이 갖고 있는 게임 아이디어의 구현을 도우며, 한편으로는 건강과 웰빙에 관련된 게임과 다양한 앱을 개발하고 있다. 이제는 개인 프로젝트에 투자할 시간이 별로 없지만, 틈나는 대로 다른 동료들과 함께 다양한 게임을 조금씩 만들고 있다.

"이 자리를 빌어 그동안 조건 없이 나를 지지해주신 부모님께 감사드리고 싶다. 부모님 없이는 게임 디자이너가 되고자 했던 나의 꿈을 이룰 수 없었을 것이다. 또한 나의 누나 알렉산드리나Alexandrina에게도 선뜻 자기의 오피스를 내줘서 초기에 게임 개발을 할 수 있는 자리를 마련해준 것에 대해 감사의 말을 전한다. 나의 오랜 친구이자 영원한 경쟁 상대인 비센테Vicente는 항상 한계를 극복하고 더 열정을 가질 수 있도록 동기부여를 해줬다. 여자친구 마르타Marta도 늘 내가 좋아하는 웃는 얼굴을 보여주고, 내가 일에 집중할 수 있도록 다방면으로 도와줬다. 마지막으로 오늘날 지금의 나로 자랄 수 있게 영감을 주신 할아버지께 이 책을 바치고 싶다."

다비데 아베르사 Davide Aversa

로마에 있는 라 사피엔차La Sapienza 대학교에서 로보틱스와 인공지능으로 석사 과정을, 컴퓨터 과학으로 박사 과정을 마쳤다. 동 대학교에서 게임 캐릭터와 컴퓨테이셔널 크리에이티비티Computational creativity를 위한 경로 찾기와 의사 결정 과정을 연구하고 있다.

| 옮긴이 소개 |

금기진(blindkkj@gmail.com)

뉴욕 주립대학교 스토니브룩에서 컴퓨터 공학을 전공한 뒤, 캘리포니아의 Visual Concepts에서 약 10년간 콘솔용 스포츠 게임인 〈NBA〉, 〈MLB〉, 〈NHL 2K〉 시리즈 개발에 참여했다. 현재는 〈NBA 2K19〉 개발에 참여하고 있다. 컴퓨터 프로그래머처럼 특수 기술을 다루는 사람일수록 컴퓨터와 관련 없는 다양한 경험이 삶에 꼭 필요하다고 믿고 있으며, 합창, 요가, 사진 등으로 그러한 경험을 채워 나가고 있다.

알파고와 이세돌의 바둑 대결이 많은 사람의 주목을 받았었다. 그러나 알파고가 어떤 방법으로 바둑에 가장 뛰어난 사람들을 이겼는지 아는 사람은 많지 않다. 이처럼 인공지능은 우리에게 친숙한 단어이면서 동시에 구체적인 의미를 가늠하기 어려운 단어이기도 하다. 이 책이 알파고 또는 그와 비슷한 인공지능의 고급 정보를 담고 있는 것은 아니다. 이 책은 컴퓨터 프로그래밍의 기초 지식은 있지만, 아직 인공지능 영역을 접하지 못한 개발자가 입문하기에 좋은 책이다. 〈GTA Grand Theft Auto〉 시리즈, 〈어쌔신 크리드〉, 〈심즈〉, 〈피파〉, 〈타워디펜스〉 등 거의 모든 게임 장르의 대표 게임들을 예로 들어, 게이머라면 누구나 한 번쯤 접해봤을 상황을 소개하고, 그것을 어떻게 구현하는지 알기 쉽게 설명했다. 특정 장르에 한정하지 않고 다양하게 조금씩 섭렵할 수 있는 뷔페 같은 책이라고 할 수 있다. 책을 다 읽고 얻은 지식은 평소 여러분이 생각했던 게임 아이디어를 구체적으로 구현하는 데 좋은 조미료로 사용할 수 있을 것이다.

│ 차례 │

게임을 개발하는 일은 상상만으로 완전히 새로운 세계를 창조한다는 점에서 굉장히 열정적인 과정이다. 마치 신과 같은 존재가 돼 우리가 만든 세계에서 AI 캐릭터가 살도록 하니까 말이다. 캐릭터가 행동하는 방식부터 그들이 이루는 사회에 이르기까지 온전히 우리의 상상에 달려있으며, 아주 친절하고 호의적인 캐릭터부터 현존할 수 있는 최악의 캐릭터까지 마음대로 만들 수 있다. 가능성은 끝이 없다. 이 무한한 가능성이 항상 새로운 게임이 나오는 원천이다. 게임의 장르를 불문하고 게임 세계와 그 속의 캐릭터는 우리 창조 과정의 핵심이다. 이것들이 우리의 게임을 우리만의 독특한 것으로 만든다. 이 책은 여러분이 온전히 여러분만의 상상을 바탕으로 게임을 만들고, 그 무엇에도 구속되지 말아야 한다는 생각으로 쓴 책이다. 이 책은 인공지능 캐릭터를 만드는 데 필요한 필수 기반을 다질 수 있는 내용을 담고 있다. 이 책을 다 읽고 책에서 다룬 내용을 이용하면 여러분이 상상한 AI 캐릭터를 완벽하게 구현할 수 있다.

▌ 이 책의 구성

1장, 다양한 문제에 적절하게 대응하기 비디오 게임 산업과 게임 AI를 소개한다.

2장, 가능기반 표와 확률기반 표 AI 캐릭터를 위해 각 표를 생성하고 사용하는 방법을 알아본다.

3장, 프로덕션 시스템 AI 캐릭터가 목표를 달성하기 위해 필요한 규칙을 생성하는 방법을 살펴본다.

4장, 배경과 AI 게임 속 캐릭터와 주위의 배경과의 상호작용 구현 방법을 소개한다.

5장, 애니메이션 동작 게임 속 애니메이션을 효과적으로 적용하는 방법을 소개한다.

6장, 내비게이션 방법과 길찾기 AI가 실시간으로 최적의 경로를 찾는 방법을 연구한다.

7장, 고급 길찾기 세타 알고리즘을 이용해 최단 경로와 현실적인 경로를 찾는 방법을 알아본다.

8장, 군중 상호작용 한 장면에 수많은 캐릭터가 있을 때 AI가 어떻게 행동해야 하는지를 살펴본다.

9장, AI 계획과 충돌 방지 원하는 장소에 도착하거나 문제를 맞이할 것을 미리 예측하고 그런 상황을 다루는 방법을 알아본다.

10장, 감지 능력 스텔스 장르의 핵심 기술인 인지 시스템을 자세히 알아본다.

▌ 준비 사항

C#을 이용한 게임 엔진 설치를 권장한다(책 속의 예제는 Unitiy3D의 무료 버전을 사용했다).

▌ 이 책의 대상 독자

한 번쯤 C#으로 게임을 만들어 본 개발자 중 더 나아가 자동으로 동작하는 AI, 군중, 적군, 아군을 더 구체적으로 구현하고 싶은 독자를 위한 책이다.

▌규약

다양한 종류의 정보를 구분하기 위해 여러 가지 편집 규약을 사용했다. 각 사용 사례와 의미는 다음과 같다.

본문의 코드, 데이터베이스 테이블 이름, 폴더 이름, 파일 이름, 파일 확장자, 경로, 인터넷 링크, 사용자 입력, 트위터 핸들 등은 다음과 같이 표현한다.

"앞으로 사용할 변수는 Health, statePassive, stateAggressive, stateDefensive 이다."

코드는 다음과 같이 표현한다.

```
if (playerPosition == "triggerM")
{
    transform.LookAt(playerSoldier); // 게이머를 바라본다.
    transform.position = Vector3.MoveTowards(transform.position,
    buildingPosition.position, walkBack);
    backwardsFire();
}
```

새로운 용어나 **중요한 단어**는 굵은 글씨로 나타낸다.

화면상의 단어나 메뉴나 다이얼로그 박스의 글씨는 본문에 다음처럼 표기했다.

"유니티에서 Layers 버튼을 눌러 옵션을 확장하고, Edit Layers…를 클릭한다."

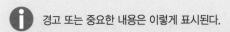 경고 또는 중요한 내용은 이렇게 표시된다.

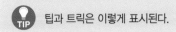 팁과 트릭은 이렇게 표시된다.

▌ 독자 의견

독자 의견은 언제나 환영한다. 이 책의 좋았던 점, 부족한 점 등 여러분의 생각을 알려주길 바란다. 독자 의견은 양질의 책을 만드는 데 큰 도움이 된다.

일반적인 의견을 보낼 때는 제목에 책 제목을 적어서 feedback@packtpub.com으로 보내면 된다.

지식을 갖고 있고, 책을 쓰거나 기여하고 싶은 주제가 있다면, 팩트 출판사의 저자 안내 페이지(www.packtpub.com/authors)를 참고하기 바란다.

▌ 고객 지원

팩트출판사의 책을 구매한 여러분이 책을 최대한 활용할 수 있도록 도와주는 여러 가지 방법을 제공한다.

예제 코드 다운로드

이 책의 원서에 수록된 예제 코드 파일은 http://www.packtpub.com에서 로그인한 후 다운로드할 수 있다. 이 책을 다른 곳에서 구입했다면 http://www.packtpub.com/support에서 계정을 등록하면 파일을 이메일로 직접 받을 수 있다.

예제 코드 다운로드 방법은 다음과 같다.

1. 팩트출판사의 웹사이트에서 이메일 주소와 비밀번호로 새 계정을 등록하거나, 계정이 있는 경우 로그인한다.
2. 상단의 SUPPORT 탭을 클릭한다.
3. Code Downloads & Errata를 클릭한다.
4. 검색 창에 책 이름을 입력한다.

5. 코드 파일을 다운로드할 책을 선택한다.

6. 드롭다운 메뉴에서 책을 구입한 곳을 선택한다.

7. Code Download를 클릭한다.

파일을 다운로드한 후 다음 프로그램의 최신 버전을 이용해서 폴더의 압축을 해제한다.

- 윈도우용: WinRAR / 7-Zip

- 맥용: Zipeg / iZip / UnRarX

- 리눅스용: 7-Zip / PeaZip

원서의 예제 코드는 https://github.com/PacktPublishing/Practical-Game-AI-Programming에서도 내려받을 수 있다. 또한 https://github.com/PacktPublishing/에서는 다양한 도서와 비디오 카탈로그에서 제공하는 다른 코드도 있으니 확인해 보길 바란다. 그리고 한국어판 예제 코드는 에이콘출판사의 도서정보 페이지인 http://www.acornpub.co.kr/book/game-ai-programming에서 다운로드할 수 있다.

컬러 이미지 다운로드

이 책에서 사용한 스크린샷과 다이어그램을 컬러 이미지로 볼 수 있는 PDF 파일을 제공하고 있다. 컬러 이미지를 통해 게임의 결과물이 변화하는 과정을 더 쉽게 이해할 수 있을 것이다. 이 파일은 https://www.packtpub.com/sites/default/files/downloads/PracticalGameAIProgramming_ColorImages.pdf에서 다운로드할 수 있다. 또한 에이콘출판사의 도서정보 페이지인 http://www.acornpub.co.kr/book/game-ai-programming에서도 다운로드할 수 있다.

오탈자

내용을 정확하게 전달하기 위해 최선을 다했지만, 실수가 있을 수 있다. 책의 본문이나 코드 등에서 잘못된 부분을 발견했다면 꼭 알려주길 바란다. 그런 참여를 통해 책의 다음 버전을 개선하고, 다른 독자에게도 도움을 줄 수 있다. 오탈자를 발견하면 http://www.packtpub.com/submit-errata에서 책을 선택하고 Errata Submission 링크를 클릭한 후 오탈자의 세부 내용을 입력하면 된다. 보내준 오류 내용이 확인되면 웹사이트에 그 내용이 올라가거나, 해당 도서의 정오표에 추가된다.

등록된 오탈자는 http://www.packtpub.com/support에서 도서명을 검색해 확인할 수 있다.

한국어판의 오탈자는 에이콘출판사의 도서정보 페이지 http://www.acornpub.co.kr/book/game-ai-programming에서도 확인 가능하다.

저작권 침해

인터넷에서의 저작권 침해는 모든 매체에서 벌어지고 있는 심각한 문제다. 팩트 출판사에서는 저작권과 라이선스 보호를 매우 중요하게 생각한다. 어떤 형태로든 불법 복제물을 인터넷에서 발견했다면 적절한 조치를 취할 수 있도록 해당 주소나 사이트명을 즉시 알려주길 바란다. 불법 복제가 의심되는 자료의 링크는 copyright@packtpub.com으로 보내주기 바란다. 저자를 보호하고 독자에게 더 좋은 책을 제공할 수 있도록 큰 도움을 주는 여러분께 감사를 전한다.

▌ 문의 사항

이 책과 관련된 질문이 있다면 questions@packtpub.com으로 보내주면 문제 해결을 위해 최선을 다하겠다. 한국어판에 관한 질문은 이 책의 옮긴이나 에이콘 출판사 편집팀(editor@acornpub.co.kr)으로 문의해주길 바란다.

01

다양한 문제에 적절하게 대응하기

▌ 게임 AI의 역사와 해결책

게임 제작자가 매일 마주하는 문제를 더 잘 이해하기 위해서는, 비디오 게임 개발의 역사를 살펴보고 당시 중요했던 문제와 이를 어떻게 해결했는지 배울 필요가 있다. 그중 어떤 방법은 매우 혁신적이어서 비디오 게임 디자인의 역사를 통째로 바꿨을 뿐만 아니라, 지금도 독창적이고 재미있는 게임을 만드는 데 사용되고 있다.

게임 AI를 말할 때 항상 첫 번째로 회자되는 예가 바로 인간을 상대하도록 개발된 컴퓨터 체스 프로그램이다. 체스는 다양한 사고와 앞을 내다보는 전략이 있어야만 이길 수 있는데, 당시 컴퓨터는 인간의 도움 없이는 이를 수행할 수 없었다. 이러한 이유 때문에 체스는 인공지능을 시험해볼 수 있는 최적의 게임이었다. 우선 컴퓨터가 게임의 규칙을 이해하고 현재 차례에서 최고의 선택을 계산할 수 있게 한 다음, 결국 체크메이트로 게임을 이기게 해야 했다. 문제는 체스에 수많은 갈래가 있다는 점이다. 컴퓨터가 완벽한 전략을 갖고 게임을 시작하더라도, 매번 전략에 이상이 생겼을 때 새로 계산하고 적응하고 바꾸고 심지어 새로운 전략을 만들어야 했다.

인간은 항상 다른 방식으로 체스를 둔다. 인간에 대응해 컴퓨터가 이기기 위해서는 프로그래머가 가능한 모든 경우의 데이터를 입력해야 한다는 난관이 있었다. 모든 경우의 수를 입력하는 일은 불가능했기 때문에, 프로그래머들은 문제에 새롭게 접근해야 했다. 그러던 어느 날 프로그래머들은 더 나은 방법을 고안해냈다. 바로 턴^{turn}마다 컴퓨터 스스로가 가장 타당한 선택을 함으로써 게임 도중 어떠한 경우에도 대처할 수 있도록 하는 것이었다. 하지만 이 방법에는 문제가 있었다. 컴퓨터는 해당 턴만 분석하고 앞을 내다볼 수 없었기 때문이다. 따라서 인간이 상대하기에는 아직도 많이 쉬웠지만 그래도 의미 있는 진전이었다. 인간을 상대로 이길 수 있는 컴퓨터를 개발하기 위해 수많은 연구자들이 노력하는 가운데, 수십 년이 지나서야 **인공지능**^{AI, Artificial Intelligence}이라는 단어를 정의하고 그것으로 문제를 해결한 사람이 나왔다. 아서 사무엘^{Arthur Samuel}은 스스로 학습하고 모든 가능한 경우를 기억하는 컴퓨터를 개발했다. 그로 인해 컴퓨터는 인간의 도움 없이 스스로 생각할 수 있게 됐는데, 이는 지금의 기준으로 봐도 아주 놀라운 성과였다.

▌비디오 게임 속의 적 AI

이제 비디오 게임 역사로 돌아와서 최초의 적과 게임 속 장애물이 어떻게 구현됐는지 알아보자. 과연 지금 사용하고 있는 방식과 많이 다를까?

1970년대 최초로 싱글 플레이 게임 속 적 AI가 등장한 이래로, 다양한 게임이 비디오 게임 속 AI의 성능과 기대치를 많이 향상시켰다. 타이토^{Taito}의 〈스피드 레이스^{Speed Race}〉(레이싱 게임), 아타리^{Atari}의 〈콰크^{Qwak}〉(총을 이용한 오리 사냥 게임)와 〈추격^{Pursuit}〉(비행기 조종 게임)등 오락실 게임이 그 예다. 초창기 개인 컴퓨터용 텍스트 기반 게임인 〈Hunt the Wumpus〉나 〈스타 트렉^{Star Trek}〉에도 적 AI가 있었다. 이 게임들이 재미있는 이유는, 기존 게임과는 달리 적 AI의 저장된 패턴에 랜덤 요소가 추가돼서 예측이 불가능했고 그래서 게임을 할 때 마다 새로운 경험을 줬기 때문이다. 이는 당시 프로그래머들의 능력을 배가시킨 뛰어난 마이크로프로세서가 있었기 때문에 가능했다. 〈스페이스 인베이더Space Invader〉에는 움직임 패턴이 있었고, 〈갤럭시안Galaxian〉은 기존 패턴을 향상하고 더 다양화함으로써 AI를 더욱 복잡하게 만들었다. 이후 〈팩맨Pac-Man〉은 그러한 움직임 패턴을 미로 장르에 구현했다.

〈팩맨〉의 AI디자인이 끼친 영향력은 〈팩맨〉 그 자체의 영향력만큼이나 컸다. 이 클래식 아케이드 게임을 하는 게이머는 게임 속 적들이 주인공을 진짜로 따라오는 것처럼 느꼈다. 유령들은 주인공을 따라오거나 피할 때 성격이 있는 것처럼 각기 다른 방법으로 움직였다. 이 때문에 사람들은 컴퓨터로 복사한 똑같은 유령이 아니라 네다섯 개의 다양한 유령을 상대한다고 착각했다.

이후 〈가라데 챔프Karate Champ〉는 파이팅 게임에 AI 캐릭터를 최초로 구현했고, 〈드래곤 퀘스트Dragon Quest〉는 RPG 장르에 전술 시스템을 도입했다. 수년 간 많은 게임이 인공지능을 도입해서 그 게임만의 독특한 컨셉을 만들었다. 이는 모두 '어떻게 컴퓨터를 이용해서 사람을 이길 수 있는가'라는 기본적인 질문에서 비롯됐다.

앞에서 언급한 게임들은 장르와 스타일이 모두 다르지만, 동일한 AI 기술을 사용했다. 바로 유한 상태 기계FSM, finite-state machine다. 이 방법은 최초 체스 게임용 컴퓨터처럼 프로그래머가 인간을 상대하기 위해 컴퓨터에 필요한 모든 행동 양식을 입력해야 한다. 인간을 상대하기 위해서 컴퓨터가 상황마다 어떻게 움직이고, 회피하고, 공격하고, 그 밖의 필요한 동작을 수행할지 구체적으로 정의해줘야 한다. 이 방법은 오늘날 대규모 게임에도 그대로 적용된다.

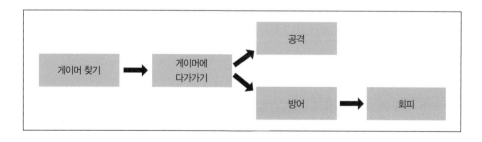

▌ 간단한, 똑똑한, 그리고 인간 같은 AI

프로그래머들은 AI 캐릭터를 개발하면서 많은 난관에 봉착하지만, 그 중에서도 가장 어려운 주제는 게이머가 현재 하고 있는 행동이나 앞으로 할 행동에 반응해 AI움직임과 동작을 설계하는 일이다. 이 주제가 어려운 이유는 미래의 게이머의 행동에 따라 반응할 AI의 움직임과 행동을 가능기반 표probability map와 확률기반 표possibility map만을 이용해서 이미 정해진 상태를 프로그래밍해야 하기 때문이다. 체스 AI에 게임의 모든 경우의 수를 포함하는게 아주 어려웠던 것처럼, 프로그래머가 AI의 가능한 경우의 수를 너무 확장한다면 이 방법은 굉장히 복잡해질 수 있다. 게이머가 할 수 있는 일을 정의하고 AI가 적절하게 반응하게 하는 일은 프로그래머에게 몹시 어려운 일일 뿐만 아니라 CPU 역시 많이 소모한다. 이 난관을 극복하기 위해 프로그래머들은 가능기반 표에 확률을 조합하고, AI가 게이머의 행동에 대응해 스스로 결정을 내릴 수 있는 다양한 테크닉을 적용하기 시작했다. 게임의 AI 수준을 높이는 데 중요한 요소인 테크닉들을 알아보자.

게임의 그래픽 퀄리티와 적과 아군 AI의 능력은 계속 발전했고, 게이머의 요구사항 역시 높아졌다. 게이머의 기대에 부응하는 새로운 게임을 만들기 위해서, 프로그래머들은 각 캐릭터에 더 많은 상태를 추가하고, 다양한 가능성을 확장하고, 적극적인 적 캐릭터, 중요한 동료 캐릭터 등을 구현했다. 그로 인해 게이머는 게임 속에서 할 수 있는 일이 더 많아졌으며, 자연스레 새로운 장르들이 탄생했다. 이는 기술이 계속 발전해서 비디오 게임 개발자들이 더 나은 인공지능을 시도할 수 있었기 때문에 가능했다. 아주 좋은 예가 바로 〈메탈 기어 솔리드Metal Gear Solid〉다. 이 게임은 기존의 평범한 슈팅 게임 대신 잠입 요소를 넣어서 새로운 장르를 개척했다. 하지만 개발자 히데오 코지마Hideo Kojima는 처음에는 당시 하드웨어의 한계 때문에 자신이 의도한 잠입 요소를 충분히 구현하지 못했다. 제 3세대에서 5세대로 게임기가 발전하면서, 코나미Konami와 히데오 코지마는 같은 시리즈에 훨씬 더 많은 AI 상호작용, 가능한 경우, 행동들을 추가했다. 〈메탈 기어 솔리드〉 시리즈는 굉장히 성공했고 비디오 게임 역사에서 중요한 게임으로 자리잡았으며 이후의 많은 게임에 영향을 줬다.

〈메탈 기어 솔리드〉 – 소니 플레이 스테이션 1

▌ 시각적, 청각적 인식

〈메탈 기어 솔리드〉의 이 그림은 적 AI의 시각적, 청각적 인식 기능이 구현된 방법을 잘 보여준다. 오늘날의 스텔스 게임 장르를 정립한 이 방법은 책 후반부에서 자세히 다룰 예정이다. 이 게임은 기본적으로 초창기에 이미 알려졌던 길찾기Path Finding와 유한 상태 기계 기술을 기반으로 한다. 하지만 새로운 게임을 만들기 위해 주위 환경과의 상호작용, 탐색 동작, 시야와 소리 인식, AI끼리의 교류 등 새로운 요소를 추가했다. 오늘날에는 장르를 불문하고 스포츠, 레이싱, 파이팅, 일인칭 슈팅 게임 등에 다양하게 사용되고 있는 많은 기술도 처음 등장했다.

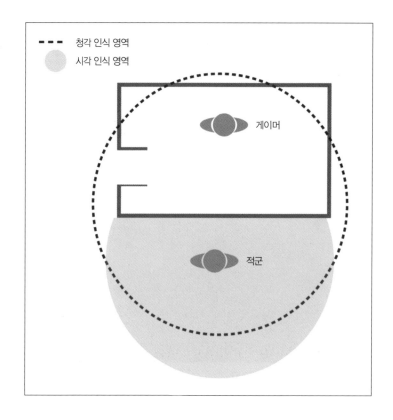

청각 인식 영역
시각 인식 영역
게이머
적군

이 새로운 기능은 게임 디자인 역사상 대단한 발전이었다. 하지만 이 기능 역시 완벽하지 못해서 개발자들은 계속해서 여러 문제에 직면해야 했다. 아니, 어쩌면 추가된 새로운 기능들이 더 많은 문제를 야기했는지도 모른다. AI가 실제 사람처럼 행동하기 위해서는 아직 많은 보완이 필요했다. 이는 스텔스 게임뿐만 아니라 그 외의 장르의 게임도 마찬가지였는데, AI의 사실적인 행동이 아주 중요한 특별한 장르가 있었다.

스포츠 게임, 특히 농구나 축구와 같이 실사 팀 플레이를 강조하는 시뮬레이션 게임이 바로 그 장르다. 단순히 사람과의 대결만을 말하는 게 아니다. 1대1 대결이었던 체스 게임은 이미 오래전에 떠났다. 다른 장르의 AI가 현실적으로 발전하는 것을 보면서 스포츠 게임의 광팬들도 그들이 좋아하는 게임에 같은 수준의 AI를 적용하기 원했다. 스포츠 게임은 실사 이벤트를 기반으로 하기 때문에 AI가 최대한 사실적이어야 하는 건

어찌 보면 당연한 일이었다. 이즈음 게임 개발자와 디자이너들 역시 AI 간의 상호작용뿐만 아니라 〈팩맨〉의 적들처럼 게임 속의 각 캐릭터가 스스로 생각하고 서로 다르게 행동해야 한다고 생각했다. 자세히 들여다보면 스포츠 게임의 AI는 각각 FPS나 RTS 게임들처럼 애니메이션 상태, 일반적인 움직임, 상호작용, 개인적인 의사결정, 전술적이고 협동적인 결정 등 비슷한 구조를 가지고 있다. 따라서 스포츠 게임도 상당히 발전한 AI를 기반으로 한 다른 장르의 게임들처럼 사실적일 수 있어야 한다. 하지만 스포츠 게임만이 가진 몇 가지 문제점이 있었다. 한 화면 속의 수많은 캐릭터가 독자적으로 행동하면서도 동시에 같은 목적을 향해 움직여야 한다는 어려움이 그것이다. 이 어려움을 염두에 두고, 우선 개발자들은 상대팀 AI뿐만 아니라 게이머와 같은 팀의 AI 캐릭터의 개별 행동을 발전시키는 데 주력했다. 유한 상태 기계가 인공지능의 중추를 담당하긴 하지만, 스포츠 장르의 현실감을 완성시킨 핵심적인 요소는 스텔스 게임에 사용된 예측과 인지 기술이었다. 컴퓨터는 게이머의 행동, 볼의 방향 등 여러 정보를 종합해서 계산하고, 동시에 팀 플레이가 진행되고 있는 듯한 착오를 일으켜야 한다.

한 화면 속의 여러 캐릭터에 스텔스 게임의 새로운 요소들을 적용하자, 정교한 스포츠 시뮬레이션 게임을 완성할 수 있었고, 수년 동안 아주 많은 인기를 끌 수 있었다. 이는 전혀 다른 게임에도 같은 방법을 적용할 수 있다는 점을 시사한다. 초창기 체스 게임의 핵심적인 아이디어가 30년 뒤의 스포츠 게임에도 중요한 요소로 쓰이고 있었다.

마지막으로 더 현실감 있는 AI 캐릭터 행동을 구현한 모노리스 프로덕션Monolith Productions의 〈F.E.A.R〉라는 게임을 살펴보자. 이 게임의 인공지능이 특별한 이유는 적 캐릭터 간의 대화 때문이다. 기술적인 측면만 고려하면 그리 대단한 발전은 아니었지만, AI가 말하지 않으면 일어나지 않은 것으로 간주하기 때문에, 캐릭터 AI에 들어간 기술을 효과적으로 보여주는 데는 분명 의미가 있었다. 실제라고 착각하게 만드는 것은 현실적인 AI 캐릭터를 만들 때 고려해야 하는 중요한 요소다. 캐릭터 간의 대화는 실제 사람 같은 느낌을 줬을 뿐 아니라, 능동적으로 표현함으로써 게임의 캐릭터 개발에 사용된 기술을 게이머가 더 구체적으로 느낄 수 있게 했다. 적 캐릭터가 처음 게이머를 발견했을 때 적은 발견했다고 소리를 지른다. 게이머를 놓치면 놓쳤다고 표현을 한다. 적 캐릭터가 게이머를 수색하거나 매복할 때 서로 대화를 하는데, 이를 통해 게이머가 이 캐릭터가 실제로 생각하고 계획을 짤 수 있다고 생각하게 된다. 이것이 중요한 이유는 캐릭터를 구현할 때 숫자와 수학 공식만 사용하면 인간적인 면이 없이 그 수식대로만 움직이기 때문이다. AI 캐릭터가 실제 사람처럼 보이기 위해서 실수와 오류, 대화를 집어넣음으로써 게이머가 기계를 상대하는 게 아니라는 착각을 일으키게 한다.

비디오 게임 속 인공지능의 역사적인 발전 과정은 완벽과는 거리가 멀었다. 게다가 지금부터는 1950년대 초반부터 지금까지 발전한 것과는 비교가 안될 정도의 작은 발전을 이루는 데 수십 년이 걸릴지도 모른다. 따라서 앞으로 배울 기술들을 서로 접목하고, 수정하고, 혹은 새로운 결과를 위해 축소하는 데 주저하지 않기를 바란다. 지금까지의 많은 게임들이 그렇게 성공해 왔기 때문이다.

▌ 요약

1장에서는 비디오 게임 AI의 역사를 둘러보고, 전통적인 게임에서 컴퓨터가 사람에 대항하는 방법을 생각했던 작은 고민이 비디오 게임 세계에서 어떻게 발전해 왔는지 배웠다. 또 초기의 문제점과 어려움이 무엇이었는지, 그리고 그것들이 아직도 프로그래머들을 괴롭히고 있다는 점도 알았다. 2장에서는 지금까지 가장 많이 사용돼 왔고 과거와 현재, 심지어 미래의 게임 속에서도 논란이 되고 진화할 기술을 알아볼 것이다.

02

가능기반 표와
확률기반 표

2장에서는 가능기반 표probability map와 확률기반 표possibility map가 무엇인지, 또 어디에 어떻게 쓰이는지 알아보자. 또 사람처럼 판단하는 AI 캐릭터를 생성하는 과정을 통해 게이머의 행동에 반응하고 최적의 선택을 하는 AI를 만드는 방법도 공부할 것이다.

이미 배웠듯이, 대부분의 비디오 게임은 게임 스스로 혹은 게이머의 행동으로 파생된 여러 시나리오에 AI가 미리 정해진 방법으로 대응하도록 설계됐다. 이 방법은 뛰어난 AI 캐릭터를 만들 때 아주 유용하기 때문에 초창기부터 오늘날에까지 쭉 사용됐다. 각 표가 무엇을 하고 양질의 AI 행동을 개발하는 데 어떻게 사용되는지 구체적으로 알아보기 전에, 이 표들이 대략적으로 무엇인지, 또 어디에 어떻게 적용되는지 우선 살펴보자.

우리는 게이머로서 게임 그 자체를 즐기고 각각의 요소를 열정적으로 경험할뿐, 게임에 적용된 기술을 크게 신경 쓰지는 않는다. 그렇기 때문에 게임 중 일어나는 단순한 일도 수많은 계획과 결정을 통해 이미 그렇게 되기로 결정돼 있다는 사실을 종종 잊곤 한다. 흔히 말하듯 모든 일에는 이유가 있고, 비디오게임도 마찬가지다. 처음에 시작 버튼을 누르고 마지막에 보스를 무찌르기 위해 화려한 콤보를 날리기까지의 일련의 과정은 모두 사전에 계획됐고, 이미 게임 속에 프로그래밍돼 있다. A 버튼을 눌렀을 때 캐릭터가 점프를 하는 이유는 그렇게 하도록 이미 정해져 있기 때문이다. 게임속의 적 AI나 아군 AI도 마찬가지다. AI 캐릭터가 게이머를 공격하거나 협력할 때의행동은 이미 게임 속에 프로그래밍돼 있는데, 이를 위해서는 먼저 프로그래머는 상태states를 정의한다.

▎ 게임 상태

가능기반 표나 확률기반 표를 만드는 방법을 터득하려면 게임 상태 혹은 줄여서 상태State라는 핵심적인 요소를 우선 이해해야 한다. 게임 상태란 게임에 정의된 여러 동작을 말하는데, 이러한 동작은 적 캐릭터뿐만 아니라 게이머에게도 적용될 수 있다. 예를 들어 간단한 동작으로 달리기, 뛰기, 공격하기 등이 있고, 이 상태들을 더 확장하면 캐릭터가 공중에 있어서 공격을 할 수 없는 상태, 캐릭터의 마법 에너지가 낮아서 마법 공격을 할 수 없는 상태 등도 있다. 캐릭터는 한 상태에서 다른 상태로 전환할 수 있고, 동시에 여러 상태를 실행할 수는 없다.

달리기	사격하기	방어하기
걷기	숨기	점프하기

▍가능기반 표

이제 1장에서 알아본 체스부터 〈메탈 기어 솔리드〉에 이르기까지 다양한 게임에 사용된 가능기반 표Possibility Map를 자세히 알아보자. 가능기반 표 없이는 게임 AI를 구현하는 게 불가능할 정도로 이 표는 지금도 활발히 사용되고 있다.

이름에서 유추할 수 있듯이, 가능기반 표란 게임 속의 게이머나 AI 캐릭터가 취할 수 있는 모든 상태를 프로그래머가 정의하는 것을 말한다. 게임상에서 가능한 모든 상태는 미리 파악되고 코드화돼야 한다. 하지만 가능한 상태가 아주 많다면 어떻게 될까? 캐릭터가 여러 동작을 동시에 실행해야 할까? 게임의 여러 상황마다 같은 동작을 실행한다면 캐릭터는 항상 같은 방법으로 반응해야 할까? 가능한 동작을 총망라하기 위해서는 게임에서 일어날 수 있는 모든 상황을 알아봐야 하는데, 이 모든 과정을 종합한 결과가 가능기반 표다.

가능기반 표 사용법

앞의 그림에 있는 상태들을 사용해서 간단한 일인칭 슈팅 게임을 예를 들어보자.

우리가 적 캐릭터라고 가정해보자. 우리의 목적은 걷기, 달리기, 숨기, 점프하기, 사격하기, 방어하기 상태만을 이용해서 게이머 캐릭터를 제거하는 것이다. 게이머는 우리를 죽이기 위해 최선을 다할 것이기 때문에, 게임이 진행되는 동안 다양한 시나리오가 전개될 수 있다. 기본부터 시작해보자. 평소에는 한 지점에서 다른 지점으로 순환하면서 진영을 경계한다. 게이머가 진영에 가까이 다가오면 우리의 목적은 진영을 보호하는 게 아니라 게이머를 저지하는 것으로 바뀌어야 한다. 게이머를 맞닥뜨리면 무엇을 해야 할까? 바로 사격할까? 게이머에게 가까이 다가가서 사격할까? 아니면 숨어서 게이머가 다가올 때까지 기다려야 할까? 게이머가 우리를 먼저 발견하고 총을 쏘려고 하면 어떻게 해야 할까? 이처럼 많은 일이 일어날 수 있지만, 대부분은 몇 개의 상태를 정의해서 해결할 수 있다. 이제 가능한 모든 경우를 표에 기입하고, 각 상황에서 어떻게 행동하고 반응해야 하는지 알아보자. 다음의 예를 생각해보자.

- 숨을 위치까지 천천히 걸어간 다음 주인공을 기다리다가 사격하기
- 숨을 위치까지 뛰어간 다음 바로 사격하기
- 숨을 위치까지 뛰어가는 동안 수비하기(총알이 날아오는 반대 방향으로 움직이면서)
- 주인공에 맞 사격 하면서 주인공 방향으로 달려가기

개발하는 게임의 종류에 따라 같은 상태도 각 장르에 어울리게 다른 방식으로 구현할 수 있다. 또 지금 만들고 있는 캐릭터의 인간성도 고려해야 한다. 캐릭터가 로봇이라면 자신이 파괴될 확률이 99%이더라도 게이머를 향해 계속 사격하기를 주저하지 않을 것이다. 반면 캐릭터가 신참 군인이라면 총에 맞기 두려워서 바로 숨을 확률이 높다. 이처럼 캐릭터의 성격 차이에 따라 가능성은 무궁무진하다.

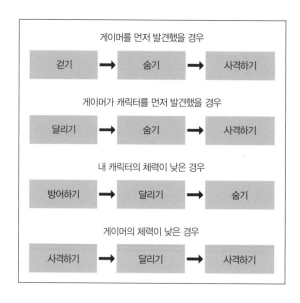

가능기반 표 준비하기(FPS)

이제 가능기반 표가 무엇인지, 또 게임의 여러 상황에 따라 알맞게 행동하는 AI 캐릭터를 만들 때 그것을 어떻게 사용하는지 이해했다. 이제 실제로 게이머를 상대로 이길 수 있는 AI 캐릭터를 직접 프로그래밍해보자. 예제에는 우리가 프로그래밍할 적군 AI 캐릭터와 게이머 캐릭터 두 개의 모델이 필요하다.

예제는 우리가 흔히 상상할 수 있는 상황으로, 게이머는 AI 캐릭터가 입구를 지키고 있는 건물에 들어가서 폭탄을 해제해야 한다. 게이머 캐릭터는 이미 프로그램이 완성됐다고 가정하고, 적군 AI만 신경 쓰자.

코드를 작성하기 전에, 우선 일어날 수 있는 상황을 모두 나열하고 AI가 어떻게 행동해야 하는지 고민해야 한다. 상황을 단순화하기 위해 맵을 2D로 전환한 다음, 거리나 다른 변수를 파악해보자.

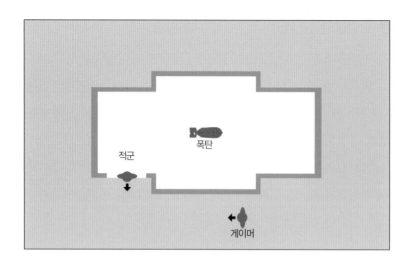

상황을 단순화하고 나니, 가능한 경우를 고민하기 수월해졌다. 게이머는 건물 주위를 마음대로 배회할 수 있다. 건물에는 입구가 한 개밖에 없고 그 입구는 AI가 지키고 있는 점을 유의하자. 화살표는 각 캐릭터가 바라보는 방향을 의미하는데, 이는 계획을 짜는 데 아주 중요한 요소다.

가능기반 표 생성법(FPS)

AI가 주변 상황을 상세하게 파악하는 과정은 다음에 배우기로 하고, 지금은 게이머 캐릭터가 우리 적 AI에 가까이 있는지, 어느 방향을 바라보는지 등의 변수를 단순한 Boolean으로 대체한다. 이를 이용해서 우리 적군 AI가 반응을 달리하기 시작할 영역을 그림에 표시해보자.

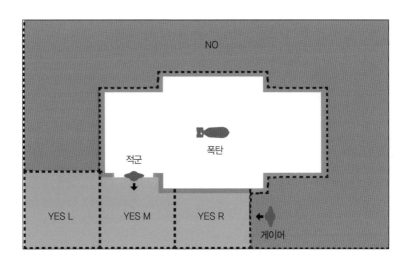

YES 영역은 AI가 수동적인 상태에서 능동적인 상태로 행동을 바꾸기 시작하는 영역이다. NO 영역에서는 AI의 행동이 변하지 않는다. YES 영역을 세 곳으로 구분한 이유는, 게이머 캐릭터의 위치에 따라 AI 캐릭터가 다르게 반응하게 하기 위해서다. 게이머가 오른쪽에서 접근하면(YES R), 숨을 수 있는 벽이 있다. 게이머가 왼쪽에서 접근하면(YES L), 벽이 없다. 혹은 중간에서 접근하면(YES M), AI는 건물 안쪽으로만 움직일 수 있다.

적군 AI의 스크립트를 구현해보자. 이 책에서는 예제로 C# 언어를 사용하지만, 기본 원리는 같기 때문에 여러분이 원하는 프로그래밍 언어로 작성해도 된다. 지금 상황에서 정의할 변수는 Health, statePassive, stateAggressive, stateDefensive이다.

```
public class Enemy : MonoBehaviour {
private int Health = 100;
private bool statePassive;
private bool stateAggressive;
private bool stateDefensive;
// 초기화에 사용되는 함수다.
void Start () {
}
```

```
// 업데이트 함수는 프레임당 한 번 호출된다.
void Update () {
}
}
```

이제 AI에게 필요한 기본 변수가 준비됐다. 이 세 개의 상태 변수를 사용하는 방법과 상태를 선택하는 방법을 알아보자. 여기서 가능기반 표를 사용할 것이다. 캐릭터가 반응할 영역은 앞에서 알아봤고, 상태를 나타내는 세 개의 변수도 준비돼 있으므로, 이제 게이머 캐릭터의 위치와 행동에 따라 어떻게 변화하고 반응할지 고민해야 한다.

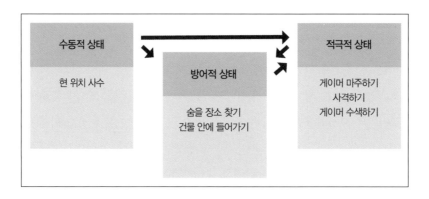

AI 캐릭터는 **수동적 상태**에서 **방어적 상태**나 **적극적 상태**로 전환할 수 있다. 또 **적극적 상태**에서 **수동적 상태**로, 혹은 **수동적 상태**에서 **적극적 상태**로 변할 수는 있지만, 한 번 게이머 캐릭터를 발견한 다음 수동적 상태로 돌아갈 수는 없다.

▌ 상태 정의하기

이제 각 상태를 발생시키는 조건을 정의하고, AI가 게임 속 여러 시나리오에서 옳은 상태를 선택하도록 구현하자. 우선 게임을 시작하고 게이머를 발견할 때까지의 기본 상태는 수동적 상태다. 방어적 상태는 두 가지 상황에서 발생한다. 하나는 게이머가 오른쪽에서 나타날 때고, 다른 하나는 게이머와 대적한 후 체력이 낮을 때다. 끝으로 적극적 상태는 게이머가 왼쪽에서 나타나거나 가운데에 이미 도달했을 때 발생한다.

```csharp
public class Enemy : MonoBehaviour {
private int Health = 100;
    private bool statePassive;
    private bool stateAggressive;
    private bool stateDefensive;
    private bool triggerL;
    private bool triggerR;
    private bool triggerM;

    // 초기화에 사용되는 함수다.
    void Start () {
        statePassive = true;
    }

    // 업데이트 함수는 프레임당 한 번 호출된다.
    void Update () {
        // 게이머와 마주하기 전까지는 수동적 상태를 유지한다.
        if(Health == 100 && triggerL == false && triggerR == false && triggerM
== false)
        {
            statePassive = true;
            stateAggressive = false;
            stateDefensive = false;
        }

        // 게이머가 오른쪽에서 출현하거나 AI의 체력이 20 이하이면 방어적 상태로 전환한다.
        if( (Health >= 20 && triggerL == true) || (Health >= 20 && triggerM
== true ) )
        {
            statePassive = false;
            stateAggressive = false;
            stateDefensive = true;
        }
```

```
        // 게이머가 왼쪽이나 중앙에서 출현하면서 AI의 체력이 20 이상인 경우 적극적 상태로 전환
한다.
    if(Health> 20 && triggerL == true || Health> 20 && triggerM == true)
    {
        statePassive = false;
        stateAggressive = true;
        stateDefensive = false;
    }
    }
}
```

이 코드에는 새로운 triggerL, triggerR, triggerM 변수를 추가했고, AI가 어떤 조건에 새로운 상태를 선택해야 하는지 구현했다. 이 코드로 우리 적군 AI는 게이머의 위치에 따라 어떤 상태를 선택해야 하는지 알고 있다.

이제 각 상태를 구체적으로 어떻게 구현할지 생각할 차례다. 우리가 만드는 적군은 게이머를 쫓아가지 않고 건물의 입구를 지키도록 설정할 것이다. 또 다른 게이머 캐릭터가 있는지도 모르는 상황에서 게이머를 따라갔다가 더 많은 캐릭터를 마주할지도 모르기 때문이다. 이 같은 설정은 AI의 행동을 더 현실적으로 보이게 한다. 전세가 불리해서 곧 죽기 직전이거나 건물을 이용해서 은폐할 수 있을 때에는 방어적 상태를 취하도록 할 것이다. 반대로 상황이 전적으로 유리하거나 더 이상 옵션이 없을 때는 공격적인 행동을 취하게 하자.

방어적 상태

우선 게이머가 오른쪽에서 나타나고 이를 AI가 발견했을 경우를 생각해보자. AI가 바로 총을 쏘지 않고 실제 사람처럼 벽에 붙어서 게이머가 잘 볼 수 없게 해보자. AI가 벽에 가까이 다가간 후 게이머가 접근해 올 때까지 게이머 방향으로 총을 쏘도록 만든다.

AI 캐릭터   게이머

수동적 상태였던 AI를 상황이 조금 더 유리하도록 적극적 상태가 아니라 방어적 상태로 전환한다. 이처럼 첫 대면에 방어적인 행동을 취하는 것은 컴퓨터 캐릭터를 실제 사람처럼 보이도록 할 때 매우 중요하다. 주위 환경에 따라 AI의 행동을 더 자세히 구현하는 방법은 나중에 알아보자.

```
Void Defensive ( ) {
    // 게이머가 triggerR 영역에 있는지 확인한다.
    if(playerPosition == "triggerR")
    {
        // 게이머가 있는 방향을 바라보도록 설정한다.
        transform.LookAt(playerSoldier);
        if(cover == false)
        {
            transform.position = Vector3.MoveTowards(transform.position,
wallPosition.position, walk);
        }

        if(cover == true)
        {
```

```
        coverFire();
    }
  }
}
```

게이머가 오른쪽에서 다가올 때 AI가 어떻게 반응해야 하는지를 보여주는 방어적 상태를 프로그래밍했다. cover, playerSoldier, coverFire 등의 변수도 추가했다. 우선 게이머 캐릭터가 triggerR 영역에 있는지 확인해야 한다. 게이머가 그곳에 있다면, AI는 벽으로 가서 숨어야 한다. 벽에 도달해서 숨었다면, 게이머에 사격을 가한다^{coverFire}. 이제 다음 상황을 구현하자. 사격에도 불구하고 게이머가 계속 살아 있다면, 더 불리한 상황이 전개되기 전에 다른 행동으로 전환해야 한다. 이 내용을 프로그래밍해보자.

이 경우에는 AI 캐릭터가 게이머에게 계속 사격하면서 조금씩 뒷걸음질해서 건물 안으로 들어가도록 설정한다. 조금 더 적극적으로 게이머에게 대항하거나 다른 전략을 사용할 수도 있지만, 일단은 간단하게 생각하자. 더 복잡한 행동은 나중에 알아볼 것이다.

```
if (playerPosition == "triggerM")
{
    transform.LookAt(playerSoldier); // 게이머가 있는 방향을 쳐다본다.
    transform.position = Vector3.MoveTowards(transform.position,
buildingPosition.position, walkBack);
  backwardsFire();
}
```

이 코드에는 게이머가 오른쪽에서 나타나서 계속 살아남은 후 가운데로 다가올 경우 AI가 대응할 행동을 추가했다. AI는 벽의 커버에서 건물 안쪽으로 이동하면서 계속 게이머에게 사격을 가한다. 결국 게이머나 AI 캐릭터 둘 중에 하나만 살아남을 때까지 우리 AI는 계속 뒷걸음질 칠 것이다. 이로써 게이머가 오른쪽에서 출현하는 경우를 마무리한다. 마지막으로 게이머가 건물 반대쪽인 왼쪽에서 출현하는 경우를 생각해보자. 이 경우 AI가 다른 방식으로 대응하도록 구현하고 예제를 마무리할 것이다.

적극적 상태

프로그래밍을 시작하기 전에 적군 AI를 위해 수동적 상태, 방어적 상태, 적극적 상태 세 가지를 정의했다. 수동적 상태와 방어적 상태는 앞에서 구현했고, AI가 성공적으로 건물을 방어하기 위해서 이제 마지막 남은 상태를 구현해야 한다.

앞에서 AI가 벽을 은폐용으로 사용할 수 없을 때에는 게이머와 정면승부를 하도록 했는데, 이 지도에서는 게이머가 왼쪽에서 갑자기 나타나는 경우가 그 예다.

우선 게이머가 왼쪽에서 출현했는지 확인해보고, 그랬을 경우 계획한 대로 수동적 상태를 적극적 상태로 바꿔야 한다. 이제 AI가 적극적 상태에서 어떤 행동을 해야 하는지 구현해보자.

```
Void Aggressive () {
    if(playerPosition == "triggerL" || playerPosition == "triggerM")
    {
        transform.LookAt(playerSoldier); // 게이머가 있는 방향을 바라본다.
        frontFire();
    }
    else {
        transform.position = Vector3.MoveTowards(transform.position,
triggerLPosition.position, walk);
    }
}
```

게이머가 왼쪽에서 출현한 후 일어날 수 있는 두 가지 경우를 추가했다. 첫 번째는 게이머가 나타난 후 AI 캐릭터 방향으로 다가오든지 왼쪽 영역에 남아있는 경우다. 두 번째는 게이머가 AI 적군을 보자마자 도망치는 경우인데, 이때는 AI기 게이머를 처음에

봤던 triggerL 방향으로 쫓아가도록 구현했다.

다음은 2장에서 지금까지 작성한 가능기반 표를 활용한 전체 스크립트다. 한번 확인
해보자.

```
Private int Health = 100;
Private bool statePassive;
Private bool stateAggressive;
Private bool stateDefensive;
Private bool triggerL;
Private bool triggerR;
Private bool triggerM;
public Transform wallPosition;
public Transform buildingPosition;
public Transform triggerLPosition;
private bool cover;
private float speed;
private float speedBack;
private float walk;
private float walkBack;
public Transform playerSoldier;
staticstring playerPosition;
```

앞의 코드에서 프로그래밍에 사용된 모든 변수를 확인할 수 있다. 다음은 나머지 코
드다.

```
// 초기화에 사용되는 함수다.
void Start () {
        statePassive = true;
    }

    // 업데이트 함수는 프레임당 한 번 호출된다.
    void Update () {
        // 게이머와 마주하기 전 까지는 수동적 상태를 유지한다.
        if(Health == 100 && triggerL == false && triggerR == false && triggerM
```

```
== false)
        {
            statePassive = true;
            stateAggressive = false;
            stateDefensive = false;
        }

        // 게이머가 오른쪽에서 출현하거나 AI의 체력이 20 이하이면 방어적 상태로 전환한다.
        if( (Health >= 20 && triggerL == true) || (Health >= 20 && triggerM
== true ) )
        {
            statePassive = false;
            stateAggressive = false;
            stateDefensive = true;
        }

        // 게이머가 왼쪽이나 중앙에서 출현하면서 체력이 20 초과인 경우 적극적 상태로 전환한다.
        if(Health> 20 && triggerL == true || Health> 20 && triggerM == true)
        {
            statePassive = false;
            stateAggressive = true;
            stateDefensive = false;
        }

        walk = speed * Time.deltaTime;
        walkBack = speedBack * Time.deltaTime;
    }

    void Defensive ( ) {
        // 게이머가 triggerR 영역에 있는지 확인한다.
        if(playerPosition == "triggerR")
        {
            // 게이머가 있는 방향을 바라보도록 설정한다.
            transform.LookAt(playerSoldier);
            if(cover == false)
            {
                transform.position = Vector3.MoveTowards(transform.position,
wallPosition.position, walk);
            }
```

```
            if(cover == true)
            {
                coverFire();
            }
        }

        if (playerPosition == "triggerM")
        {
            transform.LookAt(playerSoldier); // 게이머가 있는 방향을 바라본다.
            transform.position = Vector3.MoveTowards(transform.position,
buildingPosition.position, walkBack);
            backwardsFire();
        }
    }

    void Aggressive () {
        if(playerPosition == "triggerL" || playerPosition == "triggerM")
        {
            transform.LookAt(playerSoldier); // 게이머가 있는 방향을 바라본다.
            frontFire();
        }
        else {
            transform.position = Vector3.MoveTowards(transform.position,
triggerLPosition.position, walk);
        }
    }

    void coverFire () {
        // 여기에 적군 AI가 숨어있는 동안 사격하는 코드를 작성할 수 있다.
    }

    void backwardsFire () {
        // 여기에 적군 AI가 뒷걸음질을 치면서 사격하는 코드를 작성할 수 있다.
    }

    void frontFire() {
    }
```

가능기반 표 결론

드디어 첫 가능기반 표 예제를 완성했다. 2장에서 배운 기본 원리는 다양한 게임 장르에 적용할 수 있다. 사실 가능기반 표를 이용하면 개발자가 앞으로 만들고자 하는 대부분의 게임에 도움이 될 수 있다. 앞서 봤듯이 가능기반 표를 사용해서 게이머가 게임 속에서 일으킬 수 있는 모든 상황을 예상하고 각 상황에 AI가 어떻게 대응해야 하는지 구현할 수 있다. 표를 잘 구성함으로써 게임의 많은 문제점을 사전에 방지할 수 있으며, AI 캐릭터의 행동을 다양하게 만들 수 있다. 가능기반 표의 또 다른 장점은 서로 다른 여러 개의 표를 만들어서 실제 다양한 성격의 사람들만큼이나 다양한 AI 캐릭터를 만들 수 있다는 점이다. 인간이 다양한 만큼 AI도 다양해야 한다.

▌ 확률기반 표

확률기반 표Probability Map는 조금 더 복잡하고 자세한 가능기반 표다. 확률기반 표는 캐릭터의 행동을 단순히 모 아니면 도라는 조건이 아니라, 실제 확률에 따라 바꾼다는 점에서 더 복잡하다. 우선, 캐릭터가 취할 수 있는 모든 상태를 미리 준비해야 한다는 점은 가능기반 표와 비슷하다. 하지만 확률을 이용해서 다음에 취할 행동을 계산한다는 점에서 다르다. 예를 들어, 앞에서 만든 적군 AI가 밤보다 낮에 더 적극적으로 행동하도록 만들 수 있다. 밤에는 어두워서 게이머를 보기 힘든 만큼 적극적 상태보다 방어적 상태를 취하는 것이 더 자연스럽기 때문이다. 또는 마주한 게이머 캐릭터와 AI 캐릭터 간의 거리를 이용해서 사살 확률을 계산할 수도 있다. 게이머가 가까워지면 AI가 뒷걸음치는 것보다 차라리 맞사격하는게 더 살아남을 확률이 높으므로, AI 행동 패턴을 정할 때 이런 내용을 고려할 수 있다.

사람이 선택하는 과정을 생각해보자. 대부분의 선택은 전에 일어났던 일이나 직접 겪었던 경험을 바탕으로 이뤄진다. 당신이 배가 고파서 음식점에 가기로 했다고 하자. 당신이 어떤 음식점을 선택했는지 친구가 예측할 수 있을까? 아마도 그 친구는 당신이

갈 만한 음식점을 생각한 다음 가장 확률이 높은 곳을 대답할 것이다. 그게 우리 AI 친구에게 필요한 방법이다. AI 캐릭터가 건물을 지키는 와중에 낮에 잠을 잘지 밤에 잠을 잘지와 같이, AI의 선택지에 확률을 도입해야 한다. AI의 체력이 낮을 때 도망갈 확률도 비슷한 예다. AI 캐릭터에 확률을 입히면, 실제 사람이 행동하는 것처럼 예측이 어렵게 되고, 이는 게임을 전체적으로 더 자연스럽게 만든다.

확률기반 표 사용법

이번 예제에서도 앞의 예제와 똑같이 게이머는 AI 적군이 지키고 있는 건물에 들어가서 폭탄을 해제해야 한다. 건물의 유일한 입구는 마찬가지로 AI 캐릭터가 지키고 있다.

우리가 16시간 내내 건물을 지키라고 명령을 받은 군인이라고 생각해보자. 그렇다면 가끔 음식을 먹고, 물을 마시고, 몸도 조금씩 움직여야 할 것이다. 이와 같은 행동을 캐릭터에 구현하면 게이머가 예측하기 더 힘들어진다. AI가 무엇을 먹거나 마실 때는 건물 안에 있을 것이고, 몸을 움직일 때는 triggerL이나 triggerR 지역을 배회할 것이다. 대부분은 건물 입구를 지키는 데 시간을 보낼 것이다.

게이머	건물 지키기	먹기/마시기	걷기
오전	0.87	0.1	0.03
오후	0.48	0.33	0.2
밤	0.35	0.40	0.25

이 그림은 각 시간대별 캐릭터가 취할 행동을 퍼센트로 보여주는 확률 표다. 게이머가 적군 AI를 볼 때, 그 캐릭터는 다음 중 하나의 행동을 하고 있을 것이다. 즉, 게이머가 건물에 접근하는 시간에 따라 상황은 크게 다를 것이다. 게이머가 아침에 접근한다면 적군은 87%의 확률로 건물을 지키고 있을 것이고, 10%의 확률로 무엇을 먹거나 마시고, 마지막으로 3%의 확률로 건물 주위를 걷고 있을 것이다. 게이머가 오후에 접근한다면 적군은 48%의 확률로 건물을 지키고, 32%의 확률로 무엇을 먹거나 마시며, 20%

의 확률로 건물 밖을 서성거릴 것이다. 밤에는 **35%**의 확률로 건물을 경계하고, **40%**의 확률로 무엇을 먹거나 마실 것이며, **25%**의 확률로 무엇을 주위를 배회할 것이다.

이러한 디자인으로 게이머가 같은 레벨을 반복해서 플레이할 때, AI 캐릭터는 매번 뻔한 위치에 있지 않아서 예측하기 힘들어진다. 게이머가 숨어서 적군이 위치를 바꿀 때를 기다리는 경우를 생각해서 적군의 상태를 약 5분마다 갱신해야 한다. 이 방법은 여러 게임에 사용되지만 특히 관찰이 핵심인 잠입 게임에 많이 사용된다. 영화에서 주인공이 경비원의 교대 시간을 기다렸다가 은행에 잠입하듯이, 게이머도 안전한 장소에서 적의 행동을 관찰하면서 기회를 엿볼 수 있기 때문이다. 영화의 이런 장면은 누구에게나 익숙하고, 게이머들도 그와 같은 센세이션을 게임에서 느끼고 싶어 한다. 그리고 확률기반 표는 이를 가능하게 한다.

확률을 적용한 스크립트는 다음과 같다. 이 예제에는 수동적 상태에 앞에서 설명한 확률을 구현했다.

```
void Passive ( ) {
    rndNumber = Random.Range(0,100);
    if(morningTime == true && rndNumber > 13)
        // 87%의 확률.
        goGuard( );
    }


    if(morningTime == true && rndNumber =< 13 && rndNumber > 3)
    {
        // 10%의 확률.
        goDrink( );
    }


    if(morningTime == true && rndNumber<= 3)
    {
        // 3%의 확률.
        goWalk( );
    }


    if(afternoonTime == true && rndNumber> 52)
    {
        // 48%의 확률.
        goGuard( );
    }


    if(afternoonTime == true && rndNumber =< 34 && rndNumber > 2)
    {
        // 32%의 확률.
        goDrink( );
    }


    if(afternoonTime == true && rndNumber<= 2)
    {
        // 2%의 확률.
        goWalk( );
    }


    if(nightTime == true && rndNumber> 65)
```

```
    {
        // 35%의 확률.
        goGuard();
    }

    if(nightTime == true && rndNumber =< 65 && rndNumber > 25)
    {
        // 40%의 확률.
        goDrink();
    }

    if(nightTime == true && rndNumber<= 25)
    {
        // 25%의 확률.
        goWalk();
    }
}
```

퍼센트를 적용하려면 우선 0에서 100 사이의 임의 숫자를 생성하고, 아래에 그 숫자를 사용해서 어느 조건을 실행해야 하는지를 정할 구문을 작성해야 한다. 예를 들어서 첫 번째 구문에서 AI는 87%의 확률로 건물을 지켜야 하는데, 임의로 정해진 숫자가 13보다 크면 그 조건에 부합하므로 건물을 지키게 설정한다. 임의 숫자가 3보다는 크고 13보다는 작거나 같으면, 10% 확률을 의미하고, 숫자가 3보다 작거나 같으면 3%를 의미한다.

다음 단계

가능기반 표와 확률기반 표를 이해한 후 우리에게 주어지는 질문은 "이 기술로 무엇을 할 수 있는가?"일 것이다. 앞서 가능기반 표가 캐릭터의 행동을 정의하는 데 얼마나 중요하고 확률기반 표가 그 정의된 행동을 얼마나 예측 불가능하게 하는지 배웠다. 이뿐만 아니라 이 방법을 이용하면 개발하려고 하는 게임이나 AI의 종류에 따라 훨씬 더 많은 것을 할 수 있다. 우리는 사람이기 때문에 오류를 범하고, 우리의 삶은 불확실성으로 둘러싸여 있다는 점을 잊지 말자. 비록 0.000001%의 작은 것이라도 그 불확실성 때문에 우리는 완벽하지 않다. 따라서, AI 캐릭터를 만들 때에도 단순히 옳거나 그른 선택을 하지 말고, 이러한 인간적인 요소를 발생시킬 수 있는 확률을 적용하자. 그렇게 만들고 있는 컴퓨터 캐릭터에 인간성을 부여할 수 있음을 기억하자. 확률기반 표를 적용할 수 있는 또 다른 영역은 AI가 스스로 학습해서 게이머가 게임을 할 때마다 더 똑똑해지도록 하는 것이다. 게임을 하면 할수록, 게이머와 AI 캐릭터는 서로에게 적응하기 때문에 계속해서 게임에 재미를 더할 수 있다. 게이머가 같은 무기만 사용하고, 같은 방향으로만 접근하면, 컴퓨터는 그 정보를 이용해서 앞으로의 접전에 적절히 대응할 수 있다. 또, 게이머가 100번의 접전 동안 60%의 확률로 수류탄을 사용했다면, AI는 그 확률에 기반해 대응할 수 있다. 따라서 자연스럽게 게이머가 다른 전략을 고려하도록 유도할 수 있다.

▌ 요약

2장에서는 가능기반 표와 확률기반 표를 알아보고, 게이머의 행동에 대응하여 AI가 결정을 내리는 방법을 배웠다. 가능기반 표와 확률기반 표는 AI 캐릭터를 생성하는 데 핵심이며, 이 방법을 사용해서 새롭고 특별한 인공지능을 구현할 수 있다. 3장에서는 가능기반 표 대신 AI가 현재 상황을 분석해서 취해야 하는 행동을 결정하는 방법에 대해 배울 것이다. 캐릭터가 체력이나, 거리, 무기, 탄약 등의 요소를 분석해서 상황을 이해하고 결정을 내리도록 한다.

03

프로덕션 시스템

3장에서는 AI 캐릭터를 더 완벽하게 만드는 방법을 알아보고, 여러 장르의 게임에 적용할 것이다. 또, 다음과 같은 주제를 배울 것이다.

- 자동 유한 상태 기계
- 확률 계산
- 유틸리티 기반 함수
- 유동적인 게임 AI 밸런스 조절

앞서 가능기반 표와 확률기반 표를 알아봤다면, 이제는 이 표에 다른 종류의 방법과 기술을 함께 적용해서 어떻게 더 균형 잡힌 사람 같은 AI 캐릭터를 만들지 생각해봐야 한다. 사실 확률기반 표나 가능기반 표만으로도 재미있고 균형 잡힌 난이도의 게임을 만들 수 있다. 이 두 표만을 사용해서 적 AI 캐릭터를 만들고도 크게 성공한 비디오 게임이 많다. 닌텐도Nintendo의 〈슈퍼 마리오Super Mario Bros〉와 같은 일반적인 플랫폼 게임이 대표적인 예다. 〈슈퍼 마리오〉는 적 캐릭터를 뻔하지 않게 만들기 위해서 복잡한 인공지능 시스템까지 필요하진 않았다. 이런 장르의 게임은 수십 년 동안 같은 방법으로 적을 만들어도 충분했다. 즉 만들고자 하는 게임에 따라 그에 맞는 테크닉이 있고, 그 것을 언제 어떻게 사용하는지는 개발자에게 달려있다는 사실을 기억할 필요가 있다. 개발자가 경우에 따라 다른 방법을 적용하듯이, 게임 속 캐릭터 역시 게임에서 매 순간 무엇을 언제 실행할지 알아야 한다.

〈슈퍼 마리오〉로 돌아와서 게임 속 적들을 분석해보자.

위 스크린샷 속 적 이름은 굼바Goomba이다. 굼바는 게임에 나타나자마자 오른쪽에서 왼쪽으로 움직이기 시작하다가 무엇에 부딪히면(게이머를 제외하고) 방향을 바꿔서 왼쪽에서 오른쪽으로 움직인다. 높은 지대에 있다면 오른쪽에서 왼쪽으로 움직이다가 결국 아래로 떨어지고, 계속해서 같은 방향으로 걸어간다. 굼바는 마리오를 공격하는 데는 관심이 없고, 움직임 예측이 가능하다. 굼바의 유일한 목적은 계속 걷는 것이기 때문에, 게임 속 어느 곳에 놓아도 같은 방법으로 움직일 것이다. 이제 다음 적을 알아보자,

이 두 번째 그림 속 적 이름은 해머 형제Hammer Bro로, 앞의 굼바와는 행동 패턴이 다
르다. 해머 형제의 AI는 항상 게이머를 향해 왼쪽이든 오른쪽이든 방향을 바꿀 수 있
으며, 게이머 방향으로 해머를 던진다. 따라서 해머 형제의 목적은 주인공을 무찌르
는 것이다. 굼바와 마찬가지로 해머 형제 역시 게임 속 어느 곳에 놓아도 행동 방식
은 같을 것이다. 이제 2장에서 개발했던 적 AI 캐릭터를 게임 속 임의의 위치에 놓는
다고 해보자. 해당 캐릭터를 다른 장소에 놓으면 각 방향에 따른 행동 방식이 정의되
어 있지 않기 때문에 아무 행동도 하지 않을 것이다. 만드는 게임에 따라 언제든 개발
자가 의도하는 방식대로 행동하는 AI를 만들 필요가 있다. 고정된 장소에만 있는 캐
릭터도 있겠지만, 대부분의 AI는 게임 속 임의의 장소에 놓아도 같은 방식으로 움직
여야 한다. 〈슈퍼 마리오〉 개발자가 AI 캐릭터를 다른 위치에 추가할 때마다 새로운
AI를 만들어야 한다고 상상해보라. 시간과 노력이 엄청나게 소요될 것이다. 이제, 유
한 상태 기계를 이용해서 게임 속 어떠한 상황에도 적응할 수 있는 AI 캐릭터를 만드
는 방법을 알아보자.

▌ 자동 유한 상태 기계

〈슈퍼 마리오〉 예에서 봤듯이 〈슈퍼 마리오〉의 적들은 화면상 어느 곳에 놓아도 어떻게 행동해야 하는지 알고 있다. 분명 복잡한 일을 수행하거나 어떤 동작을 취할지 미리 알고 있지 않더라도 아무런 손색없이 잘 작동한다. 이는 다른 게임도 마찬가지다. 예를 들어 〈헤일로Halo 〉게임의 그런트Grunts(게임 속 작은 적) 역시 같은 원리로 움직인다. 그런트는 단순히 한 방향에서 다른 방향으로 움직이다가 주인공을 발견하면 총을 쏘기 시작한다. 거기에 더해서, 〈헤일로〉 개발자는 교전에서 지면 도망가는 행동을 추가해 캐릭터에 성격을 부여했다. 다시 말하면, 체력이 일정 수치 이하로 떨어졌을 때 도망가도록 코딩했다. 앞서 가능기반 표와 확률기반 표를 만들기 위해서 유한 상태 기계를 사용했다. AI 캐릭터가 어떤 상황을 맞닥뜨렸을 때 취하는 행동 역시 유한 상태 기계를 기반으로 해야 한다. 이제 인공지능 캐릭터가 현 상황을 여러 요소(위치, 주인공의 체력, 현재 무기 등)를 고려하고 계산해, 최선의 행동을 선택하도록 하는 **자동 유한 상태 기계**AFSM, Automated finite-state machine를 구성해보자. 이 방법은 특히 같은 캐릭터를 여러 다른 장소에 배치할 때나 오픈 월드 형식의 게임에 유용하다.

자동 유한 상태 기계를 계획할 때는 각 액션을 두세 개의 열로 세분해 생각하면 쉽다. 첫 번째 열에는 방향, 속도, 목표 등 현 상태의 정보를 기입하고, 다음 열에는 앞의 열의 내용에 기반한 움직이기, 사격하기, 돌격하기, 숨을 곳 찾기, 숨기, 물건 사용하기 등의 행동을 나열한다. 이렇게 구성함으로써 캐릭터의 현 위치와는 상관없이 첫 번째 열의 정보만으로도 취할 행동을 파악할 수 있다. AI에 주어진 목표가 앞에서 정의한 건물을 지키는 것이라고 생각해보자. 이 목표는 전제 조건이므로, 첫 번째 열에 기입한다. 캐릭터가 방어해야 할 건물과 멀리 떨어져서 시작한다고 가정해보자. 이 상황에서 캐릭터는 두 번째 열의 행동을 수행해서 첫 번째 열의 목표를 완수해야 한다. 두 번째 열에 구성할 행동은 만들고 있는 게임에 따라 완전히 다르다. 이제 구체적으로 예를 들고, 그 예에 맞는 행동을 구현해보자.

이번 예제 역시 계속해서 일인칭 슈팅 게임 장르를 선택하지만, 기본 원리는 어떤 게임에도 적용될 수 있음을 잊지 말자. 앞에서 〈슈퍼 마리오〉 예를 든 것도, AI 구현은 게임 종류에 상관없이 같은 생성 과정을 거친다는 것을 보여주기 위함이다.

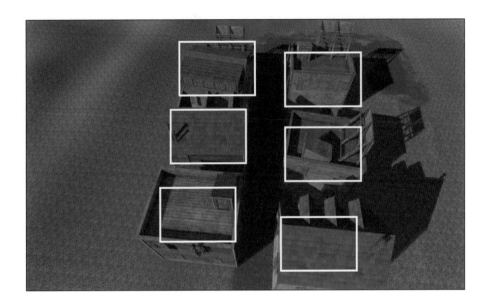

이 예제의 지도에는 총 여섯 개의 건물이 있다. 게이머나 AI 캐릭터 모두 건물 안으로는 들어갈 수 없고 밖에서만 돌아다닐 수 있다. 게임의 목표는 주어진 시간 안에 상대방을 최대한 많이 제압하는 것이다. 총알과 에너지는 게임 중에 종종 생성된다. 이제 지도상 어느 곳에서도 작동할 수 있는 AI를 개발해보자. 우선 캐릭터에 기본 목표를 설정하고, 그 목표를 달성하기 위해 취할 수 있는 행동들을 구성한 다음, 게임 진행 중 매 순간 어떤 행동을 실행하도록 해야 한다.

기본적으로 AI 캐릭터에는 두 개의 목표가 있다. 바로 주인공을 **제압**하거나 **살아남기**다. 기회가 주어지면 게이머를 확실히 공격하고, 그렇지 않으면 살아남도록 설정해야 한다. 우선은 조건을 단순화하기 위해 캐릭터의 체력만 고려하자. 체력이 20%보다 많이 남아 있다면 주인공을 공격하도록 목표를 정하고, 반대로 20%보다 적게 남아 있다면 살아남도록 전환한다.

>20HP 주인공 제압하기		
<20HP 살아남기		

이 구성을 바탕으로 다음 열로 넘어가서 첫 번째 열의 목표를 완수하기 위한 세부 목표를 만들어보자. 이 예제에서는 캐릭터에 세 개의 세부 목표를 설정할 것이다. 바로, **게이머 찾기, 숨을 곳 찾기, 아이템 찾기**다. 이 세 개의 세부 목표가 있다면 AI는 주 임무를 완수하고, 항상 할 행동이 있으며, 게이머가 어떤 행동을 할 때까지 기다리지 않는다.

>20HP 주인공 제압하기	게이머 찾기	
	숨을 곳 찾기	
<20HP 살아남기	아이템 찾기	

두 번째 열의 세부 목표 뒤에 세 번째 열에는 **움직이기, 공격하기, 아이템 사용하기, 웅크리기** 등 캐릭터가 할 수 있는 모든 행동을 나열해야 한다. 다시 말하지만, 게이머나 적 AI가 할 수 있는 모든 행동은 게임을 디자인하는 중에 모두 생각해 내서 이 열에 다 적어야 한다. 이 과정은 또한 게임 속 캐릭터가 할 수 있는 모든 행동들이, 앞에서 정의한 주 임무와 세부 임무에 연관이 있는지 파악하는 데 중요한 방법이다. 즉, 이 방법은 캐릭터의 목적에 도움이 되지 않는 복잡한 행동을 프로그래밍하기 전에 미리 거르게 함으로써 시간을 절약할 수 있게 한다. 예를 들어 〈슈퍼 마리오〉의 적들은 게임의 특성상 복잡한 행동이 불필요했기 때문에 구현하지 않았다. 이 예제의 캐릭터는 자유롭게 돌아다닐 수 있고, 무기를 사용하기도 하며, 총알을 장전하고 체력을 보충하는 등 아이템을 사용하거나 웅크릴 수 있다.

>20HP 주인공 제압하기	게이머 찾기	움직이기
		공격하기
<20HP 살아남기	숨을 곳 찾기	아이템 사용하기
	아이템 찾기	웅크리기

이제 AI가 현재 상황에 맞는 최선의 행동을 선택하기 위해 필요한 모든 정보를 구성한 세 개의 열이 완성됐다. 곧 확인하겠지만 이와 같은 구성은 2장에서 사용한 방법과 다르다. 2장에서는 캐릭터의 현재 위치만을 사용해서 취할 행동을 선택했기 때문이다. 이번 예제에서는 캐릭터의 위치와 상관없이 최선의 옵션을 선택할 것이다. 실제 인간이 한 가지 기준만으로 행동을 결정하지 않는 것처럼, 이와 같은 방법을 이용하면 한 단계 진화된 AI 캐릭터를 구현할 수 있다.

지금 만들고 있는 적 캐릭터에도 똑같은 방법을 적용할 것이다. 즉, 여러 개의 기준을 종합해서 최선의 선택을 도출하도록 해야 한다. 예를 들어 체력이 1%밖에 남아 있지 않은 상황은 총알이 1%밖에 남아 있지 않은 상황, 심지어 게임의 주 목적보다도 더 중요한 상황으로 판단할 수 있다.

세 개의 열이 모두 준비됐으면 다음 단계로 세 번째 열의 모든 액션을 두 번째 연관된 열과 연결하고, 두 번째 열의 세부 행동을 첫 번째 열의 연관된 주 목적과 연결해야 한다. 이 과정에서 AI가 게이머를 찾거나, 숨을 곳을 찾거나, 아이템을 찾아야 할 때 어떤 행동을 해야 하는지 생각해야 한다. 또한 언제 아이템을 찾고, 숨을 곳을 찾고, 게이머를 찾을지를 정의해야 한다. 게이머를 발견하기 위해서는, 게이머를 찾고 총을 쏘기 시작하기 전까지 계속해서 움직이기 행동을 이용해야 한다. 숨을 곳을 찾기 위해서는 역시 커버할 수 있는 벽을 찾기 전까지 움직이기 행동을 해야 하고, 벽을 찾은 뒤에는 캐릭터의 다음 목적에 따라 웅크릴지 말지를 결정해야 한다. 마지막으로 아이템을 찾기 위해서는 같은 방법으로 움직이기 행동을 수행하고, 아이템을 찾은 뒤에는 당장 아이템 사용하기 행동을 수행할지 말지를 결정해야 한다. 이제 게이머를 제압하거나 살아남기 목적을 위해 해야 하는 행동들을 파악해보자. 게이머를 제압하기 위해서는 우선 게이머를 찾아야 하기 때문에 AI 캐릭터는 게이머 찾기 세부 목적을 실행해야 한다. 게이머를 찾은 뒤에는 가까이에 숨을 벽이 있는지 없는지에 따라 숨을 곳 찾기라는 세부 목적을 실행할 수도 있다. 살아남기 목적을 위해서는 게이머가 캐릭터를 공격하고 있는 경우, 우선 숨을 곳 찾기 목적을 실행하고, 체력을 보충하기 위해 아이템 찾기 목적을 수행해야 한다.

확률 계산

이제 모든 정보가 준비됐고 코드에 입력하는 일만 남았다. 우선 Boolean을 이용해서 캐릭터의 주 목적을 정의하고, 그것을 활용해서 AI 캐릭터가 선택할 수 있는 모든 옵션을 구현하자. 앞에서 이미 체력 수치를 이용해서 게이머를 제압하거나 살아남기 두 목적 사이를 전환할 조건을 정의했지만, 다음과 같은 질문을 통해 더 세부적인 조건을 추가하려고 한다. 예를 들어, 만들고 있는 적 캐릭터의 체력은 충분하지만 총알이 부족하다면 어떻게 할 것인가? 총알은 충분히 있지만 이전 교전에서 제압에 실패했다면 어떻게 할 것인가? 캐릭터는 각 옵션을 우선순위로 정렬하고, 대안을 서로 비교한 다음 마지막으로 목적을 달성할 가능성이 가장 큰 옵션을 선택해야 한다.

게이머를 맞출 확률을 먼저 알아보자. AI가 지금까지 10발의 총알을 발사하고 그 중 겨우 4발만 게이머에게 맞췄다고 가정하자. 이는 곧 다음 사격에서 게이머를 맞출 확률이 40%라는 것을 의미한다. 또, 지금 캐릭터의 총에 총알이 두 개만 있다고 생각해보자. 캐릭터는 어떻게 해야 할까? 그리 좋지 않은 확률임에도 불구하고 게이머에게 사격을 가하고 무방비 상태로 있어야 할까? 아니면 아이템이 있는 곳으로 달려가 탄약을 보충해야 할까? 이를 결정하기 위해선 게이머에게 명중당할 확률 역시 고려해야 한다. 게이머의 사격 솜씨가 형편없다면 AI는 위험을 감수하고 돌격할 것이며, 그렇지 않다면 총알 아이템을 찾아 돌아다닐 것이다. 이 조건을 코드에 추가하자. 코드 예제는 다음과 같다.

```
Private int currentHealth = 100;
Private int currentBullets = 0;
private int firedBullets = 0;
private int hitBullets = 0;
private int pFireBullets = 0;
private int pHitBullets = 0;
private int chanceFire = 0;
private int chanceHit = 0;
public GameObject Bullet;
private bool findPlayer;
private bool findCover;
private bool findPoints;
```

이 변수들은 이 예제에서 사용할 모든 변수다. firedBullets는 전체 게임 동안 AI 캐릭터가 발사한 총알의 수다. hitBullets는 발사된 총알 중 목표물을 명중한 횟수다. pFireBullets와 pHitBullets는 똑같은 개념이지만 게이머가 발사한 총알의 변수이다. 이제 위 변수들을 이용해서 총알에 맞거나 맞춘 확률을 계산할 수 있다. chanceFire는 목표물을 명중시킨 확률이고, chanceHit은 총에 맞은 확률이다.

```
void Update ()
{
    chanceFire = ((hitBullets / firedBullets) * 100) = 0;
    chanceHit = ((pHitBullets / pFiredBullets) * 100) = 0;
    if(currentHealth > 20 && currentBullets > 5)
    {
        Fire();
    }
    if(currentHealth > 20 && currentBullets < 5 && chanceFire < 80)
    {
        MoveToPoint();
    }
    if(currentHealth > 20 && currentBullets < 5 && chanceFire> 80)
    {
        Fire();
```

```
    }
    if(currentHealth > 20 && currentBullets > 5 && chanceFire < 30 &&
chanceHit > 30)
    {
        MoveToCover();
    }
    if(currentHealth < 20 && currentBullets > 0 && chanceFire > 90 &&
chanceHit < 50)
    {
        Fire();
    }
}
```

총알에 맞거나 맞춘 확률을 사용해서 현 상황에서 AI가 취해야 할 행동을 결정했다. 현재 체력이 20%를 초과하고 총알이 5발보다 많다면 둘 중 하나의 조건이 달라질 때까지 게이머를 찾아다니며 공격하게 한다. 총알이 5발 미만이면 슬슬 행동을 고민할 타이밍이다. 지금까지 주인공에 대한 명중률이 80% 미만이면 더 이상 사격하지 않고 아이템이 생성되는 위치에 가서 총알을 구하도록 한다. 같은 상황에서 명중률이 80% 보다 높으면 계속해서 사격해도 좋은 상황이다. 교전 중에 AI 캐릭터가 게이머를 맞춘 확률이 30% 미만인데 게이머가 캐릭터를 맞춘 확률이 30% 보다 높다면 AI 캐릭터가 피할 곳을 찾도록 해야 한다. 마지막으로, 체력이 20%도 안 남았지만 게이머에 대한 명중률이 90% 초과이고 게이머의 명중률이 50% 미만이라면 계속 무리해서라도 사격하도록 한다.

더 정교하게 확률을 이용하고 싶다면 시간 개념을 적용하면 된다. 예를 들어 최근 약 2분 간의 확률을 추가로 계산해서 전체 확률과 비교하면 상황이 나아지고 있는지 불리해지고 있는지를 확인할 수 있다.

```
if(recentPercentage > wholePercentage)
```

여러 가지 확률을 계산하면 AI 스스로 현 상황을 파악할 수 있고, 매 순간 제일 중요한 목표와 행동을 선택할 수 있다. 이 방법을 이용해서 AI는 두 개 이상의 옵션 중에서 선택하는 방법을 배운다. 이와 같은 방법으로 스스로 선택을 할 수 있는 더 지능적인 캐릭터를 개발할 수 있다. 또한 퍼센트 값만 조절해서 더 대담하거나 신중한 성격을 설정할 수도 있다.

▌유틸리티 기반 함수

지금까지 확률을 계산하고 자동 유한 상태 기계 설정법을 알아봤다. 이제 더 깊게 들어가서 캐릭터를 더욱 영리하게 만들어보자. 이번에는 〈심즈The Sims〉와 같은 시뮬레이션 게임에서 AI 캐릭터가 행동을 자동으로 선택하는 방법을 연구할 것이다. 이와 같은 게임은 실제 생활 속 선택과 필요를 반영한다는 점에서 인공지능을 연습하기에 완벽한 환경이다.

〈심즈〉의 목표는 게이머가 사람 같은 캐릭터를 조정해서 그 캐릭터를 항상 좋은 상태로 만들고 캐릭터의 삶을 긍정적으로 이끄는 것이다. 게임 속 시간이 흐르면 캐릭터는 실제 인간이 삶을 사는 것처럼 늙고 죽음으로써 게임은 끝난다. 게이머는 캐릭터의 삶을 책임져야 하지만, 게이머가 아무런 행동을 하지 않으면 캐릭터는 자동으로 여러 욕구를 충족한다. 〈심즈〉 속 AI 캐릭터의 행동은 혁신적이었다. 게이머는 가상 캐릭터에 의미를 부여했고 독립된 생명체로 여겼다. 요지는 우리는 이미 〈심즈〉의 캐릭터처럼 행동하는 캐릭터를 구성하는 방법을 배웠다는 점이다.

바로 예제 속으로 들어가보자.

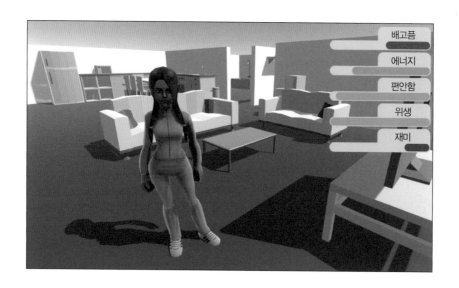

예제 속 여자 캐릭터의 이름은 소피다. 소피는 가상의 인간이다. 소피에게는 집이 있으며, 집 안에는 소파, 샤워 시설, 텔레비전, 침대, 오븐 등 생활에 필요한 모든 물품이 있다. 실제 인간처럼 소피 역시 배고픔hunger, 에너지energy, 편안함comfort, 위생hygiene, 재미fun 등 여러 욕구를 가지고 있다. 소피는 시간이 흐르는 동안 건강을 유지하기 위해서 그때그때 필요한 욕구를 충족해야만 한다. 앞서 구성해야 할 목표를 알아봤으니, 이제 소피가 필요한 여러 가지를 온전히 스스로 선택할 수 있는 방법을 알아보자.

배고픔 에너지 편안함 위생 재미	실행할 행동

목표를 간략화한 다음 두 개의 열로 나눌 수 있다. 왼쪽에는 주 목적을 적고, 오른쪽에는 캐릭터가 수행해야 할 행동을 적는다. 예를 들어 소피가 배가 고프면, 그녀는 부엌으로 가서 냉장고와 동작을 취해야 한다. 앞선 FPS 예제에서 자동 유한 상태 기계를 설정했을 때와 똑같은 원리다. 이번에는 이 방법을 더 깊게 피고 들어가볼 것이나.

여기서 잠시 배고픔이란 무엇인지 생각해보자. 아침을 먹는 행위를 하면 배고픔을 달래고 더 이상 허기지지 않는다. 이때는 배고픔에 대한 충족도가 100%라고 할 수 있다. 그 뒤 몇 분이 지나서 충족도가 98%가 되었다고 해보자. 왜 그 부족한 2%를 마저 채우기 위해 바로 냉장고로 가지 않을까? 배고픔이라는 상태는 배가 완전히 차지는 않았지만 완전히 빈 상태만을 의미 하지도 않는다. 따라서 배고픈 와중에도 한동안은 다른 욕구의 충족이 더 중요할 수도 있다. 즉, 자동화된 AI 캐릭터를 개발할 때는 배고픔이 1% 줄었다고 해서 바로 먹으러 가지 않도록 설정하는 것이 중요하다. 그렇지 않으면 자연스러운 인간처럼 보이지 않을 것이다. 5분 동안 자고 5분만 일하면 잠에 빠지거나 일을 시작하기에도 부족한 시간이기 때문에 건강하지도 생산적이지도 않은 삶이 된다. 깨어 있던 시간들을 보완하기 위해서 몇 시간 동안 충분히 잠을 자고, 앞으로 몇 시간 동안 포만감을 유지하기 위해서 충분히 밥을 먹는 게 일반적이다. 따라서 지금 약간 배가 고프더라도 현 상황을 고려해서 하던 일을 마치도록 한다. 또 배고픔과 피곤함 사이처럼 여러 욕구를 비교 판단하게 할 수도 있다. 이처럼 소피와 같은 가상 인간을 만들 때는 실제 사람의 행동을 충분히 이해할 필요가 있다. 그렇지 않으면 그녀는 로봇처럼 보일 것이기 때문이다.

소피가 매 순간 더 중요한 목표를 선택하도록 하기 위해서 확률을 계산하면, 그녀 스스로 원하는 목표를 비교 선택하게 할 수 있다. 더 복잡하게 만들기 전에, 기본 설정에 필요한 정보를 코딩해보자.

```
Private float Hunger = 0f;
Private float Energy = 0f;
Private float Comfort = 0f;
Private float Hygiene = 0f;
Private float Fun = 0f;
private float Overall = 0f;
public Transform Fridge;
public Transform Oven;
public Transform Sofa;
public Transform Bed;
```

```
public Transform TV;
public Transform Shower;
public Transform WC;
void Start ()
{
    Hunger = 100f;
    Energy = 100f;
    Comfort = 100f;
    Hygiene = 100f;
    Fun = 100f;
}
void Update ()
{
    Overall = ((Hunger + Energy + Comfort + Hygiene + Fun)/5);
    Hunger -= Time.deltaTime / 9;
    Energy -= Time.deltaTime / 20;
    Comfort -= Time.deltaTime / 15;
    Hygiene -= Time.deltaTime / 11;
    Fun -= Time.deltaTime / 12;
}
```

코드에서 만들고자 하는 캐릭터의 기본 욕구와 관련된 변수를 정의했다. 시간이 흐르면서 각 욕구의 충족도는 다른 비율로 감소한다. Overall 변수는 캐릭터의 종합적인 상황을 계산한 값으로, 현재 전체 상태를 잘 보여준다. 소피가 우선의 목표를 선택할 때 중요하게 사용할 변수다.

만족도를 각각 정립하고, 그에 따른 선택 트리decision tree를 만들어보자. 그러기 위해서는 소피가 최종 행동을 결정하기 전에 생각하는 과정을 구체적으로 계획할 필요가 있다. 배고픔의 만족도부터 시작하자.

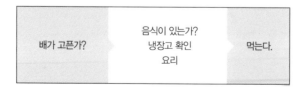

소피가 현재 배고픔을 느끼고 그것이 최우선 목표라면 다음과 같은 방법으로 생각을 진행할 것이다. 배고픔을 느꼈다면 우선 요리에 필요한 음식이 있는지 알아봐야 한다. 확인하기 위해서는 냉장고 앞으로 걸어가야 한다. 재료가 있다면 다음 단계로 음식을 요리하고 마지막으로 요리한 음식을 먹는다. 위 과정에서 어떤 질문이 충족되지 않으면 전체 과정은 중지되고 소피는 다른 목표를 수행할 것이다. 예를 들어 소피가 일을 해야만 일당으로 이틀치 음식을 받는다고 해보자. 그렇다면 건강하게 생존하기 위해서는, 일을 하러 가는 행위가 아주 중요하다.

```
Private float Hunger = 0f;
Private float Energy = 0f;
Private float Comfort = 0f;
Private float Hygiene = 0f;
Private float Fun = 0f;
private float Overall = 0f;
public Transform Fridge;
public Transform Oven;
public Transform Sofa;
public Transform Bed;
public Transform TV;
public Transform Shower;
public Transform WC;
private int foodQuantity;
public float WalkSpeed;
public static bool atFridge;
void Start ( )
{
    Hunger = 100f;
    Energy = 100f;
    Comfort = 100f;
    Hygiene = 100f;
    Fun = 100f;
}
void Update ( )
{
    Overall = ((Hunger + Energy + Comfort + Hygiene + Fun)/5);
```

```
    Hunger -= Time.deltaTime / 9;
    Energy -= Time.deltaTime / 20;
    Comfort -= Time.deltaTime / 15;
    Hygiene -= Time.deltaTime / 11;
    Fun -= Time.deltaTime / 12;
}
void Hungry ()
{
    transform.LookAt(Fridge); // 냉장고 방향을 바라본다.
    transform.position vector3.MoveTowards(transform.position.Fridge.position,
walkSpeed);
    // 캐릭터가 냉장고 위치에 있는지 확인한다.
    if(atFridge == true)
    {
        // 냉장고의 특별한 동작 실행.
        if(foodQuantity > 1)
        {
            Cook();
        }
        else()
        {
            // 다음 행동 계산.
        }
    }
}
```

앞의 코드에 선택 트리의 예를 작성했다. 각 만족도를 위해 소피가 해야 할 일을 계속해서 작성하고, 작성을 다 마친 후에는 어떤 만족도를 우선 해소해야 하는지 결정할 것이다.

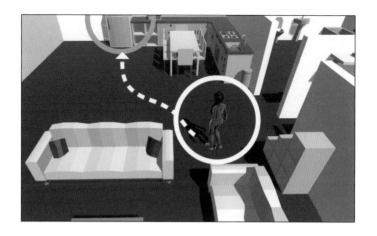

다음 만족도는 에너지다.

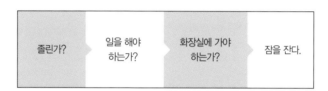

지금 소피가 졸리고 잠을 자는 게 우선이라고 생각한다면, 다음과 같은 과정으로 생각을 할 것이다. 지금 졸리다면 먼저 할 일이 있는지 스스로에게 질문한다. 당장 일을 하지 않아도 된다면, 잠을 자러 가기 전에 화장실에 가야 하는지 확인한다. 모든 과정을 성공적으로 마치면 잠을 자러 갈 수 있다. 다음 코드에서 이와 같은 내용이 구현된 것을 볼 수 있다.

```
void Sleepy ( )
{
    if(hoursToWork > 3&&Energy < Hygiene)
    {
        transform.LookAt(Bed); // 침대 방향을 바라본다.
        transform.position = vector3.MoveTowards(transform.position.Bed.
position, walkSpeed);
```

```
        // 캐릭터가 침대 위치에 있는지 확인한다
        if(atBed == true)
        {
            // 침대의 행동 수행.
        }
    }
    if(hoursToWork > 3 && Energy > Hygiene)
    {
        useWC( ); //화장실에 간다.
    }
    if(hoursToWork < 3)
    {
        //다른 행동을 실행한다.
    }
}
```

소피가 한 시간 잘 때마다 10의 에너지를 얻고 10의 위생을 잃는다고 해보자. 잠을 자는 중간에 화장실에 가지 않기 위해서 에너지 값과 위생 값을 비교했다.

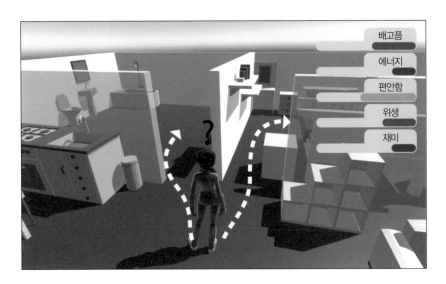

이제 편안함의 만족도를 알아보자. 편안함 만족도는 약간 특별한데, 편안함의 값을 올리면서 동시에 다른 목적을 수행할 수 있기 때문이다. 예를 들어 무엇을 먹고 있을 때 앉을 수도 있고 서 있을 수도 있다. TV를 볼 때도 마찬가지다. 캐릭터가 두 가지 행동을 동시에 할 수 있는 순간을 인지하고 그렇게 하는 것이 이득이 된다는 점을 알아차리는 것은 여러 게임에 적용될 수 있는 중요한 내용이다. 다음 예제에서 그 내용을 찾아볼 수 있다.

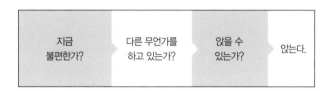

소피의 편안함의 만족도가 낮다면, 우선 지금 무언가를 하고 있는지를 확인한다. 이 질문의 답은 '그렇다'와 '아니다' 중 하나다. 만약 무언가를 하고 있다면, 그 동작이 앉아서도 할 수 있는지 알아야 한다. 앉아서 할 수 없는 동작이라면, 그 동작을 마치고 나서 같은 질문을 다시 던질 것이다. 앉아서 할 수 있는 동작이라면, 앉아서 편안함의 만족도를 올릴 수 있다. 다음 코드에서 이 과정을 확인할 수 있다.

```
private bool isEating;
private bool isWatchingTV;
private bool Busy;
void Uncomfortable ()
{
    if(isEating == true || isWatchingTV == true)
    {
        transform.LookAt(Sofa); // 소파 방향을 바라본다.
        transform.position = vector3.MoveTowards(transform.position.Sofa.
position, walkSpeed);
        // 캐릭터가 소파 위치에 있는지 확인한다.
        if(atSofa == true)
        {
            // 소파의 특별한 행동을 수행한다.
```

```
        }
    }
    else
    {
        if(Comfort < Overall&& Busy == false)
        {
            transform.LookAt(Sofa); // 소파 방향을 바라본다.
            transform.position = vector3.MoveTowards(transform.position.Sofa.
position, walkSpeed);
            // 캐릭터가 소파 위치에 있는지 확인한다.
            if(atSofa == true)
            {
                //소파의 특별한 행동을 수행한다.
            }
        }
        if(Busy == true && isEating == false && isWatchingTV == false)
        {
            // 지금 하고 있는 일을 계속 한다.
        }
    }
}
```

---

isEating, isWatchingTV, Busy라는 세 개의 변수를 추가했다. 이 세 변수를 이용해서 소피가 최선의 선택을 하도록 할 것이다. 소피가 불편함을 느끼는 와중에 무엇을 먹고 있거나 TV를 보고 있다면 앉는 행동을 동시에 수행할 수 있다. 어떤 행동도 하고 있지 않다면 다른 만족도 값을 비교해서 앉아서 쉬는 행동이 다른 행동보다 중요한지를 확인한다. 만약 소피가 샤워를 하는 등, 현재 동시에 앉을 수 없는 행동을 하고 있다면, 불편함의 욕구를 잠시 무시하고 하던 행동을 마저 마무리한다. 모든 행동이 마무리되면 자리에 앉아서 편안함의 수치를 올릴 수 있다.

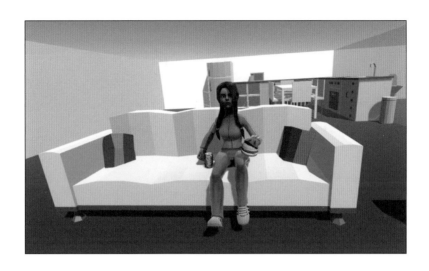

이제 남은 두 개의 만족도만 구현하면 게이머의 컨트롤 없이도 스스로 살아갈 수 있는 AI 캐릭터를 완성할 수 있다. 지금 만들고 있는 AI 시스템은 시뮬레이션 게임용이지만, 다른 장르에도 같은 방법을 적용할 수 있다. 실시간 전략 게임에서 일꾼이 게이머의 명령을 기다리지 않고 현재 제일 중요하다고 생각되는 일을 수행하다가 다른 우선순위가 나타나면 그것으로 행동을 바꾸는 것이 한 예다.

이제 다음 만족도인 위생을 구현해보자. 상황을 단순히 하기 위해서 화장실과 관련된 위생만 알아볼 것이다.

샤워를 해야 하는가?	다른 행동을 하고 있는가?	샤워를 한다.

위생 만족도는 앞서 살펴본 만족도들보다 간단하다. 그냥 지금 샤워를 할 수 있는지 없는지만 확인하면 된다. 한 가지 더 고려할 조건은, 현재 주어진 조건이 어떻든 간에 화장실 가는 일을 최우선으로 삼아서, 기존에 하고 있던 행동을 멈추고 바로 화장실로 가도록 하는 것이다.

샤워를 하는 동안 할 수 있는 다른 행동은 이를 닦거나 다른 위생 관련 작은 행위들이다. 지금으로서는 모든 과정을 최소화하자. 기본적인 행동을 구현하면 나중에 더 세세한 행동을 추가할 수 있다. 이는 프로토타입을 만들 때 기억해야 할 중요한 방법론이다. 다시 말해서, 우선 기본적인 동작을 완성하고 점점 디테일한 내용을 추가하는 것이 좋다. 이제 위생Hygiene 함수가 어떻게 구현되는지 알아보자.

```
void useBathroom ()
{
    if(Hygiene<10)
    {
        transform.LookAt(Bathroom); // 화장실 방향을 바라본다.
        transform.position = vector3.MoveTowards(transform.position.Bathroom.
position, walkSpeed);
        // 캐릭터가 화장실 위치에 있는지 확인한다.
        if(atBathroom == true)
        {
            // 화장실에서 해야 할 일을 임의로 설정한다.
        }
    }
}
```

이제 마지막 만족도인 재미를 알아보자. 재미를 만족시키는 행위인 TV를 보는 행동은, 무언가를 먹으면서 볼 수도 있고, 앉아서 볼 수도 있고, 앉아서 먹으면서 볼 수도 있기 때문에 가장 유연한 행위다. AI 캐릭터가 세 개의 독립적인 행동을 동시에 수행하게 할 수 있다. 단순히 생각해보면 가능할 때마다 세 개의 행동을 동시에 실행해서 수치를 올리는 게 좋아 보이지만, 이것은 나중에 더 알아볼 것이다. 지금은 재미 요소에 집중해서, 소피가 TV를 봐야 하거나, 볼 수 있는지를 결정하는 과정을 알아본다.

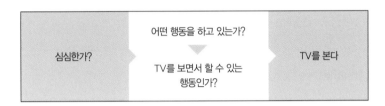

소피가 심심하면 TV를 볼 수 있는지 생각할 것이다. TV를 볼 수 있다면 기본값으로 앉아서 TV를 보도록 한다. 다른 행동을 하고 있다면, 그 행동이 TV를 보면서 할 수 있는 행동인지 확인할 것이다. 이 예제에서는 먹거나 앉거나 둘 다이다. 예제를 단순화하기 위해서 TV를 볼 때 TV에 다가가서 켜지 않아도 된다고 가정하자. 다음 코드에서 앞의 내용들을 확인할 수 있다.

```
private bool isSeat;
private bool televisionOn;
void Bored ()
{
    if(Fun<Overall&& Busy == false)
    {
        televisionOn = true; // TV를 켠다.
        transform.LookAt(TV); // TV를 바라본다.
        transform.position = vector3.MoveTowards(transform.position.Sofa.
position, walkSpeed);
        // 캐릭터가 소파 위치에 있는지 확인한다.
        if(atSofa == true)
        {
            // 소파에서의 행동을 수행한다.
```

```
            }
        }
        if(Fun < Overall && Busy == true)
        {
            if(isEating == true) {
                televisionOn = true; // TV를 켠다.
                transform.LookAt(TV); // TV를 바라본다.
            }
            if(isSeat == true)
            {
                televisionOn = true; // TV를 켠다.
                transform.LookAt(TV); // TV를 바라본다.
            }
            if(isSeat == true && isEating == true)
            {
                televisionOn = true; // TV를 켠다.
                transform.LookAt(TV); // TV를 바라본다.
            }
        }
        else()
        {
            // 하던 일을 마저 한다.
        }
}
```

드디어 각 욕구의 만족도를 충족하는 함수를 모두 구현했다. 이제 소피는 게임의 어떠한 상황에서도 무엇을 해야 하는지 알고 있고, 항상 무언가를 하려고 할 것이다. 이 AI를 더 완벽하게 하려면 고쳐야 할 점이 몇 가지 있다. 예를 들어 TV를 보는 와중에는 배가 고프거나 피곤해도 중간에 행동을 바꾸지 않는다. 이를 해결하려면, Overall 값을 확률기반 표를 이용해서 소피의 전반적인 상태가 괜찮은지 아닌지를 파악하면 된다. 소피의 전체 만족도가 50% 이상이면 그녀가 피곤하더라도 계속 TV를 보게 해도 큰 무리는 없을 것이다. 캐릭터의 행동을 결정하는 이러한 세부 조건들을 계속해서 코드에 추가할 수 있다. 지금은 다른 두 가지 내용을 더 알아볼 것이다. AI 밸런스와 다이나믹한 게임 난이도와 관련된 문제 해결 방법이 그것이다.

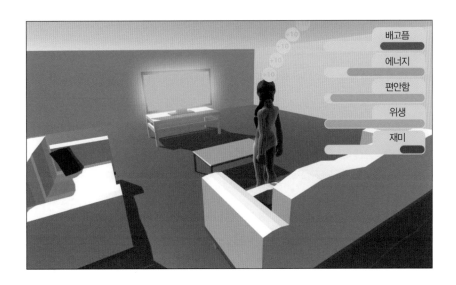

▎ 다이나믹 게임 AI 밸런스

AI 개발에 있어서 또 다른 중요하고도 흥미로운 주제는 게임 난이도다. 게이머가 다른 게이머를 상대한다면 게임의 난이도는 온전히 상대방의 게임 숙련도에 달려 있다. 상대방이 이 게임에 능숙하다면 지금 막 시작한 게이머를 쉽게 제압할 것이다. 일반적으로 게임의 난이도는 점진적으로 증가시켜서 게이머가 서서히 적응할 수 있게 하고, 너무 어려워서 포기하거나 너무 쉬워서 지루하지 않게 하는 데 있다. 다이나믹한 게임 난이도 조절은 각 게이머의 숙련도에 맞춰서 이 문제를 해결하려는 해법이다. 이 방법을 이용해서 AI 캐릭터의 난이도를 조절하려면 게이머의 숙련도에 따라 게임 속 여러 요소를 조절하면 된다. 다음과 같은 요소를 조절할 수 있다.

- 속력
- 체력
- 마법
- 파워

일반적으로, 이와 같은 항목의 수치를 조절해서 AI 캐릭터의 난이도를 다르게 할 수 있다. 난이도를 조절하는 또 다른 방법은 무기의 종류와 양을 바꾸거나, 게임 중 게이머가 마주하는 적의 수를 바꾸는 것이다. 하지만 이와 같은 방법으로 난이도를 조절할 때 주의해야 할 점은 고무줄처럼 변화하는 AI를 만들지 않는 것이다. 예를 들어서 AI 자동차가 게이머보다 뒤에 있을 때 더 흥미로운 난이도를 위해 갑자기 속력을 높이면 어색할 수 있다. 반대로 게이머가 AI 자동차에 많이 뒤쳐져 있을 때 AI 자동차가 속력을 갑자기 줄이면 그것도 이상하게 보일 것이다.

일반적인 격투 게임에서, 개발자는 다음과 같은 AI 전술을 사용한다. 게이머가 가까이 있으면 AI는 주먹을 지르거나 발차기를 한다. 멀리 있으면 게이머에게 다가간다. 게임의 난이도는 확률이나 각 공격 사이의 시간차 등을 조절해서 다르게 한다.

일인칭 슈팅 게임에서는 개발 기간 동안 게이머의 모든 기록과 전략을 수집해서 AI에 적용한다. 예를 들어, 이 게임에서 사람의 평균 명중률이 70%였다면, AI의 평균 명중률도 같게 해서 최대한 실제 사람과 비슷한 능력을 갖게 한다.

〈**크래쉬 밴디쿳**Crash Bandicoot〉이라는 게임은 다이나믹한 게임 난이도 조절을 위해서 AI 캐릭터를 직접 수정하지 않고 애니메이션의 속도를 조절했다. 예를 들어 게이머가 미션을 잘 클리어하지 못하면 속도를 느리게 해서 난이도를 더 쉽게 하는 식이다. 난이도 조절은 게이머가 죽은 횟수를 기반으로 계산했다. 이처럼 게이머가 미션을 클리어하기 위해 죽은 횟수를 AI 난이도 조절에 사용하는 일은 간단하면서도 현명한 방법이다.

2005년 캡콤Capcom이 개발한 〈**레지던트 이블 4**Resident Evil 4〉는 같은 방법이지만 더 복잡한 수준으로 난이도를 조절했다. 게이머 몰래 게이머의 실력을 1(초보)에서 10(전문가)까지 매겨서 게이머의 실력을 평가했다. 이 등급을 기반으로 적들은 더 적극적이거나 소극적일 수 있고, 데미지의 양 역시 다르게 조절된다. 게임이 진행되는 동안 다양한 요소들을 평가해서 이 등급을 계속해서 업데이트했는데, 예를 들면 좀비 한 마리를 죽이는 데 얼마나 많은 총알을 사용했으며, 얼마나 체력을 소모했는지 등을 평가했다.

〈**레프트 포 데드**Left 4 Dead〉 역시 게이머의 숙련도에 따라 난이도를 조절했다. 이때 AI의 난이도만 조절한 게 아니라 적이 나타나는 장소까지 다르게 해서 같은 레벨을 시작해도 다른 느낌을 주었다. 초보 게이머라면 적들은 예측하기 쉬운 장소에서 나타났다. 게이머가 이미 그 레벨을 완료했다면 적은 예측하기 더 어려운 장소에서 나타났다.

게임 난이도를 종합하기 전에, 때로는 게임 개발자가 게이머의 숙련도와는 상관없이 의도적으로 게임 난이도를 조절하지 않을 수도 있다는 점을 알아 둘 필요가 있다. 시뮬레이션 게임이 좋은 예다. 아주 사실적인 게임을 만든다면 현실에 비해 더 어렵거나 쉽도록 난이도를 조절해서는 안 된다. 또, 〈마계촌Ghosts'n Goblins〉이나 더 최신 게임인 〈다크 소울Dark Souls〉과 같은 게임에서는 게임 개발자가 처음부터 끝까지 게임을 어렵게 유지하기 위해 일부러 난이도 변경을 하지 않았다.

▌요약

3장에서는 자동 유한 상태 기계를 사용해서, AI 캐릭터가 게임 어느 곳에 위치해도 해야 할 행동을 찾도록 만드는 법을 배웠다. 다음으로 캐릭터가 확률을 계산한 다음 이전에 배운 기술과 조합해서 더 나은 옵션을 선택하는 방법도 배웠다. 이와 같은 기술에 유틸리티 기반 함수를 더해서 자동으로 사람처럼 행동하는 캐릭터도 만들어봤다. 끝으로 게이머의 숙련도에 따라서 캐릭터의 난이도를 조절하는 방법을 알아봤다. 4장에서는 배경과 AI의 관계를 공부할 것이다. 여러 장르의 게임과 다양한 타입의 AI를 살펴보고, AI가 게이머에게 잘 대응하기 위해 주어진 공간을 효과적으로 사용하는 방법과, 더 유리한 위치를 선점하기 위해 배경을 이용하는 방법 등 여러 가지를 배울 것이다.

04

배경과 AI

게임의 AI를 구현할 때 가장 중요한 요소는 위치다. 앞에서 알아봤듯이, AI 캐릭터의 위치는 AI의 현재 동작과 앞으로의 결정을 완전히 바꾼다. 4장에서는 게임 속 배경이 AI에게 미치는 영향과, AI가 배경을 활용하는 방법을 구체적으로 알아본다. 오픈 월드나 아케이드, 레이싱 등 여러 장르의 배경이 어떻게 구성되는지도 살펴보자.

게이머는 여러 가지 상호작용을 할 수 있는 다이나믹한 배경을 원한다. 하지만 그와 같은 요구를 충족하려면 게임 개발자와 디자이너는 수많은 시간을 투자해야 한다. 게임 속 캐릭터가 배경과 상호작용할 때 발생할 수 있는 버그나 의도치 않은 부작용을 피하려면 계획과 실행을 세밀하게 해야 하기 때문이다. AI 캐릭터 역시 마찬가지다. 배경과 상호작용하는 AI 캐릭터를 만들려면 수많은 시간과 계획과 코딩이 필요하다. 게이머나 AI 캐릭터가 배경과 상호작용할 수 있는 기능이 늘어날수록 그와 연관된 이슈도 늘어나기 마련이기 때문에 배경을 구현할 때 특별히 신경 써야 한다.

지도나 지형이 필요 없는 게임도 있지만, AI 구현에 있어서 게임의 이벤트가 일어나는 위치는 여전히 중요하다. 혹은, 게임을 하는 동안 배경이나 위치와는 거의 상관없는 미묘한 변화도 있다. 이러한 작은 변화 역시 좋은 게임 경험에 기여한다. 이처럼 배경과의 적절한 상호작용은 게임 캐릭터에 생명력을 불어넣기 때문에 굉장히 중요하다. 상호작용이 없다면 배경은 단순히 2D나 3D 모델일 것이다.

반대로 캐릭터가 배경에 끼치는 영향도 무시할 수 없다. 우리의 일상 생활이 게임으로 표현된다면 우리가 환경에 끼치는 요소도 게임 속에 포함될 수밖에 없다. 예를 들어 산에 담배꽁초를 버린다면 산불이 발생할 수 있으며 산 속의 동물에게 피해를 입히고, 그 영향은 계속 커질 것이다. 이처럼 게임 속에 일어나는 이벤트에 따라 배경이 적절하게 반응하는 것은 흥미롭다. 게임을 디자인하는 과정에서 배경과의 상호작용이 게임 플레이에 중요한지 아니면 단순히 시각적 요소인지 선택할 수 있지만, 결국 모두가 원하는 다이나믹한 배경을 구현한다는 점에서 둘 다 의미가 있다. 4장에서는 이와 같은 옵션들을 자세히 알아보려고 한다. 우선 게임 플레이에 영향을 끼치지 않는 간단한 상호작용부터 살펴보자. 4장의 마지막에는 게임 진행에 중요한 영향을 끼치는 고급 상호작용 기술을 공부할 것이다.

▌ 시각적 상호작용

시각적 상호작용은 게임 플레이에 직접적인 영향을 끼치지 않는 단순한 방법이지만, 게이머가 게임에 몰입할 수 있게 도와주는 배경 요소라는 점에서 게임의 질을 높여준다. 시각적 상호작용은 거의 모든 종류의 게임에서 그 예를 찾을 수 있다. 이는 배경이 단순히 화면을 채우기 위한 수단이 아니고, 게임의 중요한 일부분임을 의미한다. 시간이 지날수록 게임에서 이와 같은 상호작용을 찾는 것은 흔한 일이 됐으며, 게이머 역시 당연하게 여기기 시작했다. 게임에 오브젝트가 있으면, 중요한 일이든 아니든 무언가를 해야 한다. 이런 구현은 게임의 배경에 생명력을 불어넣는다. 좋은 게임에 이는 필수적인 요소다.

초기의 시각적 상호작용의 예로 1986년에 닌텐도가 개발한 〈캐슬바니아Castlevania〉를 들 수 있다. 이 게임에서는 채찍으로 초를 때리면 불을 피워서 배경을 바꿀 수 있었다.

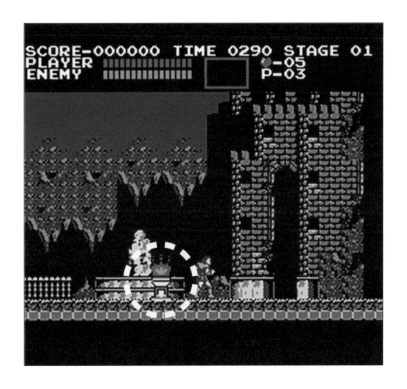

이 게임을 포함한 당시의 게임들은 캐릭터를 둘러싼 배경을 인식할 수 있는 여러 방법을 고안했다. 물론 당시 게임기는 하드웨어가 지금처럼 발달하지 않아서, 오늘날 기준으로 간단한 기능도 구현하기가 훨씬 더 까다로웠다. 하지만 시간이 지나면서 게임기기는 점점 더 발전하고, 개발자들은 더 뛰어난 게임을 만들기 위해 그런 기기를 기꺼이 활용했다.

다시 〈캐슬바니아〉로 돌아와서 분석해보면, 배경에 있는 오브젝트는 게임 플레이에 영향을 주지 않고 부서진다. 이와 같은 상호작용은 여러 게임에서 발견할 수 있고, 건드리면 오브젝트의 애니메이션을 변화시키는 수준의 간단한 코딩으로 구현이 가능했다. 이처럼 게임을 돌아다니며 배경을 확인하는 게이머를 보상하기 위해, 오브젝트에서 포인트나 수집 아이템이 나오게 할 수도 있다. 다음으로 캐릭터가 지나갈 때 동작하거나 움직이는 배경을 알아보자. 이는 앞에서의 부서지는 오브젝트와 같은 방법이지만, 캐릭터가 특별히 배경의 근처를 지나갈 때 일어나는 잔잔한 상호작용이다. 이 상호작용은 움직이는 잔디, 먼지, 또는 물, 혹은 날아가버리는 새, 재미있는 동작을 하는 사람 등 무한한 유형으로 게임에 구현할 수 있다. 이와 같은 상호작용을 살펴보면 인공지능까지는 필요 없고, 대부분 사전에 정의된 동작에 기반한 간단한 Boolean 함수만으로 구현할 수 있음을 알 수 있다. 하지만 이런 기능 역시 배경의 일부분이고, 그렇기 때문에 배경과 AI의 상호작용을 구현할 때 고려해야 할 요소 중 하나다.

▮ 기본 배경 상호작용

앞에서 알아봤듯이, 배경은 게임 경험의 중요한 일부분이 됐고 이는 그 뒤에 나올 게임들에 많은 영감을 줬다. 다음 단계는 이와 같은 상호작용을 게임 플레이에 적용해서, 게이머의 행동에 영향을 주는 일이었다. 이는 배경이 생동감 있게 살아나고 게이머가 주위를 더 신경 쓰도록 만든다는 점에서, 게임 역사적 관점으로 볼 때 분명히 긍정적인 변화였다. 배경을 이용해서 게임의 목적을 달성하는 방법이 게임 속에서 중요한 한 부분으로 자리잡기 시작했다.

큐브를 이 지점으로
움직여야 해.

배경 속 오브젝트가 게임 플레이에 직접적으로 영향을 끼치는 완벽한 예로 〈**톰 레이더**^{Tomb Raider}〉 시리즈를 들 수 있다. 예를 들어 주인공인 라라 크로프트^{Lara Croft}가 게임 속 큐브를 표시된 장소로 밀어서 움직여야 하는 경우가 있다. 큐브를 지정된 장소에 놓으면, 배경이 움직여서 주인공이 다음 레벨로 나갈 수 있는 길이 생긴다. 이처럼 한 장소의 이벤트가 지도의 다른 장소에 변화를 일으켜서 게임의 특정 목적을 달성하는 예는 많은 게임에서 찾아볼 수 있다. 일반적으로 다음 레벨로 넘어가려면 배경 그자체를 변화시켜야 한다. 지도나 배경을 계획할 때, 이와 같은 상호작용 규칙을 고려해서 디자인해야 한다. 예를 들면 다음과 같다.

```
if(cube.transform.position == mark.transform.position)
{
    openDoor = true;
}
```

여기서 라라 크로프트에게 큐브를 대신 옮겨줄 동료가 있다고 생각해보자. 이처럼 AI 캐릭터가 주위 환경을 인식하고 상호작용하게 만드는 것이 이번 4장의 한 예다.

배경 오브젝트 움직이기

앞에서 말한 시나리오에 들어가서, AI 캐릭터가 게이머를 도와주도록 구현해보자. 우선 주인공은 현재 갇혀 있어서, 큐브에 접근해서 스스로 문제를 해결할 수 없다고 가정하자. 대신 지금 구현할 AI 캐릭터가 큐브를 찾아서 목표 위치까지 스스로 옮겨야 한다.

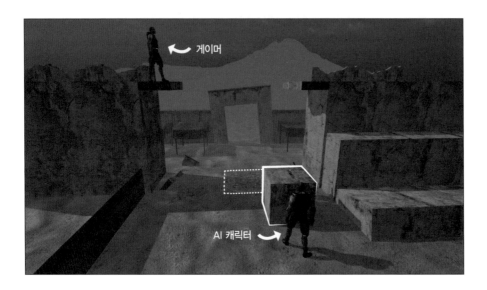

이제 필요한 캐릭터와 오브젝트와 배경이 모두 준비됐으므로, AI 캐릭터가 어떻게 행동해야 하는지 알아보자. 우선, 캐릭터는 주인공이 근처까지 접근한 것을 확인한 후 큐브를 찾고 목적지로 이동시켜야 한다. 큐브가 제 위치에 놓이면 연결 다리가 올라와서 게이머가 다음 지점으로 이동할 수 있게 된다. AI 캐릭터는 큐브를 왼쪽, 오른쪽, 앞, 뒤 방향으로 움직여서 원하는 위치에 정확히 오도록 할 수 있다.

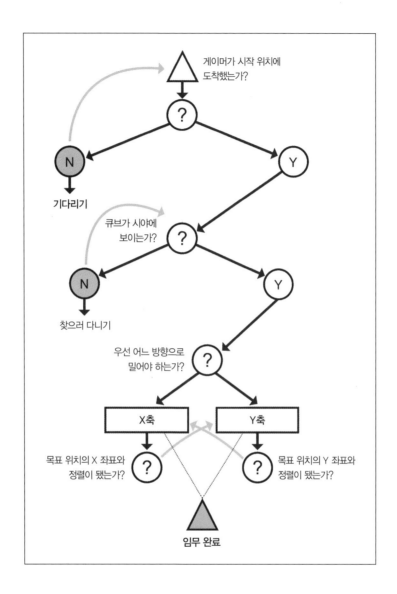

AI 캐릭터는 앞 그림에 있는 그래프에 맞춰 필요한 모든 질문을 확인해야 한다. 시작
으로 제일 중요한 조건은 주인공이 시작점에 위치했는지 확인하는 일이다. 주인공이
아직 다다르지 않았다면 AI 캐릭터는 현 위치를 고수하고 기다려야 한다. 주인공이 시
작점에 왔다면 AI 캐릭터는 주위에 큐브가 있는지 없는지를 스스로에게 물어야 한다.

주위에 큐브가 없다면 큐브를 찾아서 움직인 후, 같은 질문을 다시 확인해야 한다. 주위에 큐브가 있어서 대답이 yes라면, 우선 큐브를 어느 방향으로 움직여야 하는지 계산해야 한다. 끝으로 큐브가 목표 지점에 다다를 때까지 **X축**이나 **Y축** 방향을 정렬시키면 목표를 달성할 수 있다.

```
public GameObject playerMesh;
public Transform playerMark;
public Transform cubeMark;
public Transform currentPlayerPosition;
public Transform currentCubePosition;
public float proximityValueX;
public float proximityValueY;
public float nearValue;
private bool playerOnMark;
void Start () {
}
void Update () {
    // 주인공의 현재 위치를 계산한다.
    currentPlayerPosition.transform.position = playerMesh.transform.position;
    // 주인공의 현 위치와 주인공의 시작점 사이의 X축 거리를 계산한다.
    proximityValueX = playerMark.transform.position.x - currentPlayerPosition.
transform.position.x;
    // 주인공의 현 위치와 주인공의 시작점 사이의 Y축 거리를 계산한다.
    proximityValueY = playerMark.transform.position.y - currentPlayerPosition.
transform.position.y;
    // 주인공이 주인공의 시작점 가까이에 있는지 계산한다.
    if((proximityValueX + proximityValueY) < nearValue)
    {
        playerOnMark = true;
    }
}
```

시작으로 주인공이 시작점에 가까이 있는지를 AI 캐릭터가 확인하는 내용을 코드에 입력했다. 이를 위해서 주인공과 시작점 간의 거리를 계산할 때 필요한 변수들을 생성했디. playcrMesh는 주인공의 3D 모델인데, 그 모델에서 위치 정보를 가져

와서 currentPlayerPosition 변수에 입력한다. 주인공이 시작점에 가까이 있는지를 계산하기 위해서는 시작점을 나타내는 변수가 필요하다. 이 예제에서는 그 변수로 playerMark를 생성하고 원하는 시작점을 임의로 설정했다. 다음으로, 주인공이 시작점 근처에 있는지를 확인하기 위해 세 개의 변수를 추가했다. proximityValueX는 주인공과 시작점 사이의 X축상의 거리의 계산 값을 담는다. proximityValueY는 같은 방법으로 Y축상의 거리 값을 담는다. 마지막으로 nearValue 변수는 AI 캐릭터가 행동을 시작하기 위해서 주인공이 시작점에 얼만큼 가까이 있어야 하는지 그 거리를 정의하고 있다. 주인공이 시작점에 가까이 있는 것이 확인되면, playerOnMark 변수값이 true로 바뀐다.

 TIP 주인공과 시작점 사이의 거리를 계산하기 위해 다음과 같은 방법을 이용했다.
(mark.position − player.position)

이제 AI 캐릭터 근처에 큐브가 있는지 알아봐야 한다. 조금 전과 마찬가지로 캐릭터와 큐브 사이의 거리를 같은 식으로 계산해서 확인할 수 있다. 주인공의 시작점과 큐브의 종착점을 구성해서 다음과 같이 코드를 완성할 수 있다.

```
public GameObject playerMesh;
public Transform playerMark;
public Transform cubeMark;
public Transform currentPlayerPosition;
public Transform currentCubePosition;
public float proximityValueX;
public float proximityValueY;
public float nearValue;
public float cubeProximityX;
public float cubeProximityY;
public float nearCube;
private bool playerOnMark;
private bool cubeIsNear;
```

```
void Start ( ) {
    Vector3 playerMark = new Vector3(81.2f, 32.6f, -31.3f);
    Vector3 cubeMark = new Vector3(81.9f, -8.3f, -2.94f);
    nearValue = 0.5f;
    nearCube = 0.5f;
}
void Update ( ) {
    // 주인공의 현재 위치를 계산한다.
    currentPlayerPosition.transform.position = playerMesh.transform.position;
    // 주인공의 현 위치와 주인공의 시작점 사이의 X축 거리를 계산한다.
    proximityValueX = playerMark.transform.position.x - currentPlayerPosition.
transform.position.x;
    // 주인공의 현 위치와 주인공의 시작점 사이의 Y축 거리를 계산한다.
    proximityValueY = playerMark.transform.position.y - currentPlayerPosition.
transform.position.y;
    // 주인공이 주인공의 시작점 가까이에 있는지 계산한다.
    if((proximityValueX + proximityValueY) < nearValue)
    {
        playerOnMark = true;
    }
    cubeProximityX = currentCubePosition.transform.position.x - this.
transform.position.x;
    cubeProximityY = currentCubePosition.transform.position.y - this.
transform.position.y;
    if((cubeProximityX + cubeProximityY) < nearCube)
    {
        cubeIsNear = true;
    }
    else
    {
        cubeIsNear = false;
    }
}
```

이제 AI 캐릭터는 근처에 큐브가 있는지 없는지 확인할 수 있다. 그 결과를 바탕으로
다음 단계로 넘어갈 수 있는지를 결정할 것이다. 캐릭터 주변에 큐브가 없다면 어떻게
할까? 큐브를 찾아 걸어 다녀야 할 것이고 그 코드는 다음과 같다.

90

```csharp
public GameObject playerMesh;
public Transform playerMark;
public Transform cubeMark;
public Transform cubeMesh;
public Transform currentPlayerPosition;
public Transform currentCubePosition;
public float proximityValueX;
public float proximityValueY;
public float nearValue;
public float cubeProximityX;
public float cubeProximityY;
public float nearCube;
private bool playerOnMark;
private bool cubeIsNear;
public float speed;
public bool Finding;
void Start () {
    Vector3 playerMark = new Vector3(81.2f, 32.6f, -31.3f);
    Vector3 cubeMark = new Vector3(81.9f, -8.3f, -2.94f);
    nearValue = 0.5f;
    nearCube = 0.5f;
    speed = 1.3f;
}
void Update () {
    // 주인공의 현재 위치를 계산한다.
    currentPlayerPosition.transform.position = playerMesh.transform.position;
    // 주인공의 현 위치와 주인공의 시작점 사이의 X축 거리를 계산한다.
    proximityValueX = playerMark.transform.position.x - currentPlayerPosition.
transform.position.x;
    // 주인공의 현 위치와 주인공의 시작점 사이의 Y축 거리를 계산한다.
    proximityValueY = playerMark.transform.position.y - currentPlayerPosition.
transform.position.y;
    // 주인공이 주인공의 시작점 가까이에 있는지 계산한다.
    if((proximityValueX + proximityValueY) < nearValue)
    {
        playerOnMark = true;
    }
    cubeProximityX = currentCubePosition.transform.position.x - this.
```

```
transform.position.x;
    cubeProximityY = currentCubePosition.transform.position.y - this.
transform.position.y;
    if((cubeProximityX + cubeProximityY) < nearCube)
    {
        cubeIsNear = true;
    }
    else
    {
        cubeIsNear = false;
    }
    if(playerOnMark == true && cubeIsNear == false && Finding == false)
    {
        PositionChanging();
    }
    if(playerOnMark == true && cubeIsNear == true)
    {
        Finding = false;
    }
}
void PositionChanging () {
    Finding = true;
    Vector3 positionA = this.transform.position;
    Vector3 positionB = cubeMesh.transform.position;
    this.transform.position = Vector3.Lerp(positionA, positionB, Time.
deltaTime * speed);
}
```

이제 AI 캐릭터는 자신과 큐브 사이의 거리를 계산할 수 있다. 거리가 너무 멀다면 큐브 방향으로 걸어가게 한다. 큐브 근처까지 왔다면 이제 다음 단계로 넘어가서 큐브를 옮길 차례다. 이제 마지막으로 계산할 내용은 큐브가 목적지까지 얼마나 떨어져 있는지, 또 거리를 바탕으로 각 축으로 얼만큼 떨어져 있는지를 고려해서 우선 어느 방향으로 움직여야 하는지다.

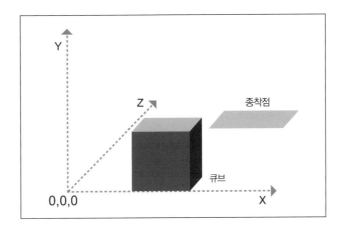

큐브는 X축과 Z축 방향으로만 이동할 수 있고, 최종 위치에 놓이기만 하면 되기 때문에 회전 방향은 중요하지 않다. 이를 바탕으로 이제 AI 캐릭터는 큐브가 종착점의 **X축 위치, Z축 위치**와 얼마나 거리가 떨어져 있는지 계산해야 한다. 각 축 방향의 거리를 비교해서 더 먼 거리의 방향부터 이동시킬 것이다. 밀고 있는 축 방향의 거리가 종착점과 평행해지면, 다음 축으로 전환해서 **종착점**에 도달할 때까지 큐브를 움직여야 한다.

```
public GameObject playerMesh;
public Transform playerMark;
public Transform cubeMark;
public Transform cubeMesh;
public Transform currentPlayerPosition;
public Transform currentCubePosition;
public float proximityValueX;
public float proximityValueY;
public float nearValue;
public float cubeProximityX;
public float cubeProximityY;
public float nearCube;
public float cubeMarkProximityX;
public float cubeMarkProximityZ;
private bool playerOnMark;
private bool cubeIsNear;
```

```csharp
public float speed;
public bool Finding;
void Start () {
    Vector3 playerMark = new Vector3(81.2f, 32.6f, -31.3f);
    Vector3 cubeMark = new Vector3(81.9f, -8.3f, -2.94f);
    nearValue = 0.5f;
    nearCube = 0.5f;
    speed = 1.3f;
}
void Update () {
    // 주인공의 현재 위치를 계산한다.
    currentPlayerPosition.transform.position = playerMesh.transform.position;
    // 주인공의 현 위치와 주인공의 시작점 사이의 X축 거리를 계산한다.
    proximityValueX = playerMark.transform.position.x - currentPlayerPosition.
transform.position.x;
    // 주인공의 현 위치와 주인공의 시작점 사이의 Y축 거리를 계산한다.
    proximityValueY = playerMark.transform.position.y - currentPlayerPosition.
transform.position.y;
    // 주인공이 주인공의 시작점 가까이에 있는지 계산한다.
    if((proximityValueX + proximityValueY) < nearValue)
    {
        playerOnMark = true;
    }
    cubeProximityX = currentCubePosition.transform.position.x - this.
transform.position.x;
    cubeProximityY = currentCubePosition.transform.position.y - this.
transform.position.y;
    if((cubeProximityX + cubeProximityY) < nearCube)
    {
        cubeIsNear = true;
    }
    else
    {
        cubeIsNear = false;
    }
    if(playerOnMark == true && cubeIsNear == false && Finding == false)
    {
        PositionChanging();
    }
```

```
    if(playerOnMark == true && cubeIsNear == true)
    {
        Finding = false;
    }
    cubeMarkProximityX = cubeMark.transform.position.x - currentCubePosition.
transform.position.x;
    cubeMarkProximityZ = cubeMark.transform.position.z - currentCubePosition.
transform.position.z;
    if(cubeMarkProximityX > cubeMarkProximityZ)
    {
        PushX( );
    }
    if(cubeMarkProximityX < cubeMarkProximityZ)
    {
        PushZ( );
    }
}
void PositionChanging ( ) {
    Finding = true;
    Vector3 positionA = this.transform.position;
    Vector3 positionB = cubeMesh.transform.position;
    this.transform.position = Vector3.Lerp(positionA, positionB, Time.
deltaTime * speed);
}
```

코드의 마지막 내용을 추가한 결과 AI 캐릭터는 큐브를 찾고 움직여서 최종 목표인 종
착점에 위치시킬 수 있게 됐다. 그 도움으로 게이머가 다음 단계로 넘어갈 수 있게 됐
다. 이번 예제에서는 특히 배경의 오브젝트와 캐릭터 사이의 거리를 계산하는 데 주안
점을 뒀다. 이는 앞으로 오브젝트를 특정 위치로 옮겨야 하는 비슷한 부류의 상호작용
을 구현할 때 유용할 것이다.

또, 이 예제에서는 AI 캐릭터가 게이머를 도와주는 상황이었지만, 반대로 적 AI가 되
어서 주인공을 방해하기 위해 큐브를 재빨리 찾아서 옮겨야 하는 경우도 생각해볼 수
있다.

방해하는 배경 오브젝트

앞의 예에서 봤듯이 오브젝트를 이용하거나 움직여서 게임의 목적을 달성할 수도 있지만, 반대로 오브젝트가 캐릭터의 길을 가로막는다면 어떻게 해야 할까? 그 오브젝트가 게이머에 의해 놓여졌든 아니면 지도상 그 위치에 이미 놓여 있었든 간에, AI 캐릭터는 그 상황을 해결해야 한다.

그 예를 앙상블 스튜디오Ensemble Studios의 〈에이지 오브 엠파이어 2Age of Empires II〉에서 찾을 수 있다. 둘러싸인 성벽 때문에 캐릭터가 상대방 진영에 갈 수 없을 때, AI 캐릭터는 한 지점을 정해서 성벽을 파괴한 후 진영에 진입한다. 이와 같은 행동은 아주 똑똑하면서도 중요한데, 그렇지 않고 입구만 찾아서 계속 헤맨다면 멍청해 보일 것이기 때문이다. 성벽이 게이머에 의해 만들어진 경우 지도상 어느 곳에 어느 모양으로도 놓일 수 있기 때문에, AI를 개발할 때 이를 잘 염두해야 한다.

이 예가 중요한 이유는 디자인 단계에서 캐릭터의 행동 트리behavior tree를 만들 때 캐릭터가 일을 수행하는 중간에 막히는 경우를 항상 고민해야 하기 때문이다. 그 내용은 뒤에서 더 자세히 배우기로 하고, 지금은 배경 오브젝트가 캐릭터의 목적을 방해하는

경우를 해결하는 방법에 집중하기로 한다.

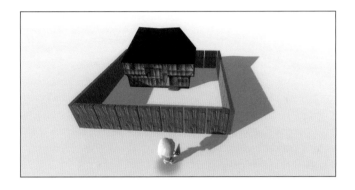

AI 캐릭터가 집에 들어가야 하는데 나무 울타리에 막혀서 들어갈 수 없다고 해보자. 캐릭터가 울타리의 한 지점을 정해서 부순 다음 집 안으로 들어가도록 만들 것이다.

그 방법으로 각 울타리와 캐릭터 사이의 거리와 울타리의 체력을 고려해서 어떤 울타리를 공격해야 하는지 계산해야 한다. 부서지기 쉬운 낮은 체력의 울타리가 견고한 울타리보다 더 우선순위가 돼야 한다. 그와 같은 내용을 계산에 추가해보자.

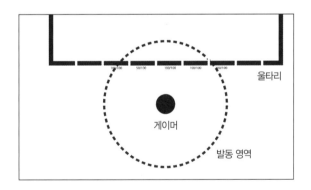

캐릭터를 중심으로 원을 그린 후 그 원에 가까운 울타리가 캐릭터에 정보를 보내서, 캐릭터가 가장 부수기 쉬운 울타리를 찾도록 할 것이다. 이는 캐릭터와 접촉하는 울타리를 식별하거나, 캐릭터와 울타리 사이의 거리를 계산해서 구현할 수 있다. 후자는 캐릭터가 울타리의 정보를 읽기 시작하는 거리를 정의하면 된다. 예제에서는 후자의 방법을 선택해서, 거리를 계산한 후 울타리의 정보를 캐릭터에 전달하는 방법을 구현할 것이다.

나무 울타리를 구현하는 코드를 작성해보자. 모든 울타리는 아래와 같은 내용으로 구성된다.

```
public float HP;
public float distanceValue;
private Transform characterPosition;
private GameObject characterMesh;
private float proximityValueX;
private float proximityValueY;
private float nearValue;
// 초기화에 사용한다.
void Start () {
    HP = 100f;
    distanceValue = 1.5f;
    // 캐릭터 메쉬를 찾는다.
    characterMesh = GameObject.Find("AICharacter");
}
//Update 함수는 프래임당 한 번 호출된다.
void Update () {
    // 캐릭터 메쉬로부터 위치 정보를 읽는다.
    characterPosition = characterMesh.transform;
    // 캐릭터와 이 울타리 사이의 거리를 계산한다.
    proximityValueX = characterPosition.transform.position.x - this.transform.
position.x;
    proximityValueY = characterPosition.transform.position.y - this.transform.
position.y;
    nearValue = proximityValueX + proximityValueY;
}
```

우선 AI 캐릭터에게 필요한 울타리의 체력과 거리 정보를 입력했다. 이번에는 울타리와 캐릭터 사이의 거리를 계산하는 함수는 캐릭터가 아닌 울타리의 코드에 구현했다. 이와 같은 방법은 울타리 오브젝트를 더 풍부하게 하고 그 정부를 이용해서 나중에 더 다양한 기능을 추가할 수 있게 한다. 예를 들어 다른 캐릭터가 나무 울타리를 만든다면 각 울타리의 상태를 만드는 중, 완성, 부서짐 등 다양하게 나타낼 수 있고, 캐릭터는 이 울타리 정보에 맞는 행동할 수 있다.

다시 처음 예제로 돌아와서 AI 캐릭터가 울타리와 할 수 있는 다른 상호작용 내용을 이어서 구현해보자. 현 상황은 캐릭터가 집 안으로 들어가야 하는데 나무 울타리에 막혀서 들어가지 못하고 있다. 상황을 분석한 후 캐릭터는 울타리를 부수고 집 안으로 들어가서 목적을 달성해야 한다.

캐릭터의 코드에는 스태틱 변수를 만들어서 울타리가 그 변수에 자신의 체력 정보를 입력할 수 있도록 한다. 이와 같은 방법으로 캐릭터가 부수려고 하는 목표 울타리를 결정할 수 있다.

```
public static float fenceHP;
public static float lowerFenceHP;
public static float fencesAnalyzed;
public static GameObject bestFence;
private Transform House;
private float timeWasted;
public float speed;
void Start ( ) {
    fenceHP = 100f;
    lowerFenceHP = fenceHP;
    fencesAnalyzed = 0;
    speed = 0.8;
    Vector3 House = new Vector3(300.2f, 83.3f, -13.3f);
}
void Update ( ) {
    timeWasted += Time.deltaTime;
    if(fenceHP > lowerFenceHP)
    {
        lowerFenceHP = fenceHP;
    }
    if(timeWasted > 30f)
    {
```

```
        GoToFence();
    }
}
void GoToFence() {
    Vector3 positionA = this.transform.position;
    Vector3 positionB = bestFence.transform.position;
    this.transform.position = Vector3.Lerp(positionA, positionB, Time.
deltaTime * speed);
}
```

앞서 캐릭터에 필요한 기본 정보를 입력했다. fenceHP는 스태틱 변수로 캐릭터 근처에
있는 울타리가 자신의 체력 정보를 입력할 장소다. AI 캐릭터는 새로운 울타리의 체력
정보를 받은 후, lowerFenceHP로 표현되는 현재까지의 체력이 가장 낮은 울타리의 값
과 비교한다. 캐릭터에는 또한 timeWasted라는 변수를 정의해서 무너뜨릴 울타리를
찾는 데 들인 시간을 기록한다. fencesAnalyzed 변수는 아직 캐릭터에 입력된 울타리
가 있는지 없는지를 확인하는 데 쓰이고, 아직 없다면 첫 번째 발견되는 울타리를 입
력할 것이다. 울타리의 체력이 같다면 사전에 입력된 울타리를 공격할 것이다. 울타리
의 정보를 캐릭터 변수에 입력하는 내용을 울타리 코드에 작성해보자.

```
public float HP;
public float distanceValue;
private Transform characterPosition;
private GameObject characterMesh;
private float proximityValueX;
private float proximityValueY;
private float nearValue;
// 초기화에 사용한다.
void Start () {
    HP = 100f;
    distanceValue = 1.5f;
    // 캐릭터 메쉬를 찾는다.
    characterMesh = GameObject.Find("AICharacter");
}
//Update 함수는 프레임당 한 번 호출된다.
void Update () {
```

```
    // 캐릭터 메쉬로부터 위치 정보를 읽는다.
    characterPosition = characterMesh.transform;
    // 캐릭터와 이 울타리 사이의 거리를 계산한다.
    proximityValueX = characterPosition.transform.position.x - this.transform.
position.x;
    proximityValueY = characterPosition.transform.position.y - this.transform.
position.y;
    nearValue = proximityValueX + proximityValueY;
    if(nearValue <= distanceValue){
        if(AICharacter.fencesAnalyzed == 0){
            AICharacter.fencesAnalyzed = 1;
            AICharacter.bestFence = this.gameObject;
        }
        AICharacter.fenceHP = HP;
        if(HP < AICharacter.lowerFenceHP){
            AICharacter.bestFence = this.gameObject;
        }
    }
}
```

예제의 끝으로, 울타리가 자신의 체력과 현재까지 캐릭터에 저장된 가장 낮은 체력
lowerFenceHP값을 비교해서 자신의 체력이 더 낮으면 자신을 bestFence로 입력하는 코
드를 작성했다.

이 예제를 통해AI 캐릭터가 어떻게 능동적으로 다른 오브젝트와 상호작용하는지를 알
아봤다. 이런 원리는 게임 속 어느 오브젝트와의 관계에도 적용할 수 있다. 오브젝트가
캐릭터와 조화를 이루어 서로 정보를 교류하는 방법 역시 유용하고 중요하다.

배경을 여러 지역으로 세분화하기

게임의 지도를 작성할 때 바다, 사막, 하늘, 동굴 등과 같이 게임 플레이가 전혀 다른
여러 지역을 구성할 때가 많다. AI 캐릭터가 그와 같이 다양한 환경에 활용되려면, AI
가 이런 여러 지역을 인식할 수 있게 만들어야 한다. 이는 캐릭터가 현재 있는 장소에

서 어떻게 행동해야 하고, 다른 장소로 어떻게 이동해야 하는지 등의 여러 정보를 캐릭터에 입력해야 한다는 것을 의미한다.

어떤 장소는 피해야 하고 다른 장소를 선호해야 할까? 이와 같은 정보는 캐릭터가 현재 정보를 기반으로 주위를 인식하고, 선택하고, 적응한다는 점에서 의미가 있다. 자칫 잘못 디자인하면 자연스럽지 못한 결정을 내릴 수 있다. 베데스다 소프트웍스Bethesda Softworks 스튜디오에서 만든 〈엘더 스크롤 5: 스카이림Elder Scrolls V: Skyrim〉을 보면 AI 캐릭터가 특히 산이나 강 같은 알 수 없는 지형을 만나면 단순히 돌아서는 장면을 볼 수 있다.

캐릭터가 현재 있는 지역에 따라 다르게 행동하거나 행동 트리를 현 지역에 맞게 수정해야 한다. 앞의 한 예로 자신의 체력, 사격 성공률, 게이머의 체력 등에 기반하여 반응하는 적군을 만들었다. 이제 현재 위치한 환경을 기반으로 더 적절하게 반응시킬 수 있다. 또다른 예였던 실사 시뮬레이션 장르 게임인 〈심즈〉에도 이 방법을 적용할 수 있다. 소피가 집의 특정 위치에 가면, 그 위치를 기반으로 우선순위를 다시 정한 후 그곳에서 해야 하는 일들을 수행할 수 있다. 예를 들어 소피가 부엌에 있다면 아침 식사를 준비하고 쓰레기를 버릴 수 있다. 이처럼 캐릭터가 위치한 환경에 따라 우선순위를 다시 정하고 행동을 변화시킬 수 있다.

이는 장 자크 루소의 "자연 상태의 인간은 선하지만, 문명에 의해 타락했다"라는 명언과 일맥상통한다. 인간으로서 우리는 우리를 둘러싼 주위 환경을 대변한다. 따라서 인공지능 역시 이를 반영해야 한다.

앞에서 만든 적군 캐릭터를 다시 불러와서 시나리오에 맞게 코드를 수정해보자. 적군 병사의 예제를 수정해서 바닷가, 강, 숲 등 다른 지역에서 다르게 행동하도록 바꿔보자. Beach, Forest, River라고 하는 세 개의 퍼블릭 스태틱 Boolean 변수를 만들고, 이 변수를 이용해서 각 지역을 정의할 것이다.

```
public static bool Beach;
public static bool River;
public static bool Forest;
```

이 예제에서 한개의 변수만 true값을 가질 수 있기 때문에, 변수가 true이면 나머지는 false로 설정하는 코드를 작성한다.

```
if(Beach == true)
{
    Forest = false;
    River = false;
}
if(Forest == true){
    Beach = false;
    River = false;
}
if(River == true){
    Forest = false;
    Beach = false;
}
```

이제, 지역마다 다른 캐릭터 행동을 정의하자. 예를 들어 바닷가의 경우 캐릭터가 숨을 곳이 없으므로, 숨는 행동은 없애고 다른 행동으로 대체해야 한다. 강가 지역이면 강 건너로 넘어가서 숨을 곳을 찾은 후 게이머 캐릭터를 향해 사격하는 행동을 추가할 수 있다. 숲 지역의 경우 주위를 살피며 나무 뒤에 숨는 행동이 가능하다. 이처럼, 다른 지역에 따라 기존 행동의 빈도를 조절하거나 그 지역에서만 수행할 수 있는 특별한 행동을 새로 만들 수 있다.

```
if(Forest==true)
{
    // 계속해서 나무를 찾는다.
    if(FindTree())
    {
        // 나무를 발견했으면 나무 뒤로 숨는다.
        HideBehindTree();
    }
}
else if(River==true)
{
    // 계속해서 강을 건넌다.
    if(FinishCrossRiver())
    {
        // 계속해서 숨을 오브젝트를 찾는다.
        if(FindObjectToHide())
        {
            // 오브젝트를 찾았으면 그 뒤로 숨는다.
            if(HideBehindObject())
            {
                // 숨는 동작을 마쳤으면 적을 찾아 경계한다.
                WatchForEnemy();
            }
        }
    }
}
else if(Beach==true)
{
    // 숨을 나무나 오브젝트가 없으므로 그냥 적을 찾아 경계한다.
    WatchForEnemy();
}
```

▌고급 배경 상호작용

게임 산업과 관련 기술이 발전하면서 새로운 게임 플레이 아이디어가 급속도로 생겨나고 특히 물리효과를 이용한 캐릭터와 배경 간의 상호작용이 화두가 되었다. 이는 배경의 변화를 완전히 예측할 수 없고 AI 캐릭터가 새로운 상황에 계속 적응해야 함을 의미한다. 팀17^{Team17}이 개발한 〈웜즈^{Worms}〉라는 게임을 보면, 게이머가 지형을 완전히 파괴할 수 있고 AI 캐릭터는 새로운 지형에 따라 똑똑한 결정을 한다.

이 게임의 목표는 상대팀 벌레를 다 죽이고 끝까지 살아남는 것이다. 게임 시작 시 지형 곳곳에 추가 체력이나 총알 아이템이 놓여 있고 게임이 진행되는 동안 하늘에서 아이템이 떨어지기도 한다. 즉, 캐릭터의 주 목적은 살아남기와 죽이기이다. 살아남기 목적을 달성하기 위해서는 항상 일정 체력 이상을 유지하고, 적으로부터 떨어져 있어야 하며, 죽이기 목적을 위해서는 가장 알맞은 적을 찾아 무기를 발사해서 체력을 최대한 깎아야 한다. 지형은 폭탄과 각종 무기 때문에 계속 부서지기 때문에 AI를 구현하기가 쉽지 않다.

불안정한 지형에 적응하기

이제 이 상황을 분석하고 게임에 사용할 수 있는 캐릭터를 만들자. 우선 지도를 살펴
보면 제일 아래에는 캐릭터가 닿으면 바로 죽는 물이 있다. 그 위에는 캐릭터가 돌아
다니거나 부술 수 있는 땅이 있다. 또 캐릭터가 걸어갈 수 없는 땅 사이의 빈 공간도
있다. 마지막으로 걸어 다니고, 점프하고, 무기를 쏠 수 있는 캐릭터(벌레들)가 지도 곳
곳에 생성된다.

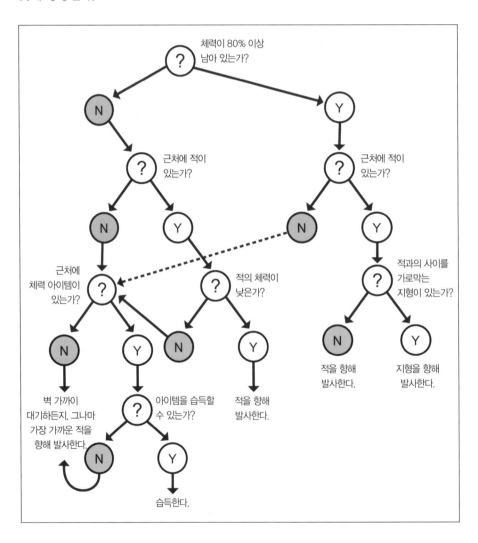

게임 속 캐릭터는 실시간으로 변화하는 지형에 적응해야 하기 때문에 그 내용을 행동 트리에 집어 넣어야 한다. 앞의 그림에서 볼 수 있듯이, 캐릭터는 현재 자신의 위치뿐만 아니라 상대방의 위치, 체력, 아이템 등을 알아야 한다.

지형이 캐릭터의 주위를 막을 수 있기 때문에, 공격할 수 없거나 아이템을 습득할 수 없는 경우가 생긴다. 이런 상황을 벗어나게 하기 위한 다양한 옵션을 줄 수 있지만, 제일 신경 써야 하는 경우는 경우에 따라 어떤 옵션도 실행할 수 없을 때다. 지형이 시시각각 변하기 때문에 게임이 진행되는 동안 아무 일도 할 수 없는 경우가 생길 수 있는데, AI 캐릭터가 이런 상황에 대처할 줄 알아야 한다.

예를 들어 움직일 공간이 없거나, 주위에 습득할 아이템도 없고, 공격할 수 있는 적도 없다면 어떻게 해야 할까? 캐릭터는 주위의 정보를 습득한 후 타당한 결정을 해야 한다. 이 시나리오의 경우 캐릭터가 그나마 제일 가까이 있는 적을 향해 무기를 발사하거나, 벽에 가까이 대기하도록 했다. 가까운 적을 향해 발사할 때 무기의 폭발력에 의해 자신이 피해를 입을 수 있는 경우에는, 코너에 숨어서 다음 턴까지 대기해야 하기 때문이다.

레이캐스트를 이용한 의사 결정

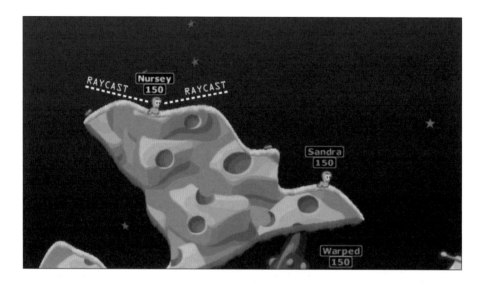

좋은 방법으로, 턴 시작마다 캐릭터의 좌우 방향으로 레이캐스트Raycast를 사용할 수 있다. 이 방법을 이용해서 각 방향에 가로막는 벽이 있는지 확인할 수 있다. 또, 공격을 피할 때 어떤 방향으로 움직여야 하는지도 파악이 가능하다. 또 하나의 레이캐스트를 추가해서 무기를 발사하기 전에 발사 방향에 막혀 있는지 알아볼 수 있다. 발사 방향이 막혀 있다면 캐릭터와 벽 사이의 거리를 계산해서 발사해도 안전한지 확인해야 한다.

각 캐릭터가 현재 게임에 있는 캐릭터 리스트를 공유하게 하자. 이렇게 하면 모든 캐릭터가 자신과 다른 캐릭터 사이의 거리를 계산해서 가장 가까운 적을 찾을 수 있다. 다음으로 두 개의 레이캐스트를 이용해서 양 방향이 막혀 있는지 확인하면, 끊임없이 변하는 지형에 대응할 수 있는 기본적인 AI가 완성된다.

```
    public int HP;
    public int Ammunition;
    public static List<GameObject> wormList = new List<GameObject>(); // 모든
벌레 캐릭터를 포함하는 리스트를 만든다.
    public static int wormCount; // 게임 속 벌레의 개수.
    public int ID; // 각 벌레의 고유 아이디.
    private float proximityValueX;
    private float proximityValueY;
    private float nearValue;
    public float distanceValue; // 유효 사격 거리.
    private bool canAttack;
    void Awake ()
    {
        wormList.Add(gameObject); // 생성된 벌레를 리스트에 추가한다.
        wormCount++; // 벌레의 총 개수를 1만큼 증가시킨다.
    }
    void Start ()
    {
        HP = 100;
        distanceValue = 30f;
    }
    void Update ()
    {
        proximityValueX = wormList[1].transform.position.x - this.transform.
position.x;
        proximityValueY = wormList[1].transform.position.y - this.transform.
position.y;
        nearValue = proximityValueX + proximityValueY;
        if(nearValue <= distanceValue)
        {
            canAttack = true;
        }
        else
        {
            canAttack = false;
        }
        Vector3 raycastRight = transform.TransformDirection(Vector3.forward);
        if (Physics.Raycast(transform.position, raycastRight, 10))
```

```
        print("There is something blocking the Right side!");
    Vector3 raycastLEft = transform.TransformDirection(Vector3.forward);
    if (Physics.Raycast(transform.position, raycastRight, -10))
        print("There is something blocking the Left side!");
    }
}
```

▌요약

4장에서는 배경과 상호작용하는 다양한 방법을 알아봤다. 4장에서 알아본 다양한 기술은 여러 장르의 게임에 적용할 수 있고, 특히 캐릭터와 배경 사이의 기본부터 고급 수준의 상호작용을 구현할 때 활용할 수 있다. 이제 다이나믹하고 캐릭터와 상호작용이 가능한 오브젝트를 게임에 추가해서, 게임을 할 때마다 새롭고 특별한 경험을 할 수 있는 게임을 만들 수 있다. 또 앞으로 더 깊게 다룰 주제인 다른 AI 캐릭터와의 상호작용을 통한 의사 결정 과정 역시 살짝 맛볼 수 있었다.

5장에서는 애니메이션을 이용하는 방법을 알아볼 것이다. 애니메이션은 게이머가 AI 캐릭터를 시각적으로 인식하는 과정으로, AI의 행동이 얼마나 현실적인지를 보여주는 데 결정적인 역할을 한다. 5장에서는 애니메이션 그래프, 게임 플레이와 애니메이션, 애니메이션 행동, 애니메이션 구성 등을 살펴볼 것이다.

05

애니메이션 동작

AI를 생각할 때는 흔히 똑똑한 로봇이나 일련의 동작을 수월하게 해내는 기계를 떠올린다. 비디오 게임의 AI를 생각할 때도 마찬가지다. 적이나 동료가 스스로 행동하고, 반응하고, 생각하고, 다른 많은 똑똑한 일을 하는 모습을 상상하지만 애니메이션이라는 중요한 요소를 자주 간과한다. 현실적이고 사실적인 AI 캐릭터를 만들기 위해서는 애니메이션이 가장 중요하다. 애니메이션은 캐릭터가 어떤 동작을 할 때 시각적 측면의 구현을 의미한다. 캐릭터가 그럴듯해 보이려면 기능의 수행뿐만 아니라 애니메이션도 조화를 잘 이뤄야 한다. 이번 장에서는 유용한 테크닉과 해결법을 사용하고 재사용하는 방법과, 캐릭터의 행동에 자연스럽게 어울리는 애니메이션을 만드는 방법을 공부할 것이다. 애니메이션을 만들고 사용하는 방법은 게이머가 조종하는 캐릭터나 AI 캐릭터나 모두 같기 때문에, 앞에서 배운 AI를 구현하는 방법에 애니메이션을 어떻게 접목하는지를 중심으로 알아볼 것이다.

▌ 2D 애니메이션 대 3D 애니메이션

비디오 게임의 애니메이션은 2D와 3D 애니메이션 두 가지로 분류할 수 있다. 각 방법의 특징이 서로 다르니, 게임을 만들 때 각 특징을 잘 고려해서 선택해야 한다. 두 애니메이션 그룹의 주요 차이점을 알아보자.

2D 애니메이션 - 스프라이트

게임기와 컴퓨터가 발달해서 게임에 애니메이션을 추가할 수 있게 되자마자, 캐릭터의 움직임과 행동을 유려한 애니메이션을 사용해서 표현하는 것이 아주 중요해졌다. 또 애니메이션이 적용된 이후 새로운 장르가 생겨나거나 기존의 장르도 업데이트되면서 거의 모든 게임이 더 나아질 수 있었다.

비디오 게임의 2D 애니메이션 개발 방법은 디즈니 영화를 만드는 방법과 비슷하다. 영화의 각 프레임을 일일이 그리고 색칠했으며, 1초에 약 12개의 프레임을 사용했다. 게임은 실제 그림을 사용할 수는 없었지만, 화면의 좌표에 색을 지정해서 사람이든 동물이든 원하는 장면을 연출할 수 있었다. 그 후의 과정은 서로 비슷하다. 게임의 프레임마다 애니메이션이 있어야 했지만, 애니메이션을 만드는 과정은 매우 어렵고 길기 때문에, 훨씬 단순하고 간단하게 만들었다. 이제 캐릭터의 동작을 표현하기 위한 모든 프레임이 준비됐기 때문에 캐릭터가 현재 하고 있는 행동과 연관된 프레임만을 특정 순서대로 읽도록 프로그래밍하면 된다.

이 그림을 보면, 8비트 시대의 대표작인 〈**슈퍼 마리오**〉의 주인공인 마리오의 모든 애니메이션을 확인할 수 있다. 달리기, 점프하기, 수영하기, 죽기, 멈추기, 웅크리기 등 거의 모든 애니메이션을 볼 수 있고, 몇 개의 동작은 한 개의 프레임으로만 이루어져 있다. 당시 애니메이션은 그렇게 부드럽지 않은 상태로 게임에 적용됐다. 더 많은 종류의 애니메이션을 추가한다는 것은 더 많은 프레임을 만드는 것을 의미했다. 이는 기존 애니메이션을 더 정교하게 만들 때에도 마찬가지이다. 애니메이션을 더 자세히 표현하려면 애니메이션 그 자체와 전환용 프레임을 더 많이 만들어야 한다. 애니메이션 제작 과정은 상당히 오래 걸렸지만, 하드웨어 성능이 향상되면서 시간을 많이 단축할 수 있었고 더 보편적으로 적용할 수 있었다.

2D 애니메이션의 정수를 보여주는 게임은 1989년도에 출시된 〈**페르시아의 왕자**Prince of Persia〉다. 다음 그림에서 게임에 사용된 캐릭터 애니메이션을 볼 수 있다. 실제 사람의 동작을 참고로 게임의 애니메이션을 제작했기 때문에, 섬세한 동작과 양질의 애니메이션, 특히 부드러운 동작 연결은 당시 게임을 한 차원 높였다고 해도 과언이 아니다. 이 게임 이후 제작자들은 기존 스프라이트 시트sprite sheets에 프레임을 추가하지 않고 연결 동작, 부드러운 애니메이션, 새로운 동작을 구현하는 방법을 고민하기 시작했다.

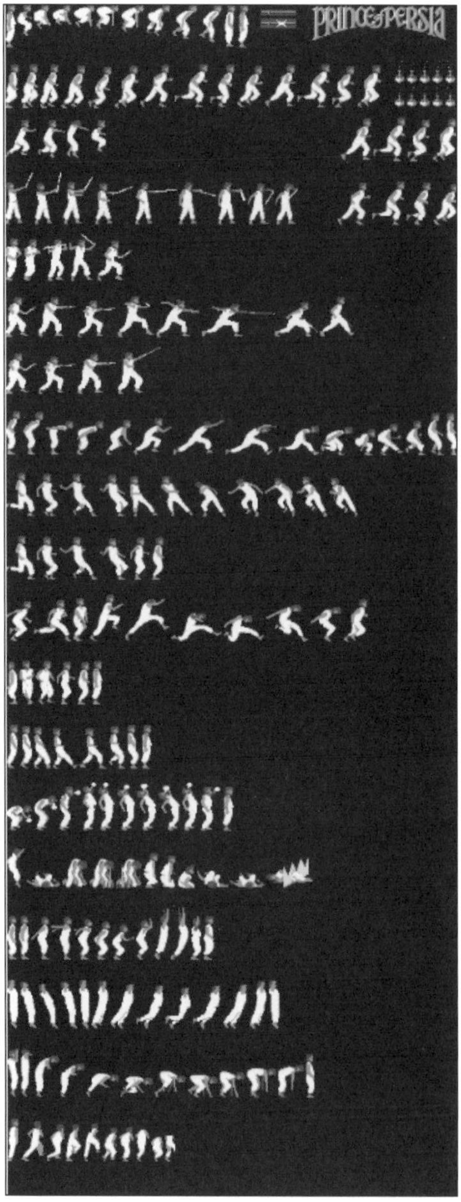
PRINCE of PERSIA

오늘날 2D 게임을 만드는 과정 역시 크게 다르지 않아서, 스프라이트 시트에 필요한 모든 애니메이션 프레임을 집어넣고, 캐릭터가 특정 동작을 수행할 때 프로그래밍을 이용해서 특정 애니메이션을 구현한다. 스프라이트 시트를 이용하는 방법은 뼈 구조체bone structure를 사용하는 3D 애니메이션만큼 유연하지는 않지만, 자연스러운 연결 동작을 구현하는 방법과 게임 플레이 코드와 애니메이션 구현 코드를 구분하는 유용한 팁을 사용해서 활용성을 높일 수 있다.

3D 애니메이션 - 뼈 구조체

3D 모델과 3D 애니메이션을 이용해서 게임을 만드는 것은 오늘날 매우 보편적이다. 가장 큰 이유는 생성하는 데 그리 오랜 시간이 걸리지 않기 때문이다. 3D 모델을 한번 만들고 나면 뼈 구조체를 이용해서 원하는 애니메이션을 구현할 수 있다. 또 기존 뼈 구조체에 다른 3D 모델을 입히면 새로운 모델에 기존의 같은 애니메이션을 사용할 수 있다. 3D 애니메이션은 특히 큰 프로젝트에 유용하다. 제작에 필요한 많은 시간을 절약할 수 있고, 캐릭터를 새로 뜯어 고치지 않고 업데이트할 수 있기 때문이다. 이는 시간과 자원을 아끼면서 애니메이션을 향상할 수 있는 캐릭터의 뼈 구조체 덕분이다. 뼈 구조체는 특정 부위를 움직이는 동안 나머지 부위는 그대로 있거나 다른 움직임을 할 수 있게 한다. 한 애니메이션에서 다른 애니메이션으로의 전환이 아주 부드럽고, 동시에 두 개의 애니메이션의 실행도 가능하다.

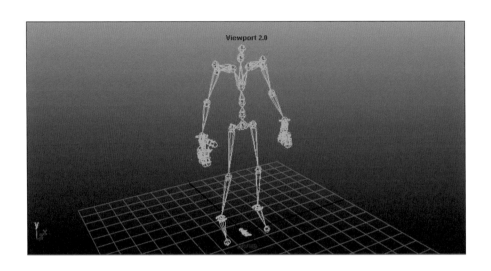

대표적인 차이점

스프라이트 시트와 뼈 구조체는 게임에 애니메이션을 적용하는 대표적인 두 가지 방법이다. 스프라이트 시트를 사용한다면 이미 만들어진 이미지만 사용 가능하고, 코드를 이용해서 그 모습을 변하게 할 수는 없다. 반면 뼈 구조체를 사용하면 동작을 표현할 구역을 특정할 수 있고, 물리작용을 이용해 상황에 맞는 애니메이션을 만들 수 있다.

최근에는 2D 모델에 뼈 구조체와 비슷한 기능을 구현하는 방법도 소개됐지만, 3D 모델에 비해서는 아직 제약이 많다.

▌ 애니메이션 상태 기계

캐릭터의 가능한 동작들을 나열한 후 관련된 그룹으로 연결하는 행동 상태behavior states는 앞에서 알아봤다. 애니메이션 상태 기계Animation state machines도 비슷한 방법인데, 행동을 정의하는 대신에 캐릭터의 애니메이션을 정의한다. 캐릭터를 만들고 행동 상태를 구성할 때 특정 애니메이션을 특정 동작 코드에 프로그래밍하면 된다. 예를 들어 달리기 동작이 시작되는 경우 걷기 애니메이션을 멈추고 달리기 애니메이션을 재생해야 한다. 이처럼 게임 코드에 애니메이션을 직접 구현하면 처음에는 쉬워 보이지만, 코드를 수정할 때마다 복잡해진다는 점에서 제일 좋은 방법은 아니다.

이를 해결하기 위해선, 애니메이션 상태 기계를 따로 정의하면 된다. 이렇게 하면 캐릭터의 코드의 수정과는 상관없이 애니메이션을 관리할 수 있게 된다. 프로그래머와 애니메이터 사이의 협업에도 탁월한 방법이다. 애니메이터가 코드의 구성과는 상관없이 애니메이션 상태 기계에 더 많은 애니메이션을 추가할 수 있기 때문이다.

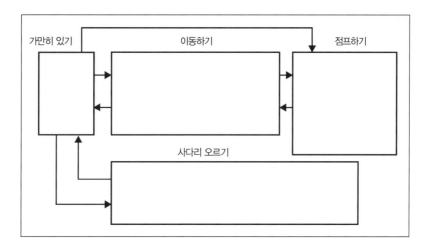

앞의 그림은 가만히 있기, 이동하기, 점프하기, 사다리 오르기 등 캐릭터의 간단한 행동 상태 기계의 예다. 행동 상태를 정의하면 그 상태를 기본 틀로 해서 애니메이션 상태 기계를 구성할 수 있다.

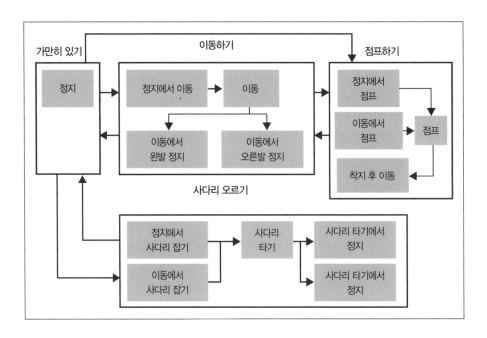

그림에서 볼 수 있듯이 애니메이션 상태는 행동 상태보다 더 많기 때문에, 행동을 구성하는 게임 코드와 애니메이션을 분리하는 게 최선의 방법임을 알 수 있다. 게임 코드를 보면 변수를 선언하고 값을 입력하는데, 예를 들어 걷기와 달리기의 유일한 차이점은 속력을 나타내는 변수의 값이다. 이와 같이 게임 코드의 변수 값을 읽어서 애니메이션 상태에 적용하고, 그 결과를 화면에 나타낼 수 있다. 이런 방법을 사용한다고 해서 애니메이션이 게임의 상태를 바꿀 수 없는 것은 아니다. 애니메이션의 상태를 읽은 후 게임 코드에 적용해서 게임의 상태를 바꿀 수도 있기 때문이다.

이 방법은 2D와 3D 애니메이션에 모두 적용할 수 있다. 그 과정은 완전히 똑같으며, 크라이 엔진Cry ENGINE, 유니티Unity, 언리얼Unreal 같이 유행하는 모든 게임 제작 툴에서 사용할 수 있다. 우선 모든 애니메이션을 게임에 불러오고 각 애니메이션을 적절한 애니메이션 상태에 지정해야 한다.

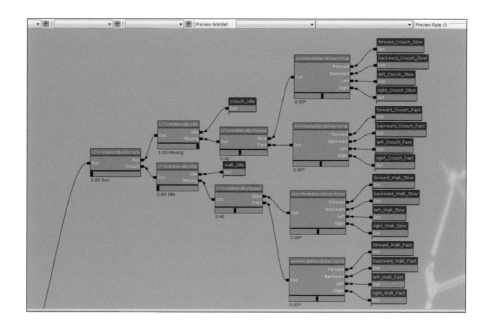

애니메이션을 애니메이션 상태에 지정한 후 게임 코드의 상태에 따라 언제 특정 애니메이션을 재생할지 구성해야 한다. 사용할 수 있는 변수의 종류는 integers, floats, Booleans, triggers이다. 이제 언제 어떤 애니메이션을 재생할지 설정할 수 있다. 또한 한 애니메이션에서 다른 애니메이션으로 전환하는 것도 역시 코드의 값을 읽어서 정할 것이다.

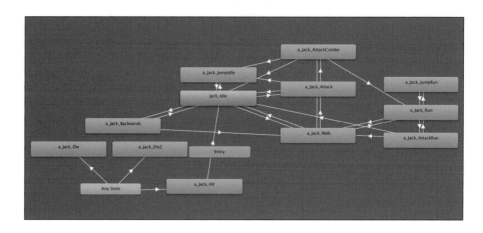

이제 걷기와 달리기 애니메이션을 구분할 수 있다. 캐릭터의 이동 속도가 일정 값을 넘어가면 달리기 애니메이션을 재생하고, 값이 다시 내려가면 걷기 애니메이션을 재생하면 된다.

게임의 상태와는 상관없이 애니메이션 상태를 정의할 수 있다. 이동하기 상태를 살펴보자. 캐릭터의 이동 속도가 아주 낮으면 잠입하는 듯한 애니메이션을 재생한다. 속도가 조금 더 높으면 걷기 애니메이션으로 바꾸고, 더 빨라지면 달리기 애니메이션으로, 아주 빨라지면 날개를 펼치고 날아가는 듯한 애니메이션을 재생할 수 있다. 다시 한 번 말하지만, 이처럼 게임 코드와 애니메이션 상태를 구분함으로써 게임 코드를 수정하지 않고 애니메이션을 자유롭게 없애거나 새로 만들 수 있다.

다음 예제로 넘어가자. 앞 장에서 배운 모든 주제를 종합해서, 게임 동작과 배경에 따라 애니메이션을 설정하려고 한다. 우선 캐릭터 모델과 필요한 모든 애니메이션을 불러온다. 이제 애니메이터animator라는 이름의 애니메이션 상태 기계를 만든다. 그 다음 상태 기계를 캐릭터에 지정한다.

불러오는 모델은 이상적으로 앞 그림에서 볼 수 있는 T-포즈처럼 일반적인 포즈를 취한다. 그 뒤 Animator Controller를 선택해서 필요한 애니메이션을 불러온다.

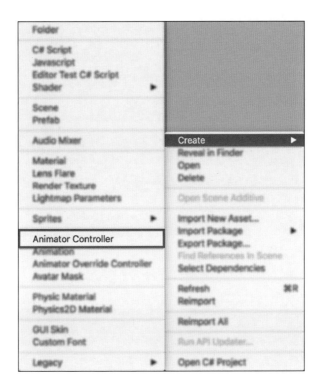

character를 클릭한 후, 조금 전에 만든 애니메이션 상태 기계를 열면 비어 있는 것을 확인할 수 있다. 애니메이션을 수동으로 넣어야 하기 때문에, 이것은 정상이다.

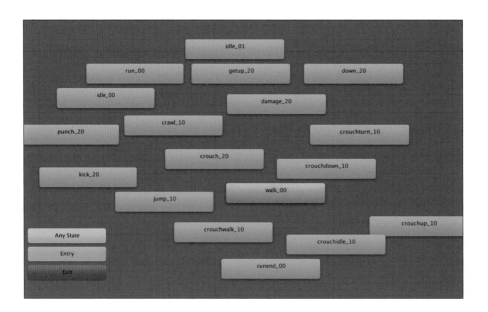

그 뒤, 애니메이션 연결을 수월하게 하기 위해 정리를 해야 한다.

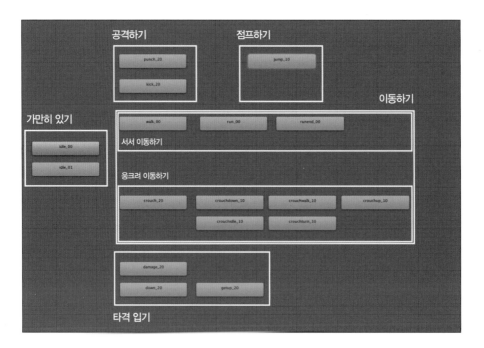

이 표와 같이, **가만히 있기**IDLE, **공격하기**ATTACK, **점프하기**JUMP, **이동하기**LOCOMOTION, **타격 입기**DAMAGE 등 게임 플레이 상태에 따라 애니메이션을 구분했다. 가만히 있기와 공격하기 상태에는 각자의 애니메이션이 두 개씩 있다. 무작위로 두 개 중 하나의 애니메이션을 선택할 예정인데, 이렇게 하면 나중에 게임 플레이 코드와는 상관없이 더 많은 애니메이션을 추가할 수 있다. 이동하기 상태에는 두 개의 하위 그룹이 있다. 바로 **서서 이동하기**STRAIGHT와 **웅크려 이동하기**CROUCH다. 이동을 조정하는 조이스틱의 강도에 따라 서서 이동하기와 웅크려 이동하기 중 적절한 애니메이션을 선택하려고 한다.

이제 애니메이션을 연결하면 된다. 애니메이션의 시작을 구성하는 세부 사항은 잠시 뒤에 알아보기로 하고 우선 재생 순서를 구성하자.

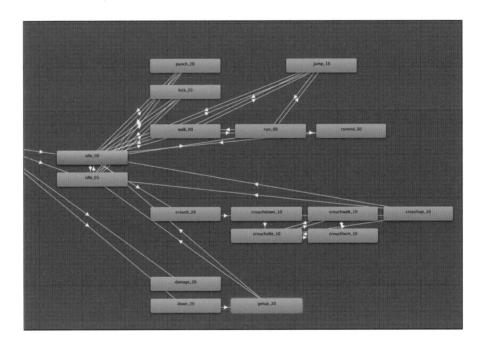

원하는 순서대로 애니메이션을 연결한 후, 어떻게 재생하는지 알아보자. 우선, 캐릭터의 게임 코드 중에 애니메이션과 연관된 변수를 살펴봐야 한다. 게임 코드에는 애니메이션 상태 기계와 연관된 변수들이 있다. integer 변수로는 Animator, Health, Stamina가 있고, float 변수로는 movementSpeed, rotationSpeed, maxSpeed, jumpHeight, jumpSpeed, currentSpeed 등이 있다. 마지막으로 Boolean 변수로 캐릭터가 아직 살아 있는지 확인하는 변수가 있다.

```
public Animator characterAnimator;
public int Health;
public int Stamina;
public float movementSpeed;
public float rotationSpeed;
public float maxSpeed;
public float jumpHeight;
public float jumpSpeed;
private float currentSpeed;
private bool Dead;
void Start () {
}
void Update () {
    // XBOX 컨트롤러를 사용한다.
    transform.Rotate(0,Time.deltaTime * (rotationSpeed * Input.GetAxis
("xboxlefth")), 0);
    if(Input.GetAxis ("xboxleft") > 0){
        transform.position += transform.forward * Time.deltaTime *
currentSpeed;
        currentSpeed = Time.deltaTime * (Input.GetAxis("xboxleft") *
movementSpeed);
    }
    else{
        transform.position += transform.forward * Time.deltaTime *
currentSpeed;
        currentSpeed = Time.deltaTime * (Input.GetAxis("xboxleft") *
movementSpeed/3);
    }
```

```
if(Input.GetKeyDown("joystick button 18") && Dead == false)
{
}
if(Input.GetKeyUp("joystick button 18") && Dead == false)
{
}
if(Input.GetKeyDown("joystick button 16") && Dead == false)
{
}
if(Input.GetKeyUp("joystick button 16") && Dead == false)
{
}
if(Health <= 0){
    Dead = true;
}
}
```

이 변수들을 애니메이션 상태 기계에 전달하자. 캐릭터의 전반적인 이동과 currentSpeed 값은 왼쪽 아날로그 조이스틱으로 조정한다. 조이스틱을 살짝 움직이면 걷기 애니메이션을 실행하고, 조이스틱을 끝까지 기울이면 달리기 애니메이션을 실행한다.

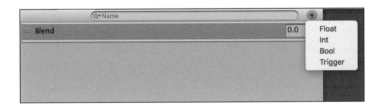

Animator 영역의 변수는 네 가지 중 하나의 타입을 선택할 수 있는데, 이 캐릭터의 이동 변수는 Float 타입으로 한다. 이제 이 변수와 코드의 currentSpeed 변수를 연결해야 한다. 이 연결은 Update 함수 시작 부분에 작성하자.

```
public Animator characterAnimator;
public int Health;
public int Stamina;
public float movementSpeed;
public float rotationSpeed;
public float maxSpeed;
public float jumpHeight;
public float jumpSpeed;
private float currentSpeed;
private bool Dead;
void Start () {
}
void Update () {
    // 정지에서 걷기, 걷기에서 달리기로 전환하기 위해 이동 속도 값을 애니메이터에 전달한다.
    characterAnimator.SetFloat("currentSpeed",currentSpeed);
    // XBOX 컨트롤러를 사용한다.
    transform.Rotate(0,Time.deltaTime * (rotationSpeed * Input.GetAxis
("xboxlefth")), 0);
    if(Input.GetAxis ("xboxleft") > 0){
        transform.position += transform.forward * Time.deltaTime *
currentSpeed;
        currentSpeed = Time.deltaTime * (Input.GetAxis("xboxleft") *
movementSpeed);
    }
    else{
        transform.position += transform.forward * Time.deltaTime *
currentSpeed;
        currentSpeed = Time.deltaTime * (Input.GetAxis("xboxleft") *
movementSpeed/3);
    }
    if(Input.GetKeyDown("joystick button 18") && Dead == false)
    {
    }
    if(Input.GetKeyUp("joystick button 18") && Dead == false)
    {
    }
    if(Input.GetKeyDown("joystick button 16") && Dead == false)
    {
```

```
        }
        if(Input.GetKeyUp("joystick button 16") && Dead == false)
        {
        }
        if(Health <= 0){
            Dead = true;
        }
}
```

이제 두 변수를 연결했다. 이렇게 하면 애니메이션 상태 기계가 코드에 있는 currentSpeed 값을 읽을 수 있다. Animator 영역에도 코드의 변수와 똑같은 이름을 지정했다. 꼭 이름을 같게 할 필요는 없지만, 이렇게 하면 어떤 변수끼리 연결됐는지 확인하기가 쉬워진다.

이제부터 캐릭터의 이동하기 애니메이션을 실행하는 조건을 변수를 이용해서 구성할 수 있다. 링크를 클릭하면 새로운 창이 열린다. 여기서 애니메이션의 상태를 변화시키는 값을 설정할 수 있다.

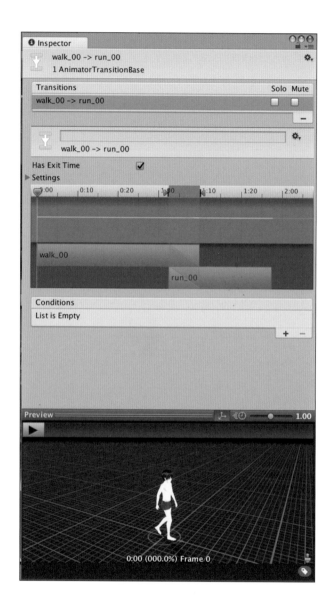

가만히 있기idle와 같은 다른 애니메이션 역시 클릭하면, 그 그룹을 구성하는 애니메이션들을 새 창에서 확인할 수 있다. 그 중 하나를 선택하면 다음으로 재생할 애니메이션을 고르게 된다. 이 내용은 다음 스크린샷에서 확인할 수 있다.

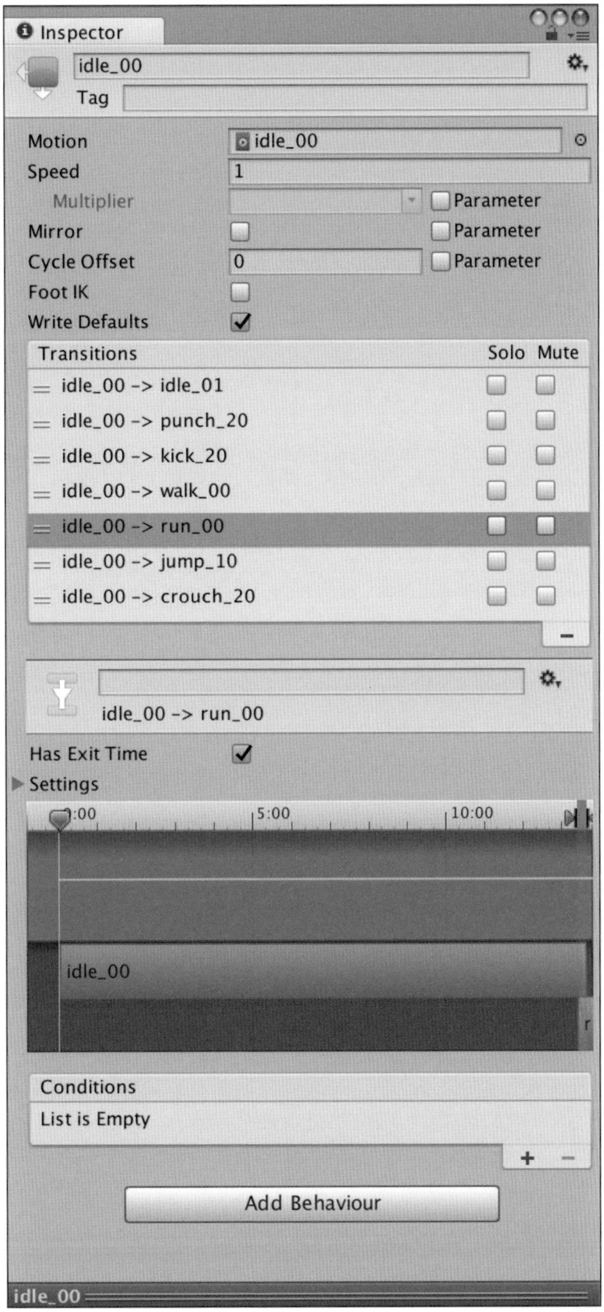
Inspector
idle_00
Tag
Motion
idle_00
Speed
1
Multiplier
Parameter
Mirror
Parameter
Cycle Offset
0
Parameter
Foot IK
Write Defaults
Transitions
Solo
Mute
idle_00 -> idle_01
idle_00 -> punch_20
idle_00 -> kick_20
idle_00 -> walk_00
idle_00 -> run_00
idle_00 -> jump_10
idle_00 -> crouch_20
idle_00 -> run_00
Has Exit Time
Settings
5:00
10:00
idle_00
Conditions
List is Empty
Add Behaviour
idle_00

idle에서 walk로 전환하는 줄을 클릭한 후 앞에서 생성한 currentSpeed 변수를 조건에 추가하자.

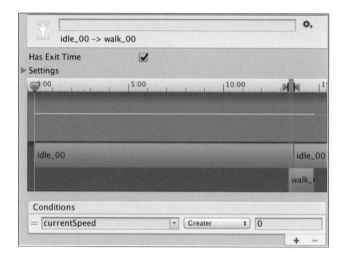

Greater나 Less 중 하나를 선택하고 비교할 변수 값을 적어서 다음 애니메이션을 재생할 조건을 구성한다. 예를 들어 값이 0.1보다 크면, 즉 캐릭터가 움직이기 시작하면, 가만히 있기 애니메이션을 중지하고, 걷기 애니메이션을 재생한다. 애니메이션 상태 기계는 독립적으로 작동하기 때문에 코드에는 바꿀 내용이 없다.

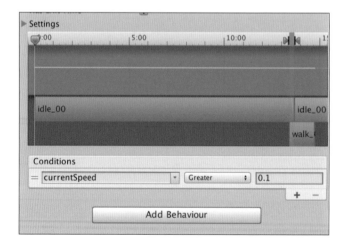

하지만 걷기 애니메이션 뒤에 다른 애니메이션을 재생해야 하기 때문에 걷기 애니메이션 조건의 상한값을 정해야 한다. 이 예제에서 currentSpeed가 5 이상이면 뛴다고 가정할 때, 걷기 애니메이션 값이 4.9 이상이면 이 애니메이션을 중지해야 한다. 따라서, currentSpeed 값이 4.9에 도달하면 캐릭터의 걷기 애니메이션을 멈추는 조건을 추가한다.

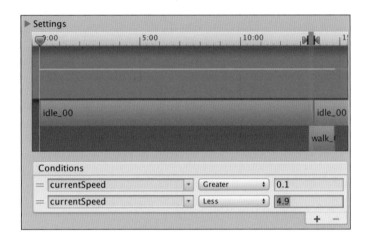

캐릭터가 걷기 시작하는 조건을 마쳤으니, 이번에는 걷다가 멈추게 되는 조건을 작성하자. 다시 한 번 말하지만, 이러한 애니메이션의 전환은 게임에 아무런 영향도 주지 않는다. 즉 지금까지의 내용으로 구성된 게임을 하면 걷기 애니메이션이 정상적으로 재생되지만, 이런 내용이 없더라도 애니메이션 없이 배경을 이동하기에는 아무런 문제가 없다. 다만 게임에 이미 있는 변수를 애니메이션 상태와 연결해서 어떤 변수 조건에 어떤 애니메이션을 재생할지를 정의할 뿐이다. 혹시 특정 애니메이션의 구성을 빼먹었다고 할지라도 캐릭터는 애니메이션 없이 적절한 행동을 수행한다. 계속해서 다른 애니메이션의 올바른 조건을 작성해보자.

캐릭터가 멈추면 IDLE 애니메이션을 재생하기 위해서 WALK에서 IDLE로 연결하는 링크를 클릭하고, currentSpeed 값이 0.1보다 작으면 WALK 애니메이션 재생을 멈추고 IDLE 애니매이션을 시작하는 조건을 추가한다.

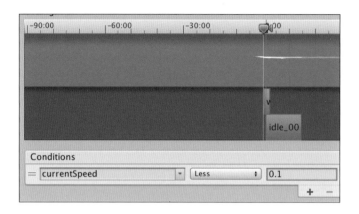

Conditions

=	currentSpeed	▼	Less	‡	0.1

이런 과정을 currentSpeed 값을 사용하는 다른 애니메이션에 반복한 뒤 Locomotion 상태의 구성을 마친다. 이제 Crouch 애니메이션으로 넘어가자. 이 애니메이션 역시 currentSpeed 값을 이용하지만, WALK 애니메이션 대신 Crouch 애니메이션을 재생하도록 하는 조건을 추가해야 한다. 여기서 두 가지 방법을 사용할 수 있다. Crouch 버튼을 누른 상태에서 움직이거나, 게임 지도에서 CROUCH 모드를 자동으로 활성화시키는 지역을 정의하는 것이다. 이 예제에서는 AI 캐릭터 구성이 목적이기 때문에, 특정 지역에 들어가면 캐릭터가 CROUCH 모드로 자동으로 전환되는 두 번째 방법을 사용해볼 것이다.

이번 예제에서는, 캐릭터가 잔디 사이를 서서 걸어 다녀서는 안 되고 은닉하기 위해서 웅크려야 한다고 가정하자. 또, 공간이 너무 낮아서 서서 걸어서 들어갈 수 없는 곳은 캐릭터가 자동으로 웅크려서 걷는다고 하자.

이와 같은 구성을 위해서는 지도상 현재 캐릭터의 위치에 따라 애니메이션을 바꿔야 하는 영역을 만들어야 한다. 코드에서는 currentSpeed 값을 애니메이션 상태 기계에 전달하는 줄 다음에 steppingGrass라는 이름의 Boolean 변수를 만들 것이다. 이 변수 값을 애니메이션 상태 기계의 새로운 변수에 연결한다. 우선 새 변수를 생성하자.

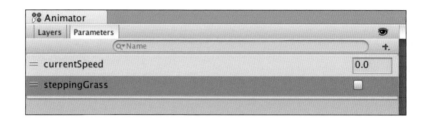

다음 코드에서는 잔디 영역에 진입하거나 벗어나는지를 확인하는 충돌 감지^{collision} detection 내용을 작성한다.

```
public Animator characterAnimator;
public int Health;
public int Stamina;
public float movementSpeed;
public float rotationSpeed;
public float maxSpeed;
public float jumpHeight;
public float jumpSpeed;
private float currentSpeed;
private bool Dead;
private bool steppingGrass;
void Start () {
}
void Update () {
    // 정지에서 걷기, 걷기에서 달리기로 전환하기 위해 이동 속도 값을 애니메이터에 전달한다.
```

```
        characterAnimator.SetFloat("currentSpeed",currentSpeed);
        // 현재 캐릭터가 잔디를 밟고 있는지를 나타내는 변수를 애니메이터에 전달한다.
        characterAnimator.SetBool("steppingGrass",steppingGrass);
        // XBOX 컨트롤러를 사용한다.
        transform.Rotate(0,Time.deltaTime * (rotationSpeed * Input.GetAxis
("xboxlefth")), 0);
    if(Input.GetAxis ("xboxleft") > 0){
        transform.position += transform.forward * Time.deltaTime *
currentSpeed;
        currentSpeed = Time.deltaTime * (Input.GetAxis("xboxleft") *
movementSpeed);
    }
    else{
        transform.position += transform.forward * Time.deltaTime *
currentSpeed;
        currentSpeed = Time.deltaTime * (Input.GetAxis("xboxleft") *
movementSpeed/3);
    }
    if(Input.GetKeyDown("joystick button 18") && Dead == false)
    {
    }
    if(Input.GetKeyUp("joystick button 18") && Dead == false)
    {
    }
    if(Input.GetKeyDown("joystick button 16") && Dead == false)
    {
    }
    if(Input.GetKeyUp("joystick button 16") && Dead == false)
    {
    }
    if(Health <= 0){
        Dead = true;
    }
}
void OnTriggerEnter(Collider other) {
    if(other.gameObject.tag == "Grass")
    {
        steppingGrass = true;
    }
```

```
}
void OnTriggerExit(Collider other) {
    if(other.gameObject.tag == "Grass")
    {
        steppingGrass = false;
    }
}
```

이제 이 새 변수를 CROUCH 애니메이션에 집어넣자. IDLE에서 CROUCH 애니메이션으로 연결하는 링크를 선택한 후 currentSpeed 변수와 새로 작성한 steppingGrass 변수를 추가한다. 또, Crouch Idle 애니메이션이 있기 때문에, 캐릭터가 멈췄을 때는 일반 IDLE 애니메이션이 아닌 이 애니메이션을 재생하자.

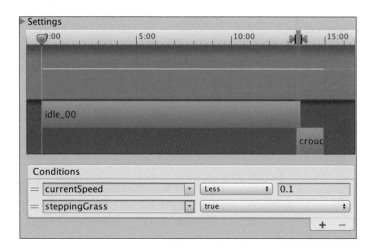

currentSpeed를 0.1 이하로 해서 캐릭터가 멈췄음을 나타내고, steppingGrass를 true 로 한 후, 일반 IDLE 애니메이션이 아닌 Crouch Idle 애니메이션을 재생하게 하자. 나머지 CROUCH 애니메이션들은 앞에서의 WALK와 RUN 애니메이션과 기본 원리 가 같다. currentSpeed 값을 읽었을 때 캐릭터가 움직이기 시작했다면 Crouch Idle을 멈추고 Crouch Walk를 재생한다. 끝으로, Crouch Idle과 IDLE을 연결하고 Crouch Walk와 WALK를 연결해서, 캐릭터가 잔디 영역을 벗어나면 WALK 애니메이션을 벗어나지 않고 계속해서 서서 걷도록 설정해야 한다.

공격 애니메이션은, 우선 1에서 10 사이의 숫자를 임의로 생성한 후 그 숫자가 5보다 크면 KICK 애니메이션을 선택하고, 5보다 작으면 PUNCH 애니메이션을 재생하도록 한다. 이렇게 해서 캐릭터가 적과 싸우는 동안 다른 종류의 공격 애니메이션을 보이게 한다. 이 방법을 사용하면, 앞으로 더 다양한 공격 애니메이션을 추가할 수 있다.

이를 위해서 attackRandomNumber라는 integer 변수를 새로 만들자.

코드에도 똑같은 이름의 변수를 만들자(꼭 같은 이름으로 해야 하는 것은 아니지만, 이렇게 하면 구분하기가 쉽다). 코드 변수와 애니메이션 변수를 연결한 줄 뒤에 이어서, attackRandomNumber 값을 전달하는 내용을 추가하자. 마지막으로 캐릭터가 공격 모드로 들어가면 임의 숫자를 생성하는 함수를 만든다.

```
public Animator characterAnimator;
public int Health;
public int Stamina;
public float movementSpeed;
public float rotationSpeed;
public float maxSpeed;
public float jumpHeight;
public float jumpSpeed;
private float currentSpeed;
private bool Dead;
private bool steppingGrass;
private int attackRandomNumber;
void Start () {
}
```

```
void Update ( ) {
    // 정지에서 걷기, 걷기에서 달리기로 전환하기 위해 이동 속도 값을 애니메이터에 전달한다.
    characterAnimator.SetFloat("currentSpeed",currentSpeed);
    // 현재 캐릭터가 잔디를 밟고 있는지를 나타내는 변수를 애니메이터에 전달한다.
    characterAnimator.SetBool("steppingGrass",steppingGrass);
    // attackRandomNumber 변수를 애니메이터에 전달한다.
    characterAnimator.SetInteger("attackRandomNumber",attackRandomNumber);
    // XBOX 컨트롤러를 사용한다.
    transform.Rotate(0,Time.deltaTime * (rotationSpeed * Input.GetAxis
("xboxlefth")), 0);
    if(Input.GetAxis ("xboxleft") > 0){
        transform.position += transform.forward * Time.deltaTime *
currentSpeed;
        currentSpeed = Time.deltaTime * (Input.GetAxis("xboxleft") *
movementSpeed);
    }
    else{
        transform.position += transform.forward * Time.deltaTime *
currentSpeed;
        currentSpeed = Time.deltaTime * (Input.GetAxis("xboxleft") *
movementSpeed/3);
    }
    if(Input.GetKeyDown("joystick button 18") && Dead == false)
    {
    }
    if(Input.GetKeyUp("joystick button 18") && Dead == false)
    {
    }
    if(Input.GetKeyDown("joystick button 16") && Dead == false)
    {
    }
    if(Input.GetKeyUp("joystick button 16") && Dead == false)
    {
    }
    if(Health <= 0){
        Dead = true;
    }
}
void OnTriggerEnter(Collider other) {
```

```
        if(other.gameObject.tag == "Grass")
        {
            steppingGrass = true;
        }
    }
    void OnTriggerExit(Collider other) {
        if(other.gameObject.tag == "Grass")
        {
            steppingGrass = false;
        }
    }
    void fightMode () {
        attackRandomNumber = (Random.Range(1, 10));
    }
```

이제 애니메이션에 값을 적용해야 한다. 이 과정은 앞의 방법들과 같고, 사용하는 값
만 다르다. attackRandomNumber 값이 1보다 크면 캐릭터가 현재 공격 중이라는 말이
고, 따라서 공격 애니메이션을 재생해야 한다. 두 개의 공격 애니메이션을 임의로 재
생하기로 계획했지만, 게이머가 캐릭터를 조종하는 경우에는 코드에 숫자를 직접 정
의해서, 게이머가 특정 버튼을 누르면 캐릭터가 주먹을 날리거나 발차기를 하도록 할
수 있다.

▌ 부드러운 전환

애니메이션 간의 부드러운 전환 역시 중요한 주제다. 애니메이션의 통일성을 유지함
으로써 캐릭터의 액션을 유연하게 하고 게이머의 몰입도를 돕기 때문이다. 이 내용은
2D 애니메이션과 3D 애니메이션이 상당히 다르다. 2D 스프라이트를 사용하면 각 전
환에 사용될 프레임을 하나 하나 그리고, 캐릭터가 애니메이션을 바꿀 때마다 그 전환
애니메이션을 재생해야 한다.

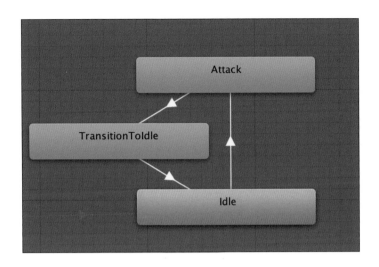

반면, 3D 캐릭터의 경우 뼈 구조체의 위치를 처음 애니메이션에서 다음 애니메이션으로 이동시켜서 애니메이션의 전환을 자동으로 적용할 수 있다. 이처럼 자동으로 전환 애니메이션을 생성시킬 수 있지만, 때로는 더 나은 옵션이나 혹은 필요에 의해 전환 애니메이션을 직접 만들어야 할 때도 있다. 캐릭터에 위치를 지정해야 하는 무기나 물체가 있을 때 흔히 쓰는 방법이다.

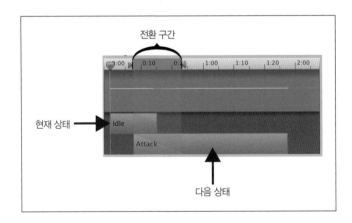

부드러운 전환을 위해서는 다음 애니메이션의 첫 프레임과 현재 애니메이션의 마지막 프레임이 일치해야 한다. 다음 애니메이션을 현재 애니메이션의 현 위치에서부터 재생해야 한다. 그렇지 않으면 두 애니메이션의 전환이 매끄럽지 못할 수 있다. 현존하는 게임 엔진의 기능을 이용해서 애니메이션 전환 시스템을 구현할 수도 있다. 이는 부드러운 애니메이션 전환을 쉽게 구현하는 좋은 방법 중 하나다. 앞의 그림에서 볼 수 있듯이 전환 구간을 짧거나 길게 실험해서 가장 보기 좋은 결과를 도출할 수 있다.

더 나은 게임 경험을 위해 부드러운 전환을 포기해야 할 때도 있다. 격투 게임을 예로 들면 매끄러운 전환보다는 빠르게 자세를 전환하는 것이 더 중요하기 때문에, 캐릭터의 상태 변화를 빠르게 만들어야 한다.

▌ 요약

5장에서는 캐릭터의 액션을 완성하기 위해 2D와 3D 애니메이션을 사용하는 방법을 배웠다. 애니메이션은 현실적인 AI 캐릭터를 만드는 데 중요한 역할을 한다. 애니메이션을 적절하게 구현하면 캐릭터에 생동감을 부여하고 캐릭터가 자동으로 반응하는 느낌을 게이머에게 전달할 수 있다. 캐릭터가 제한된 동작을 가지고 있더라도, 애니메이션을 잘 사용하면 캐릭터가 그렇게밖에 움직일 수 없다는 인상을 효과적으로 전달할 수 있다.

6장에서는 AI 캐릭터가 목적지까지 최선의 경로를 찾을 수 있도록 돕는 내비게이션과 길찾기 방법을 알아볼 것이다.

06

내비게이션 방법과 길찾기

6장에서는 AI 캐릭터가 지도를 돌아다니는 방법과, 갈 수 있는 곳과 갈 수 없는 곳을 구분하는 방법을 배운다. 각 장르에 맞는 해결책을 알아보고, 캐릭터가 지도를 올바르게 돌아다니도록 하는 방법을 알아보자. 또 캐릭터가 목적지까지 최적의 경로를 찾고, 이동하는 동안에 장애물을 피하고 목표를 수행하도록 할 것이다. 우선 간단한 이동 방법을 살펴보고, 그 뒤에는 지점 사이의 이동법을 살펴본 다음 마지막으로는 더 복잡한 지점 사이의 이동법을 알아보자(RTS/RPG 시스템).

▌ 내비게이션 동작

내비게이션이란 캐릭터가 어느 곳을 갈지, 무엇을 할지를 계산하는 과정을 말한다. 예를 들어 지도에는 점프하거나 사다리를 올라야만 목적지에 도달할 수 있는 경우가 있다. 캐릭터는 지점 사이를 이동하기 위해 이런 곳을 통과할 수 있는 적절한 행동을 알아야만 한다. 그렇지 않으면 구멍에 빠지거나 사다리 앞에서 계속 방황하기만 할 것이다. 이를 방지하기 위해서는, 캐릭터에게 가능한 모든 행동을 계획하고 이동하는 동안에 점프를 하거나 필요한 동작을 수행하도록 해야 한다.

새 방향 선택하기

AI 캐릭터라면 물체에 의해 길이 막혔거나 어떤 이유로 길을 통과하지 못할 때 새로운 방향을 찾을 수 있어야 한다. 캐릭터는 앞에 놓여 있는 물체를 인지하고 앞으로 나아가지 못한다고 판단할 때, 새로운 방향을 찾아내서 물체에 부딪히지 않고 나아갈 수 있어야 한다.

벽을 피해서 걷기

캐릭터가 벽을 마주하면, 벽을 통과할 수 없음을 인식하고 새로운 옵션을 선택해야 한다. 캐릭터가 벽을 오르거나 부술 수 없다면, 벽이 없는 새로운 방향으로 전환해서 그곳으로 걸어가야 한다.

만드는 게임의 타입에 따라서 가장 좋은 방법이 될 수 있는 기본적인 방법부터 알아보자. 이번 예제의 캐릭터는 〈팩맨Pac-Man〉의 적처럼 레벨을 계속해서 돌아다녀야 한다. 우선 캐릭터가 원하는 방향으로 자유롭게 이동하도록 설정하고, 나중에 AI에게 필요한 정보를 추가해서 특정 작업을 수행할 수 있도록 할 것이다.

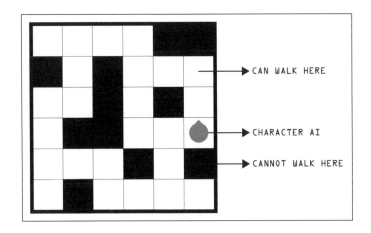

CAN WALK HERE

CHARACTER AI

CANNOT WALK HERE

격자 모양의 지도 위에 검은색 사각형 영역은 AI 캐릭터가 지나갈 수 없는 곳이다. 이 제 AI 캐릭터가 벽을 마주할 때까지 앞으로 나가다가, 앞이 막히면 왼쪽이나 오른쪽 임의의 방향으로 바꾸도록 프로그래밍할 것이다. 이렇게 하면 캐릭터는 특정 패턴 없이 자유롭게 돌아다니게 된다. 코드는 다음과 같다.

```
public float Speed;
public float facingLeft;
public float facingRight;
public float facingBack;
public static bool availableLeft;
public static bool availableRight;
public bool aLeft;
public bool aRight;
void Start ()
{
}
void Update ()
{
    aLeft = availableLeft;
    aRight = availableRight;
    transform.Translate(Vector2.up * Time.deltaTime * Speed);
    if(facingLeft > 270)
```

```
        {
            facingLeft = 0;
        }
        if(facingRight < -270)
        {
            facingRight = 0;
        }
    }
    void OnTriggerEnter2D(Collider2D other)
    {
        if(other.gameObject.tag == "BlackCube")
        {
            if(availableLeft == true && availableRight == false)
            {
                turnLeft();
            }
            if(availableRight == true && availableLeft == false)
            {
                turnRight();
            }
            if(availableRight == true && availableLeft == true)
            {
                turnRight();
            }
            if(availableRight == false && availableLeft == false)
            {
                turnBack();
            }
        }
    }
    void turnLeft ()
    {
        facingLeft = transform.rotation.eulerAngles.z + 90;
        transform.localRotation = Quaternion.Euler(0, 0, facingLeft);
    }
    void turnRight ()
    {
        facingRight = transform.rotation.eulerAngles.z - 90;
        transform.localRotation = Quaternion.Euler(0, 0, facingRight);
```

```
}
void turnBack ( )
{
    facingBack = transform.rotation.eulerAngles.z + 180;
    transform.localRotation = Quaternion.Euler(0, 0, facingBack);
}
```

예제에서, 검은색 벽에 충돌자colliders를 부여해서 캐릭터가 언제 벽과 마주하는지 알수 있도록 했다. 캐릭터가 검은색 벽과 충돌하면 왼쪽으로 방향 전환, 오른쪽으로 방향 전환, 뒤로 방향 전환 중 하나의 옵션을 선택해야 한다. 왼쪽과 오른쪽 중에 어느 방향이 열려 있는지 확인하기 위해서 캐릭터에 두 개의 충돌자를 추가했다. 각 충돌자에는 프로그램이 있어서 캐릭터에게 그 방향이 열려 있는지 막혀 있는지 알려줄 수 있다.

availableLeft는 왼쪽의 상태를 알려주고, availableRight는 오른쪽을 알려준다. 해당 방향이 검은색 벽으로 막혀 있으면 값은 false가 된다. 열려 있으면 true로 설정된다. aLeft와 aRight는 값이 정확하게 작동하는지 실시간으로 체크하는 변수다. 이렇게 해서 관련된 문제가 있는지 확인할 수 있다.

```
public bool leftSide;
public bool rightSide;
void Start ( )
{
    if(leftSide == true)
    {
        rightSide = false;
    }
    if(rightSide == true)
    {
        leftSide = false;
    }
}
void Update ( )
{
}
```

```
void OnTriggerStay2D(Collider2D other)
{
    if(other.gameObject.tag == "BlackCube")
    {
        if(leftSide == true && rightSide == false)
        {
            Character.availableLeft = false;
        }
        if(rightSide == true && leftSide == false)
        {
            Character.availableRight = false;
        }
    }
}
void OnTriggerExit2D(Collider2D other)
{
    if(other.gameObject.tag == "BlackCube")
    {
        if(leftSide == true)
        {
            Character.availableLeft = true;
        }
        if(rightSide == true)
        {
            Character.availableRight = true;
        }
    }
}
```

게임을 실행하면, AI 캐릭터가 이동하다가 벽을 마주하면 오른쪽이나 왼쪽으로 방향
을 전환하는 것을 확인할 수 있다.

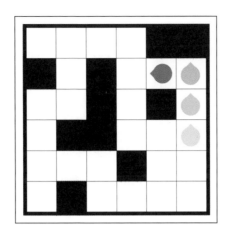

하지만 게임을 실행하고 몇 분 정도 관찰하면, 캐릭터가 계속해서 같은 방향으로만 전환해서 지도의 일정 지역만 반복해서 이동하는 것을 볼 수 있다. 이것은 캐릭터가 벽을 마주할 때만 방향을 전환하기 때문이다.

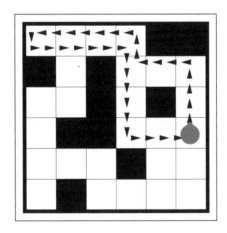

앞의 그림에서 볼 수 있듯이, 캐릭터는 항상 같은 패턴으로만 움직이기 때문에, 지도의 다른 영역은 가지 않는다는 문제가 있다.

새로운 경로 선택하기

캐릭터는 현재 벽에 부딪힐 때마다 방향을 잘 전환하고, 이제 지도의 전 영역을 돌아다니도록 바꿔보자. 그렇게 하기 위해선, 캐릭터에게 새로운 정보를 추가해서 현재 방향이 열려 있다고 해도 왼쪽이나 오른쪽도 열려 있다면 방향을 전환할 수 있도록 해야 한다. 현재 방향뿐만 아니라 다른 방향도 열려 있을 때, 방향을 전환할지 여부는 확률을 이용해서 결정해야 하는데, 이번 예제에서는 90%의 확률로 새로운 방향을 선택하도록 할 것이다. 그렇게 하면 새로운 방향 전환을 쉽게 확인할 수 있다.

```
public float Speed;
public float facingLeft;
public float facingRight;
public float facingBack;
public static bool availableLeft;
public static bool availableRight;
public static int probabilityTurnLeft;
public static int probabilityTurnRight;
public int probabilitySides;
public bool forwardBlocked;
public bool aLeft;
public bool aRight;
```

변수를 선언하고 나서, 게임 실행 시 첫 프레임에 한 번 실행되는 Start 함수를 살펴보자.

```
void Start ()
{
    availableLeft = false;
    availableRight = false;
    probabilityTurnLeft = 0;
    probabilityTurnRight = 0;
}
```

이제 프레임마다 실행되는 Update 함수를 알아보자.

```
void Update ()
{
    aLeft = availableLeft;
    aRight = availableRight;
    transform.Translate(Vector2.up * Time.deltaTime * Speed);
    if(facingLeft > 270)
    {
        facingLeft = 0;
    }
    if(facingRight < -270)
    {
        facingRight = 0;
    }
    if (forwardBlocked == false)
    {
        if (availableLeft == true && availableRight == false)
        {
            if (probabilityTurnLeft > 10)
            {
                turnLeft();
            }
        }
        if (availableLeft == false && availableRight == true)
        {
            if (probabilityTurnRight > 10)
            {
                turnRight();
            }
        }
        if (availableLeft == true && availableRight == true)
        {
            probabilityTurnLeft = 0;
            probabilityTurnRight = 0;
        }
    }
}
```

다음으로, 캐릭터가 벽과 충돌할 때 실행되는 충돌 함수를 알아보자.

```
void OnTriggerEnter2D(Collider2D other)
{
    if(other.gameObject.tag == "BlackCube")
    {
        forwardBlocked = true;
        if(availableLeft == true && availableRight == false)
        {
            turnLeft();
        }
        if(availableRight == true && availableLeft == false)
        {
            turnRight();
        }
        if(availableRight == true && availableLeft == true)
        {
            probabilitySides = Random.Range(0, 1);
            if(probabilitySides == 0)
            {
                turnLeft();
            }
            if(probabilitySides == 1)
            {
                turnRight();
            }
        }
        if(availableRight == false && availableLeft == false)
        {
            turnBack();
        }
    }
}
void OnTriggerExit2D(Collider2D other)
{
    forwardBlocked = false;
}
void turnLeft ()
{
```

```
    probabilityTurnLeft = 0;
    facingLeft = transform.rotation.eulerAngles.z + 90;
    transform.localRotation = Quaternion.Euler(0, 0, facingLeft);
}
void turnRight ()
{
    probabilityTurnRight = 0;
    facingRight = transform.rotation.eulerAngles.z - 90;
    transform.localRotation = Quaternion.Euler(0, 0, facingRight);
}
void turnBack ()
{
    facingBack = transform.rotation.eulerAngles.z + 180;
    transform.localRotation = Quaternion.Euler(0, 0, facingBack);
}
```

AI 캐릭터 코드에 네 개의 변수를 더했다. probabilityTurnLeft 스태틱 변수는 캐릭터가 왼쪽으로 전환할 확률을 계산하고, probabilityTurnRight는 오른쪽으로 전환할 확률을 계산한다. 새로운 확률 생성 변수인 probabilitySides는 앞이 벽으로 막히고 양 방향이 열려 있을 때 어느 방향으로 전환할지를 결정한다. 마지막으로 Boolean 변수인 forwardBlocked는 앞 방향이 막혀 있는지 아닌지를 알려준다. 앞이 막혀 있을 때 방향을 중복해서 전환하지 않으려면, 이 상태를 알아야 중복 전환을 막을 수 있다.

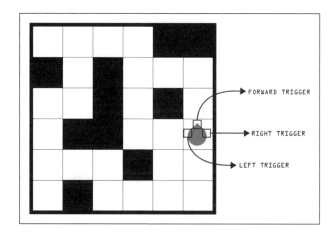

왼쪽과 오른쪽의 상태와 관련된 코드에는 방향 전환 확률을 결정하는 probabilityTurn 변수를 더한다. 캐릭터가 충돌 물체에서 벗어나면 양방향 중 가능한 방향으로 새로운 확률을 부여하고 캐릭터에게 그 방향으로의 전환이 가능함을 알린다.

```
public bool leftSide;
public bool rightSide;
public int probabilityTurn;
void Start ()
{
    if(leftSide == true)
    {
        rightSide = false;
    }
    if(rightSide == true)
    {
        leftSide = false;
    }
}
void Update ()
{
}
void OnTriggerEnter2D(Collider2D other)
{
    if(other.gameObject.tag == "BlackCube")
    {
        if(leftSide == true && rightSide == false)
        {
            Character.availableLeft = false;
            probabilityTurn = 0;
            Character.probabilityTurnLeft = probabilityTurn;
        }
        if(rightSide == true && leftSide == false)
        {
            Character.availableRight = false;
            probabilityTurn = 0;
            Character.probabilityTurnRight = probabilityTurn;
        }
```

```csharp
        }
    }
    void OnTriggerStay2D(Collider2D other)
    {
        if(other.gameObject.tag == "BlackCube")
        {
            if(leftSide == true && rightSide == false)
            {
                Character.availableLeft = false;
                probabilityTurn = 0;
                Character.probabilityTurnLeft = probabilityTurn;
            }
            if(rightSide == true && leftSide == false)
            {
                Character.availableRight = false;
                probabilityTurn = 0;
                Character.probabilityTurnRight = probabilityTurn;
            }
        }
    }
    void OnTriggerExit2D(Collider2D other)
    {
        if(other.gameObject.tag == "BlackCube")
        {
            if(leftSide == true)
            {
                probabilityTurn = Random.Range(0, 100);
                Character.probabilityTurnLeft = probabilityTurn;
                Character.availableLeft = true;
            }
            if(rightSide == true)
            {
                probabilityTurn = Random.Range(0, 100);
                Character.probabilityTurnRight = probabilityTurn;
                Character.availableRight = true;
            }
        }
    }
```

이제 다시 게임을 실행하면, 캐릭터가 새롭게 움직이는 것을 확인할 수 있다. 이제 캐릭터는 전과 다르게 예측 불가능한 방향으로 지도 이곳저곳을 다양하게 돌아다닌다. 이 단계를 마치고 나면 어떤 모양의 지도를 만들어도 캐릭터는 막힌 곳을 피해서 잘 돌아다닐 것이다.

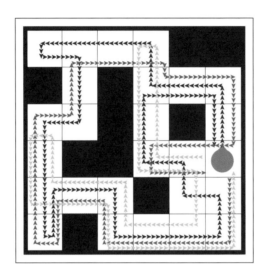

더 큰 지도에서 테스트를 해봐도 캐릭터가 전 영역을 잘 돌아다니는 것을 볼 수 있다. 이제 기본 목적을 완료했고, 새로운 지도를 생성해서 이 캐릭터를 적으로 설정할 수 있다.

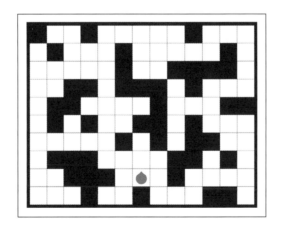

캐릭터가 반응하는 방법을 조절하기 위해 확률값 수정할 수 있고, 게임의 목적에 맞춰서 여러 변수를 추가할 수도 있다.

지점과 지점 사이의 이동

미로를 자유롭게 돌아다니는 캐릭터를 만드는 방법을 알아봤으니 이제는 다음으로 정해진 지점 사이의 이동을 알아보자. 이 방법 역시 AI 이동의 중요한 방법이다. 나중에 두 방법을 조합해서 캐릭터가 벽과 장애물을 피하면서 시작점에서 목표지점까지 이동하도록 구현할 수 있기 때문이다.

타워 디펜스 장르

한 지점에서 다른 지점으로 이동하는 캐릭터의 원리는 2D와 3D에 모두 적용할 수 있다. 이 예제에서는, 타워 디펜스 게임의 핵심 요소인 적의 이동 패턴을 알아보자. 주 목적은 적 캐릭터를 시작점에 생성해서 정해진 길을 따라 이동해서 종착점까지 이동하는 것이다. 대부분의 타워 디펜스 게임의 적은 이 내용이 핵심이기 때문에, 이 예제를 살펴보면 지점 간 이동을 가장 효과적으로 익힐 수 있다.

타워 디펜스 게임은 크게 두 가지 지역으로 나뉘어져 있다. 바로 적이 시작점에서 종착점으로 걸어갈 수 있는 길과, 게이머가 적이 종착점에 도달하지 못하게 하도록 적을 공격하는 타워를 지을 수 있는 영역이다. 게이머는 적이 지나가는 길에 타워를 지을 수 없기 때문에, AI 캐릭터는 주위에 예상치 못한 장애물이 있는지 탐색할 필요가 없다. 그렇기 때문에 캐릭터는 목표 지점까지 막힘 없이 걸어갈 수 있고, 개발자는 캐릭터의 지점과 지점 사이의 움직임만 고려해서 구현하면 된다.

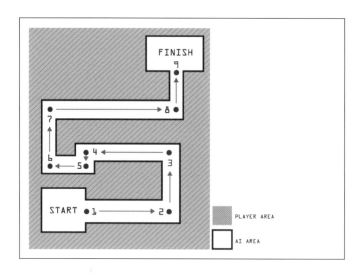

게임에 사용할 지도와 캐릭터를 불러온 후에는 캐릭터가 따라갈 **웨이포인트**waypoint를 구현해야 한다. 각 좌표를 직접 입력할 수도 있지만, 과정을 간소화하기 위해 씬scene에 웨이포인트로 작동할 오브젝트를 생성한 후, 필요 없는 3D 메쉬 정보만 지울 것이다.

그 다음 생성한 모든 웨이포인트를 그룹 짓고, 그룹의 이름을 정한다. 웨이포인트를 지정하고 그룹을 만든 후에는, 캐릭터에게 몇 개의 웨이포인트를 따라가야 하는지 알려주는 코드를 작성한다. 이 코드는 지도나 웨이포인트의 수에 상관없이 사용할 수 있기 때문에 매우 유용하다.

```
public static Transform[] points;
void Awake ()
{
    points = new Transform[transform.childCount];
    for (int i = 0; i < points.Length; i++)
    {
        points[i] = transform.GetChild(i);
    }
}
```

이 코드를 앞서 생성한 웨이포인트 그룹에 적용하면 웨이포인트의 총 개수와 순서를 읽을 수 있다.

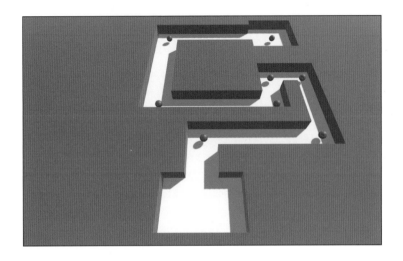

앞 그림의 파란 점들이 웨이포인트의 3D 메쉬를 나타낸다. 이 예제에서 캐릭터가 따라가야 할 웨이포인트는 여덟 개다. 이제 AI 캐릭터 코드로 넘어가서, 캐릭터가 각 지점을 따라가도록 구현해보자.

캐릭터의 기본 요소로 체력과 스피드를 구현하자. 또 캐릭터가 다음으로 이동해야 할 위치를 나타내는 변수와, 현재 따라가야 할 웨이포인트를 나타내는 변수도 만든다.

```
public float speed;
public int health;
private Transform target;
private int wavepointIndex = 0;
```

이렇게 해서 적 캐릭터가 죽거나 종착점에 도달할 때까지 계속해서 이동하는 캐릭터의 기본 구성을 마쳤다. 이 변수들을 이용해서 캐릭터를 이동시켜 보자.

```
public float speed;
public int health;
private Transform target;
private int wavepointIndex = 0;
void Start ()
{
    target = waypoints.points[0]; speed = 10f;
}
void Update ()
{
    Vector3 dir = target.position - transform.position;
    transform.Translate(dir.normalized * speed * Time.deltaTime, Space.
World);
    if(Vector3.Distance(transform.position, target.position) <= 0.4f)
    {
        GetNextWaypoint();
    }
}
void GetNextWaypoint()
{
    if(wavepointIndex >= waypoints.points.Length - 1)
    {
        Destroy(gameObject);
        return;
    }
    wavepointIndex++;
    target = waypoints.points[wavepointIndex];
}
```

Start 함수를 보면, 캐릭터가 따라가야 할 첫 번째 웨이포인트의 인덱스는 0이다. 이는 앞서 waypoints 코드에서 생성한 Transform 리스트의 첫 번째 오브젝트이다. 또, 캐릭터의 기본 속력을 10f로 정했다.

Update 함수에서는 우선 Vector3 dir 변수를 만든 후, 다음 목표 위치와 현재 캐릭터의 위치의 거리를 계산했다. 또, 캐릭터는 계속해서 이동해야 하기 때문에 transform.

Translate를 이용해서 그 내용을 구현했다. 거리와 속력 정보를 이용해서 캐릭터는 다음 목표까지 얼마나 더 가야 하는지를 알 수 있고, 그 목표에 다다르면 그 다음 웨이포인트로 이동할 것이다. 구체적으로, if 조건문을 사용해서 캐릭터가 목표 지점의 0.4f(이 예제에서는 이 정도면 충분한 것으로 지정했다.) 이내에 있으면 목표 지점에 도달한 것으로 간주하고 GetNextWaypoint() 함수를 이용해서 다음 목표 지점을 읽는다.

GetNextWaypoint() 함수를 살펴보면, 먼저 캐릭터가 최종 목표 지점에 도달했는지 확인한다. 목표 지점에 도달했으면 캐릭터 오브젝트를 소멸시킨다. 아직 도달하지 않았으면, 다음 웨이포인트를 불러온다. wavepointIndex++를 이용해서 인덱스를 1만큼 증가시켜서 0 → 1 → 2 → 3 → 4 → 5 등의 순서로 읽을 수 있다.

이제 이 코드를 캐릭터에 적용하고 캐릭터를 시작 점에 생성해서 계획대로 작동하는지 테스트해보자.

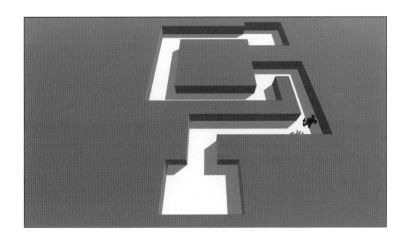

예상대로 작동하는 것을 확인할 수 있다. 최종 목적지에 도달할 때까지 차례로 이동한 다음 게임에서 사라진다. 몇 가지 수정할 내용도 있다. 예를 들어 캐릭터가 방향을 바꿔도 항상 한 방향만 바라보고 이동하기 때문에 어색하다. 또 시작점에서 여러 캐릭터를 생성하도록 바꿔보자.

웨이포인트 오브젝트를 생성했을 때와 마찬가지로, 적을 처음 생성하는 시작점 역시 좌표를 읽기 위한 오브젝트를 이용해서 표현할 수 있다. 게임에 캐릭터를 수동으로 생성하지 않고 다음 코드를 이용해서 간단히 테스트해볼 수 있다.

```
public Transform enemyPrefab;
public float timeBetweenWaves = 3f;
public Transform spawnPoint;
private float countdown = 1f;
private int waveNumber = 1;
void Update ()
{
    if(countdown <= 0f)
    {
        StartCoroutine(SpawnWave());
        countdown = timeBetweenWaves;
    }
    countdown -= Time.deltaTime;
}
IEnumerator SpawnWave ()
{
    waveNumber++;
    for (int i = 0; i < waveNumber; i++)
    {
        SpawnEnemy();
        yield return new WaitForSeconds(0.7f);
    }
}
void SpawnEnemy()
{
    Instantiate(enemyPrefab, spawnPoint.position,
    spawnPoint.rotation);
}
```

이제 웨이브 생성기wave spawner(한 그룹의 적들을 생성하는 방법)를 이용해서 새로운 그룹의 적을 3초마다 생성하도록 구현했다. 이렇게 해서 여러 AI 캐릭터가 어떻게 이동하는지 시각적으로 확인할 수 있다. 앞의 코드에는 총 다섯 개의 변수가 있다. enemyPrefab는 현재 만드는 캐릭터의 종류를 나타낸다. timeBetweenWaves는 새로운 웨이브를 생성하기 전 기다리는 시간을 나타낸다. spawnPint 캐릭터가 생성되는 곳, 즉 시작점을 의미한다. countdown의 초기값은 첫 번째 웨이브가 생성되기 전 기다리는 시간을 나타낸다. 끝으로 waveNumber는 현재 웨이브의 숫자를 의미한다(주로 숫자가 높을수록 높은 난이도를 의미한다).

이제 게임을 실행하면, 게임이 생성하는 적 캐릭터의 숫자가 3초 간격으로 계속 증가하는 것을 볼 수 있다. AI 캐릭터를 구현할 때 동시에 여러 캐릭터를 생성하면 좋은 점이 있다. 예를 들어 어떤 캐릭터가 특별한 능력이 있다든지 캐릭터간 속력이 다른 경우, 문제점을 바로 확인하고 고칠 수 있다. 동시에 테스트 규모가 작기 때문에, 큰 어려움 없이 개발할 수 있다.

이제 수정한 내용을 테스트해보자.

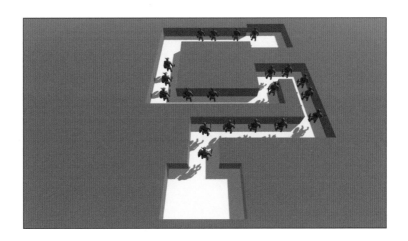

게임이 훨씬 더 흥미로워졌다. 한 지점에서 다른 지점으로 이동하는 내용이 잘 작동됨을 확인할 수 있고, 게임에 생성된 모든 캐릭터가 정해진 지점을 따라 잘 이동하는 것을 볼 수 있다.

이제 캐릭터가 코너를 돌아서 이동할 때 방향을 바꾸는 내용을 추가해보자. 다음과 같은 코드를 적 캐릭터 코드에 구현한다.

```
public float speed;
public int health;
public float speedTurn;
private Transform target;
private int wavepointIndex = 0;
void Start ()
{
    target = waypoints.points[0];
    speed = 10f;
    speedTurn = 0.2f;
}
void Update ()
{
    Vector3 dir = target.position - transform.position;
    transform.Translate(dir.normalized * speed * Time.deltaTime, Space.
World);
    if(Vector3.Distance(transform.position, target.position) <= 0.4f)
    {
        GetNextWaypoint();
    }
    Vector3 newDir = Vector3.RotateTowards(transform.forward, dir, speedTurn,
0.0F);
    transform.rotation = Quaternion.LookRotation(newDir);
}
void GetNextWaypoint()
{
    if(wavepointIndex >= waypoints.points.Length - 1)
    {
        Destroy(gameObject);
        return;
    }
    wavepointIndex++;
    target = waypoints.points[wavepointIndex];
}
```

이 코드를 살펴보면, speedTurn이라는 변수를 추가해서 캐릭터가 방향을 바꿀 때 속력을 나타내도록 하고, start 함수에서 그 값을 0.2f로 정했다. update 함수에서는, 속력에 Time.deltaTime를 곱해서 게이머의 프레임 레이트FPS, Frames per seconds에 상관없이 일정한 속력으로 움직이도록 했다. 그러고 나서 newDir라는 새로운 Vector3 타입의 변수를 만든 후 캐릭터가 목표 위치를 향해 바라보도록 했다.

이제 게임을 다시 실행해보면, 캐릭터가 다음 목표 지점으로 방향을 바꾸는 것을 확인할 수 있다.

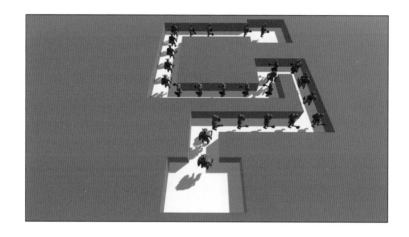

여기까지 내용을 되짚어보면, AI 캐릭터가 최종 목적지까지 방향을 바꿔가며 각 지점 사이를 정확히 이동하도록 했다. 타워 디펜스 게임의 기본 내용을 완성했으니 이제 여러분이 구현하는 게임만의 특별한 요소를 추가해서 새롭고 재미있는 게임을 만들 수 있다.

레이싱 장르

지점과 지점 사이의 이동 방법은 오랫동안 여러 장르의 게임에 사용돼 왔다. 다음 예제는 레이싱 게임인데, AI 드라이버가 지점 간 이동법을 이용해서 게이머와 경주할 수 있다. 이 내용을 구현하기 위해서 우선 트랙과 드라이버가 필요하고, 웨이포인트를 불러온 다음 AI 캐릭터가 그 지점들을 따라가도록 하면 된다. 기본적인 내용은 앞의 예제와 아주 비슷하지만 캐릭터가 방향을 바꿀 때 부드럽게 바꾸고, 지도상의 다른 자동차와 겹치지 않도록 내용을 추가해야 한다.

우선 지도를 불러와야 하는데, 레이싱 게임에서는 경주용 트랙이다.

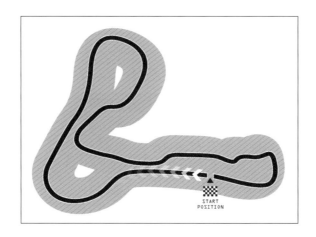

트랙이 준비되면 드라이버가 따라갈 웨이포인트를 생성해야 한다. 트랙에 따라 많은 커브가 있을 수 있고 이를 부드럽게 지나가기 위해서는 앞의 예제보다 훨씬 더 많은 웨이포인트가 필요할 수 있다.

이전과 마찬가지로 웨이포인트용 오브젝트를 생성해서 좌표만 사용한다.

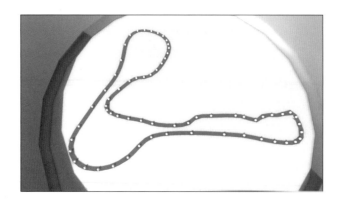

이 그림은 트랙과 웨이포인트를 보여주는데, 커브길에 더 많은 웨이포인트가 있음을 확인할 수 있다. 코너와 코너 사이를 부드럽게 이동하려면 아주 중요하다.

이제 이전처럼 이 웨이포인트들을 그룹지어야 하는데, 이번에는 다른 방식으로 구현해보자. 웨이포인트를 관리하는 코드를 따로 작성하지 않고 AI 드라이버 코드에 직접 구현하고, 따라가야 하는 지점을 업데이트하는 내용 역시 같은 코드 속에 작성할 것이다.

 여러 가지 방법으로 게임을 만들 수 있다. 개발자가 선호하는 방법이나, 만드는 게임의 장르에 따라 더 나은 방법이 있을 수 있다. 이 예제에서는 앞서 타워 디펜스 게임의 캐릭터 코드가 적절하지 않기 때문에 새로 작성하기로 한다.

다음 AI 드라이버 코드를 보면 열 개의 변수가 있다.

```
public static bool raceStarted = false;
public float aiSpeed = 10.0f;
public float aiTurnSpeed = 2.0f;
public float resetAISpeed = 0.0f;
public float resetAITurnSpeed = 0.0f;
public GameObject waypointController;
public List<Transform> waypoints;
public int currentWaypoint = 0;
public float currentSpeed;
public Vector3 currentWaypointPosition;
```

우선 static Boolean 타입의 raceStarted 변수는 경주가 시작됐는지를 나타낸다. 신호등의 불이 초록색으로 바뀌면 이 변수가 업데이트되고 그렇지 않으면 false로 유지된다. 다음으로 aiSpeed는 자동차의 속도를 나타낸다. 이는 테스트를 위한 간단한 값으로, 실제로는 함수를 이용해서 현재 기어 상태를 고려해 자동차가 어떤 속도로 달리고 있는지 직접 계산해야 한다. aiTurnSpeed는 자동차가 방향을 바꿀 때의 속도로, 얼마나 빠르게 코너를 돌 수 있는지를 표현한다. 다음으로 waypointController를 이용해서 웨이포인트 그룹을 읽고, waypoints 리스트에 그룹 정보를 담는다.

currentWaypoint는 현재 드라이버가 따라갈 지점을 나타낸다. 또한, currentSpeed 변수는 자동차의 현재 속도를 보여준다. 마지막으로, currentWaypointPosition은 자동차가 따라가야 할 Vector3 포지션을 나타낸다.

```
void Start ()
{
    GetWaypoints();
    aiSpeed = resetAISpeed;
    aiTurnSpeed = resetAITurnSpeed;
}
```

Start 함수에는 단지 세 줄의 코드가 있다. GetWaypoints( )를 통해 웨이포인트 그룹의 모든 포인트를 읽을 수 있다. 그 다음 resetAISpeed와 resetAITurnSpeed를 이용해서 자동차의 속도를 초기화한다.

```
void Update ()
{
    if(raceStarted)
    {
        MoveTowardWaypoints();
    }
}
```

Update( ) 함수에는 경주가 시작됐는지 아닌지를 확인하는 간단한 if 구문이 있다. 경주가 시작됐으면, AI 드라이버의 가장 중요한 내용인 다음 지점으로 이동하는 로직을 MoveTowardWaypoints( ) 함수를 통해서 실행한다. 시작 신호를 기다리는 동안 시동을 건다든지 자동차의 가속을 준비하는 과정도 추가할 수 있다.

```
void GetWaypoints()
{
    Transform[] potentialWaypoints = waypointController.
    GetComponentsInChildren<Transform>();
    waypoints = new List<Transform>();
    for each(Transform potentialWaypoint in potentialWaypoints)
    {
        if(potentialWaypoint != waypointController.transform)
        {
            waypoints.Add(potentialWaypoint);
        }
    }
}
```

여기 Start 함수에서 호출하는 GetWaypoints()가 있는데, waypointController 그룹
안에 있는 각 지점의 위치 정보를 불러온다. 불러온 지점들의 순서는 다른 함수에서 정
렬할 것이기 때문에 여기서는 하지 않는다.

```
void MoveTowardWaypoints()
{
    float currentWaypointX = waypoints[currentWaypoint].position.x;
    float currentWaypointY = transform.position.y;
    float currentWaypointZ = waypoints[currentWaypoint].position.z;
    Vector3 relativeWaypointPosition = transform.
    InverseTransformPoint (new Vector3(currentWaypointX, currentWaypointY,
currentWaypointZ));
    currentWaypointPosition = new Vector3(currentWaypointX, currentWaypointY,
currentWaypointZ);
    Quaternion toRotation = Quaternion.LookRotation(currentWaypointPosition -
transform.position);
    transform.rotation = Quaternion.RotateTowards(transform.rotation,
toRotation, aiTurnSpeed);
    GetComponent<Rigidbody>().AddRelativeForce(0, 0, aiSpeed);
    if(relativeWaypointPosition.sqrMagnitude < 15.0f)
    {
```

```
        currentWaypoint++;
        if(currentWaypoint >= waypoints.Count)
        {
            currentWaypoint = 0;
        }
    }
    currentSpeed = Mathf.Abs(transform.InverseTransformDirection(GetComponent
<Rigidbody>().velocity).z);
    float maxAngularDrag = 2.5f;
    float currentAngularDrag = 1.0f;
    float aDragLerpTime = currentSpeed * 0.1f;
    float maxDrag = 1.0f;
    float currentDrag = 3.5f;
    float dragLerpTime = currentSpeed * 0.1f;
    float myAngularDrag = Mathf.Lerp(currentAngularDrag, maxAngularDrag,
aDragLerpTime);
    float myDrag = Mathf.Lerp(currentDrag, maxDrag, dragLerpTime);
    GetComponent<Rigidbody>().angularDrag = myAngularDrag;
    GetComponent<Rigidbody>().drag = myDrag;
}
```

마지막으로 MoveTowardsWaypoints() 함수가 있다. 자동차는 타워 디펜스 게임의 캐릭터보다 훨씬 복잡한 움직임이 필요하기 때문에, 이와 관련된 내용의 코드를 더 확장해서 구현했다.

우선 현재 웨이포인트의 Vector3 타입 위치 정보를 읽는다. 각 축의 위치를 다음과 같이 따로 저장한다. X축은 currentWaypointX에, Y축은 currentWaypointY에, Z축은 currentWaypointZ에 각각 저장한다.

다음으로 relativeWaypointPosition라는 Vector3 타입의 변수를 만들어서 웨이포인트와 자동차의 현재 위치 사이의 거리를 계산하고, 전역 좌표World Space에서 상대 좌표Local Space로 전환했는데, 이때 InverseTransformPoint를 사용했다.

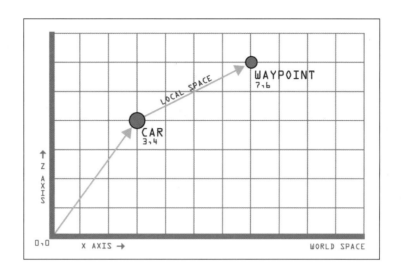

앞의 그림에서 볼 수 있듯이, 상대 좌표에서의 자동차와 웨이포인트 사이의 거리를 구한다. 이렇게 해서 드라이버에게 웨이포인트가 왼쪽에 있는지 오른쪽에 있는지 알려줄 수 있다. 각 바퀴는 독립된 회전속도를 가지고 있고 이 속도가 자동차의 속도를 결정하며, 이와 같은 내용은 게임을 개발하면서 더 구체적으로 확장할 수 있다.

웨이포인트 사이의 곡선을 완만하게 하기 위해 다음 코드를 사용했다.

```
Quaternion toRotation = Quaternion.LookRotation(currentWaypointPosition -
transform.position);
transform.rotation = Quaternion.RotateTowards(transform.rotation, toRotation,
aiTurnSpeed);
```

이 코드는 타워 디펜스의 코드를 확장한 것이다. 이렇게 하면 현재의 웨이포인트까지 자동차가 완만한 곡선을 그리며 다가갈 수 있다. 이 코드를 사용하지 않으면 자동차는 각을 지으며 곡선을 그리게 되는데, 이는 현실적이지 못하다.

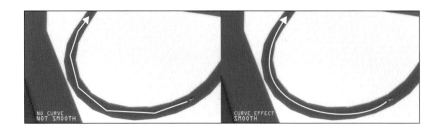

그림에서 볼 수 있듯이, 각이 진 코너링은 이런 게임에 적합하지 않다. 타워 디펜스나 다른 장르의 게임에는 적절할 수 있지만, 이런 레이싱 게임은 코드를 수정해서 그 상황에 맞게 바꿀 필요가 있다.

그밖의 코드 역시 마찬가지로 자동차의 도로에서의 움직임을 적절히 고려해서 수정한 것이다. 예를 들어 drag라는 변수도 코드에서 볼 수 있다. 이 변수는 자동차와 도로 사이의 마찰력을 나타낸다. 자동차가 방향을 바꿀 때 현재 속력에 따라 미끄러짐이 달라지는데, 이와 같은 자세한 내용을 코드에 구현해서 자동차가 물리적 법칙에 따라 정확하게 움직이도록 했다.

다음은 예제에 사용된 전체 코드다.

```
public static bool raceStarted = false;
public float aiSpeed = 10.0f;
public float aiTurnSpeed = 2.0f;
public float resetAISpeed = 0.0f;
public float resetAITurnSpeed = 0.0f;
public GameObject waypointController;
public List<Transform> waypoints;
public int currentWaypoint = 0;
public float currentSpeed;
public Vector3 currentWaypointPosition;
void Start ()
{
    GetWaypoints();
    resetAISpeed = aiSpeed;
    resetAITurnSpeed = aiTurnSpeed;
```

```
    }
    void Update ()
    {
        if(raceStarted)
        {
            MoveTowardWaypoints();
        }
    }
    void GetWaypoints()
    {
        Transform[] potentialWaypoints = waypointController.GetComponentsInChildr
en<Transform>();
        waypoints = new List<Transform>();
        foreach(Transform potentialWaypoint in potentialWaypoints)
        {
            if(potentialWaypoint != waypointController.transform)
            {
                waypoints.Add(potentialWaypoint);
            }
        }
    }
    void MoveTowardWaypoints()
    {
        float currentWaypointX = waypoints[currentWaypoint].position.x;
        float currentWaypointY = transform.position.y;
        float currentWaypointZ = waypoints[currentWaypoint].position.z;
        Vector3 relativeWaypointPosition = transform.InverseTransformPoint (new
Vector3(currentWaypointX, currentWaypointY, currentWaypointZ));
        currentWaypointPosition = new Vector3(currentWaypointX, currentWaypointY,
currentWaypointZ);
        Quaternion toRotation = Quaternion.LookRotation(currentWaypointPosition -
transform.position);
        transform.rotation = Quaternion.RotateTowards(transform.rotation,
toRotation, aiTurnSpeed);
        GetComponent<Rigidbody>().AddRelativeForce(0, 0, aiSpeed);
        if(relativeWaypointPosition.sqrMagnitude < 15.0f)
        {
            currentWaypoint++;
            if(currentWaypoint >= waypoints.Count)
            {
```

```
            currentWaypoint = 0;
        }
    }
    currentSpeed = Mathf.Abs(transform.InverseTransformDirection(GetComponent
<Rigidbody>().velocity).z);
    float maxAngularDrag = 2.5f;
    float currentAngularDrag = 1.0f;
    float aDragLerpTime = currentSpeed * 0.1f;
    float maxDrag = 1.0f;
    float currentDrag = 3.5f;
    float dragLerpTime = currentSpeed * 0.1f;
    float myAngularDrag = Mathf.Lerp(currentAngularDrag, maxAngularDrag,
aDragLerpTime);
    float myDrag = Mathf.Lerp(currentDrag, maxDrag, dragLerpTime);
    GetComponent<Rigidbody>().angularDrag = myAngularDrag;
    GetComponent<Rigidbody>().drag = myDrag;
}
```

게임을 실행하고 테스트해보면 잘 작동하는 것을 볼 수 있다. 자동차는 스스로 운전하고, 완만하게 회전하며, 트랙을 끝까지 완주한다.

이제 한 지점에서 다른 지점으로의 이동은 완성했으므로, AI 드라이버에 더 많은 기능을 추가하고, 게임도 더 발전시킬 수 있다. 항상 게임의 기본 기능을 먼저 구현하고 그 뒤에 세부적인 내용을 추가하기를 추천한다. 이렇게 하면 게임에 추가하고 싶었던 기능이 실제로는 구현하기 힘든 경우를 더 쉽게 발견할 수 있다.

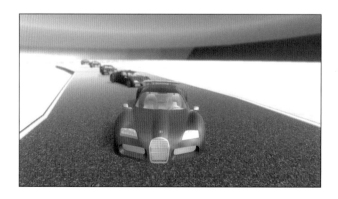

MOBA 장르

지점 간의 이동 방법은 캐릭터의 이동을 관리하는 데 가장 많이 쓰는 방법이다. 이름에서 알 수 있듯이 캐릭터 이동의 대부분은 한 지점에서 다른 지점으로 이동하는 것이기 때문에 지점 간 이동을 많이 사용할 수밖에 없다. 예를 들어 캐릭터가 목표 지점까지 도달하게 하든지 다른 캐릭터를 따라가게 하는 식이다. 이런 내용에 잘 부합하는 또다른 장르의 게임이 바로 최근에 유행하고 있는 **멀티플레이어 온라인 배틀 아레나**Multiplayer Online Bettle Arena, MOBA게임이다. 보통 이 장르의 게임에는 특점 시작점에서 생성돼서 적의 타워까지 정해진 길을 가는 NPC 캐릭터가 있는데, 타워 디펜스의 캐릭터와 전반적으로 비슷하지만, AI 캐릭터가 게이머 캐릭터와 같은 공간에 있을 수 있고 서로 간섭할 수 있다는 점에서 다르다.

지도에는 서로 공격해야 하는 대칭되는 두 영역이 있고, 각 시작점에서 미니언 혹은 크립이라고 하는 소대가 생성된다. 각자 정해진 길을 따라가다가 적을 만나면 가던 길을 멈추고 공격을 시작한다. 전투가 끝나고 나서 살아남은 캐릭터는 계속해서 앞으로 나아간다.

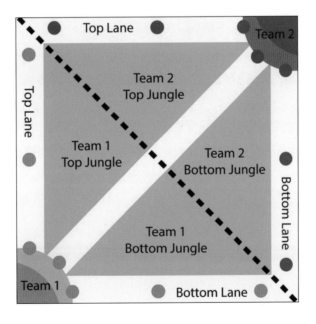

이 예제에서는 이 내용을 재구성하려고 한다. 시작점에 캐릭터를 생성하고, 정해진 길을 따라가게 한 다음, 적을 마주치면 적을 공격하고, 계속 살아남으면 전쟁에서 이길 때까지 계속 나아가도록 한다. 그 다음, 게이머나 컴퓨터가 조종할 수 있는 히어로 캐릭터의 움직임 역시 알아볼 것이다. 히어로 캐릭터는 지도의 모든 지역을 돌아다닐 수 있으며, 게이머나 컴퓨터가 지정한 목표점까지 장애물을 피해서 도달할 수 있어야 한다.

우선 지도부터 불러온다. 다음 그림처럼 일반적인 MOBA 스타일의 지도를 선택했다.

다음으로, 지도상의 웨이포인트를 생성한다. 총 여섯 개의 웨이포인트 그룹이 필요하다. 팀당 세 개의 경로를 생성하고, 소대는 그 중 한 개의 경로만 따라갈 수 있다. 각 웨이포인트는 본진에서 시작하고, 적의 본진에 이르기까지 경로를 이어간다. 다음 그림이 생성한 웨이포인트의 예다.

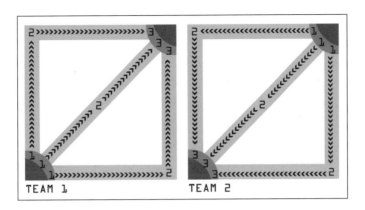

각 팀에 세 개의 웨이포인트가 있고, 소대의 생성 지점은 모두 다르다. 웨이포인트를 설정하고 나면, 연관된 포인트를 그룹 짓고, 위치 정보를 읽어서 소대가 순서대로 따라갈 수 있도록 할 것이다. 이번 예제에서는 앞의 타워 디펜스 예제에서 작성한 함수를 사용할 예정이다. 캐릭터가 길을 따라가는 내용이 비슷하기 때문이다.

```
public static Transform[] points;
void Awake ()
{
    points = new Transform[transform.childCount];
    for (int i = 0; i < points.Length; i++)
    {
        points[i] = transform.GetChild(i);
    }
}
```

여섯 개의 웨이포인트 그룹이 있기 때문에, 같은 코드를 여섯 번 반복하고 그 이름만 다르게 하면 된다. 주기적으로 재생되는 캐릭터들은 주어진 길을 따라가야 하기 때문에, 웨이포인트 그룹 이름을 1_Top/1_Middle/1_Bottom, 2_Top/2_Middle/2_Bottom 처럼 이해하기 쉽게 이름 지으면 관리하기가 편하다. 숫자는 해당 팀을 의미하고, 위치는 말 그대로 위치를 의미한다. 앞의 코드에서 points 변수를 해당 경로 이름으로 다음과 같이 수정한다.

1팀 위 경로

```
public static Transform[] 1_Top;
void Awake ()
{
    1_Top = new Transform[transform.childCount];
    for (int i = 0; i < 1_Top.Length; i++)
    {
        1_Top[i] = transform.GetChild(i);
    }
}
```

1팀 중간 경로

```
public static Transform[] 1_Middle;
void Awake ()
{
    1_Middle = new Transform[transform.childCount];
    for (int i = 0; i < 1_Middle.Length; i++)
    {
        1_Middle[i] = transform.GetChild(i);
    }
}
```

1팀 아래 경로

```
public static Transform[] 1_Bottom;
void Awake ()
{
    1_Bottom = new Transform[transform.childCount];
    for (int i = 0; i < 1_Bottom.Length; i++)
    {
        1_Bottom[i] = transform.GetChild(i);
    }
}
```

2팀 위 경로

```
public static Transform[] 2_Top;
void Awake ()
```

176

```
{
    2_Top = new Transform[transform.childCount];
    for (int i = 0; i < 2_Top.Length; i++)
    {
        2_Top[i] = transform.GetChild(i);
    }
}
```

2팀 중간 경로

```
public static Transform[] 2_Middle;
void Awake ()
{
    2_Middle = new Transform[transform.childCount];
    for (int i = 0; i < 2_Middle.Length; i++)
    {
        2_Middle[i] = transform.GetChild(i);
    }
}
```

2팀 아래 경로

```
public static Transform[] 2_Bottom;
void Awake ()
{
    2_Bottom = new Transform[transform.childCount];
    for (int i = 0; i < 2_Bottom.Length; i++)
    {
        2_Bottom[i] = transform.GetChild(i);
    }
}
```

이제 모든 경로를 불러오는 코드를 작성했으므로, 캐릭터 AI를 작성해서 적절한 경로를 따라 적진에까지 이동하도록 해야 한다. 한 팀의 코드를 작성 후 다른 팀을 위해 복사를 해도 되고, 한 코드에 양 팀의 내용을 if 구문을 사용해서 작성할 수도 있다. 이 예제에서는 한 코드에 모두 작성하도록 한다. 그렇게 하면 나중에 캐릭터 코드를 업데이트했을 때, 양 팀의 캐릭터에 동시에 적용할 수 있기 때문이다. 여기서도 마찬가지로 타워 디펜스 예제에서의 캐릭터 코드에서 시작하자. 이번 예제의 내용에 맞게 다음과 같이 수정하자.

```
public float speed;
public int health;
public float speedTurn;
private Transform target;
private int wavepointIndex = 0;
void Start ()
{
    target = waypoints.points[0];
    speed = 10f;
    speedTurn = 0.2f;
}
void Update ()
{
    Vector3 dir = target.position - transform.position;
    transform.Translate(dir.normalized * speed * Time.deltaTime, Space.
World);
    if(Vector3.Distance(transform.position, target.position) <= 0.4f)
    {
        GetNextWaypoint();
    }
    Vector3 newDir = Vector3.RotateTowards(transform.forward, dir, speedTurn,
0.0F);
    transform.rotation = Quaternion.LookRotation(newDir);
}
void GetNextWaypoint()
{
    if(wavepointIndex >= waypoints.points.Length - 1)
    {
        Destroy(gameObject);
        return;
    }
```

```
    wavepointIndex++;
    target = waypoints.points[wavepointIndex];
}
```

이 코드에 따르면 캐릭터는 경로를 따라가다가 새로운 지점을 향할 때 자연스럽게 방향을 전환한다. 이제 이 장르에 맞게 코드를 수정하자. 우선 고려할 내용은 if 조건문을 이용해서 캐릭터가 앞에서 생성한 웨이포인트 중에 어떤 웨이포인트를 따라가야 하는지를 지정하는 일이다.

시작으로 캐릭터가 속한 팀을 구분하자. 다음과 같은 두 개의 Boolean 변수를 생성하면 된다.

```
public bool Team1;
public bool Team2;
```

이렇게 해서 현재 캐릭터가 어떤 팀에 속해 있는지를 확인할 수 있다. 주의할 점은 두 변수 모두 true여서는 안 된다는 것이다. 이제 캐릭터가 어떤 경로를 따라야 하는지를 나타내는 변수도 생성하자.

```
public bool Top;
public bool Middle;
public bool Bottom;
```

캐릭터가 따라가야 하는 경로를 나타내는 세 개의 변수를 추가했다. 캐릭터의 팀을 확인한 후에 또다른 if 조건문을 이용해서 어떤 경로를 따라가야 하는지도 알아봐야 한다.

이제 모든 변수를 이용해서 캐릭터가 따라가야 하는 웨이포인트를 지정할 수 있다. Start 함수에 다음과 같은 내용을 작성하자.

```
if(Team1 == true)
{
    if(Top == true)
    {
        target = 1_Top.1_Top[0];
    }
    if(Middle == true)
    {
        target = 1_Middle.1_Middle[0];
    }
    if(Bottom == true)
    {
        target = 1_Bottom.1_Top[0];
    }
}
if(Team2 == true)
{
    if(Top == true)
    {
        target = 2_Top.2_Top[0];
    }
    if(Middle == true)
    {
        target = 2_Middle.2_Middle[0];
    }
    if(Bottom == true)
    {
        target = 2_Bottom.2_Top[0];
    }
}
```

이 코드를 통해 캐릭터는 자신이 속한 팀과 따라가야 하는 경로를 확인할 수 있다. 예
제에 맞게 다음과 같은 내용을 추가로 수정해야 한다. 우선 GetNextWaypoint( ) 함수
를 수정해야 한다. Start 함수의 내용과 비슷하게 if 조건문을 이용해서 캐릭터가 따
라가야 할 다음 웨이포인트를 찾아야 한다.

```
void GetNextWaypoint()
{
    if(Team1 == true)
    {
        if(Top == true)
        {
            if(wavepointIndex >= 1_Top.1_Top.Length - 1)
            {
                Destroy(gameObject);
                return;
            }
            wavepointIndex++;
            target = 1_Top.1_Top[wavepointIndex];
        }
        if(Middle == true)
        {
            if(wavepointIndex >= 1_Middle.1_Middle.Length - 1)
            {
                Destroy(gameObject);
                return;
            }
            wavepointIndex++;
            target = 1_Middle.1_Middle[wavepointIndex];
        }
        if(Bottom == true)
        {
            if(wavepointIndex >= 1_Bottom.1_Bottom.Length - 1)
            {
                Destroy(gameObject);
                return;
            }
            wavepointIndex++;
            target = 1_Bottom.1_Bottom[wavepointIndex];
        }
    }
    if(Team2 == true)
    {
        if(Top == true)
```

```
{
    if(wavepointIndex >= 2_Top.2_Top.Length - 1)
    {
        Destroy(gameObject);
        return;
    }
    wavepointIndex++;
    target = 2_Top.2_Top[wavepointIndex];
}
if(Middle == true)
{
    if(wavepointIndex >= 2_Middle.2_Middle.Length - 1)
    {
        Destroy(gameObject);
        return;
    }
    wavepointIndex++;
    target = 2_Middle.2_Middle[wavepointIndex];
}
if(Bottom == true)
{
    if(wavepointIndex >= 2_Bottom.2_Bottom.Length - 1)
    {
        Destroy(gameObject);
        return;
    }
    wavepointIndex++;
    target = 2_Bottom.2_Bottom[wavepointIndex];
}
    }
}
```

이제 게임에 캐릭터를 추가하고 AI 코드를 적용하면 정해진 길을 따라갈 것이다.

잘 작동하는 것을 확인한 다음, 경로를 따라갈 뿐만 아니라 적군이나 적 히어로 캐릭터를 마주했을 때 싸우기 위해서 멈추는 내용을 추가해야 한다. 기본적인 이동 방법이 완성됐으니, AI에 적용하고 싶은 특징이나 세부적인 내용 역시 지금 추가할 수 있다. 소대 AI 캐릭터의 완성된 코드는 다음과 같다.

```
public float speed;
public int health;
public float speedTurn;
public bool Team1;
public bool Team2;
public bool Top;
public bool Middle;
public bool Bottom;
private Transform target;
private int wavepointIndex = 0;
```

필요한 변수를 생성한 후, 첫 프레임에 호출되는 Start 함수는 다음과 같다.

```
void Start ( )
{
    if(Team1 == true)
    {
        if(Top == true)
        {
            target = 1_Top.1_Top[0];
        }
        if(Middle == true)
        {
            target = 1_Middle.1_Middle[0];
        }
        if(Bottom == true)
        {
            target = 1_Bottom.1_Top[0];
        }
    }
    if(Team2 == true)
    {
        if(Top == true)
        {
            target = 2_Top.2_Top[0];
        }
        if(Middle == true)
        {
            target = 2_Middle.2_Middle[0];
        }
        if(Bottom == true)
        {
            target = 2_Bottom.2_Top[0];
        }
    }
    speed = 10f;
    speedTurn = 0.2f;
}
```

Update 함수는 프레임마다 호출된다.

```
void Update ()
{
    Vector3 dir = target.position - transform.position;
    transform.Translate(dir.normalized * speed * Time.deltaTime, Space.
World);
    if(Vector3.Distance(transform.position, target.position) <= 0.4f)
    {
        GetNextWaypoint();
    }
    Vector3 newDir = Vector3.RotateTowards(transform.forward, dir, speedTurn,
0.0F);
    transform.rotation = Quaternion.LookRotation(newDir);
}
void GetNextWaypoint()
{
    if(Team1 == true)
    {
        if(Top == true)
        {
            if(wavepointIndex >= 1_Top.1_Top.Length - 1)
            {
                Destroy(gameObject);
                return;
            }
            wavepointIndex++;
            target = 1_Top.1_Top[wavepointIndex];
        }
        if(Middle == true)
        {
            if(wavepointIndex >= 1_Middle.1_Middle.Length - 1)
            {
                Destroy(gameObject);
                return;
            }
            wavepointIndex++;
            target = 1_Middle.1_Middle[wavepointIndex];
        }
        if(Bottom == true)
```

```
            {
                if(wavepointIndex >= 1_Bottom.1_Bottom.Length - 1)
                {
                    Destroy(gameObject);
                    return;
                }
                wavepointIndex++;
                target = 1_Bottom.1_Bottom[wavepointIndex];
            }
        }
        if(Team2 == true)
        {
            if(Top == true)
            {
                if(wavepointIndex >= 2_Top.2_Top.Length - 1)
                {
                    Destroy(gameObject);
                    return;
                }
                wavepointIndex++;
                target = 2_Top.2_Top[wavepointIndex];
            }
            if(Middle == true)
            {
                if(wavepointIndex >= 2_Middle.2_Middle.Length - 1)
                {
                    Destroy(gameObject);
                    return;
                }
                wavepointIndex++;
                target = 2_Middle.2_Middle[wavepointIndex];
            }
            if(Bottom == true)
            {
                if(wavepointIndex >= 2_Bottom.2_Bottom.Length - 1)
                {
                    Destroy(gameObject);
                    return;
                }
```

```
            wavepointIndex++;
            target = 2_Bottom.2_Bottom[wavepointIndex];
        }
    }
}
```

MOBA 게임의 또 다른 중요한 요소는 히어로 캐릭터의 움직임이다. 게이머가 조종하긴 하지만, 게이머가 지정한 목표 지점까지 이동하기 위해서는 AI가 그 경로를 결정해야 하기 때문이다. 이 작업을 수행하기 위에서 우선은 지점 간의 이동을 이용해보고, 또 다른 방법으로 웨이포인트를 사용하지 않는 고급 이동 방법을 이용해볼 것이다.

이번 예제를 통해 게이머를 따라다니는 캐릭터를 만드는 방법도 배우게 될 것이다. 그렇게 하려면 캐릭터가 지나갈 수 있는 모든 가능한 길을 설정해야 한다. AI가 물체에 부딪히거나 벽을 통과하지 않게 하기 위해서다.

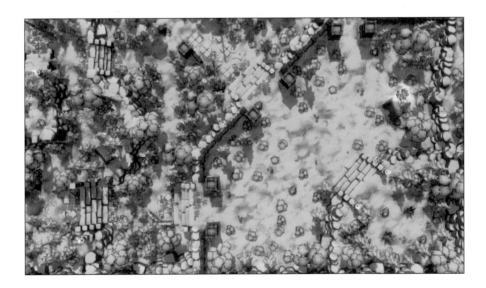

이 그림의 지도에 주목하자. 지도에는 캐릭터가 지나가서는 안 되는 벽과 나무가 있다. 웨이포인트 방법을 사용해서 캐릭터가 특정 목적지에 도달하려면 지나가야 하는 지점

들을 만들 것이다. 캐릭터가 어느 방향에서도 이동할 수 있기 때문에 경로를 미리 설정할 수 없고, 그래서 이전 예제처럼 웨이포인트의 순서를 정할 수 없다.

우선 지나갈 수 있는 지역에 웨이포인트들을 설정한다. 이렇게 해서 캐릭터가 지나가서는 안 되는 지역으로 이동하는 것을 막을 수 있다.

캐릭터가 이동할 수 있는 영역을 그림처럼 별표를 표시했다. 캐릭터가 한 지점에서 다른 지점으로 이동하려면 웨이포인트를 따라서 목적지에 제일 가까운 포인트까지 이동해야 한다.

게임 플레이 관점에서 보면, 캐릭터가 특정 지역으로 이동하는 이유는 아주 다양하다. 예를 들어 게이머 캐릭터를 따라가거나, 체력 보충을 위해 기지로 돌아가거나, 적의 벽을 부수기 위해 이동할 수도 있다. AI가 수행해야 하는 특정 일과는 별개로 캐릭터는 지도상에 올바르게 이동해야 하며, 웨이포인트 시스템을 사용해서 어떤 환경에서든 이를 이뤄낼 수 있다.

여기 이 내용을 담은 전체 코드가 있다. 곧이어 하나씩 자세하게 풀어서 다른 장르의 게임에 적용하는 방법도 알아보자.

```csharp
public float speed;
private List <GameObject> wayPointsList;
private Transform target;
private GameObject[] wayPoints;
void Start ()
{
    target = GameObject.FindGameObjectWithTag("target").transform;
    wayPointsList = new List<GameObject>();
    wayPoints = GameObject.FindGameObjectsWithTag("wayPoint");
    for each(GameObject newWayPoint in wayPoints)
    {
        wayPointsList.Add(newWayPoint);
    }
}
void Update ()
{
    Follow();
}
void Follow ()
{
    GameObject wayPoint = null;
    if (Physics.Linecast(transform.position, target.position))
    {
        wayPoint = findBestPath();
    }
    else
    {
        wayPoint = GameObject.FindGameObjectWithTag("target");
    }
    Vector3 Dir = (wayPoint.transform.position - transform.position).
normalized;
    transform.position += Dir * Time.deltaTime * speed;
    transform.rotation = Quaternion.LookRotation(Dir);
}
GameObject findBestPath()
{
    GameObject bestPath = null;
    float distanceToBestPath = Mathf.Infinity;
```

```
    for each(GameObject go in wayPointsList)
    {
        float distToWayPoint = Vector3.Distance(transform.position,
go.transform.position);
        float distWayPointToTarget = Vector3.Distance(go.transform.position,
target.transform.position);
        float distToTarget = Vector3.Distance(transform.position, target.
position);
        bool wallBetween = Physics.Linecast(transform.position, go.transform.
position);
        if((distToWayPoint < distanceToBestPath)
         && (distToTarget > distWayPointToTarget)
         && (!wallBetween))
        {
            distanceToBestPath = distToWayPoint;
            bestPath = go;
        }
        else
        {
            bool wayPointToTargetCollision = Physics.Linecast(go.transform.
position, target.position);
            if(!wayPointToTargetCollision)
            {
                bestPath = go;
            }
        }
    }
    return bestPath;
}
```

이 코드를 캐릭터에 적용하고 게임을 실행하면 예상한 대로 잘 이동하는 것을 볼 수 있다. 캐릭터는 웨이포인트 지점들을 이용해서 지도상의 목적지까지 이동한다. NPC든 게이머가 조종하는 캐릭터든, 모두 이동하는 동안 벽과 장애물을 피해야 하기 때문에 이 방법의 적용이 가능하다.

예제를 계속 진행해서 웨이포인트를 지도 전체로 확장하면 기본적인 MOBA 게임을 완성할 수 있다. 그룹의 미니언이 베이스에서 생성된 후 지정된 경로를 따라가고, 히어로 캐릭터는 벽을 피해서 지도의 이곳 저곳을 자유롭게 돌아다닐 수 있게 됐다.

다이나믹 장애물을 피하면서 지점과 지점 이동하기

이제 캐릭터는 벽과 같은 고정된 장애물을 피하면서 정해진 경로를 따라 걸을 수 있으므로, 다음 단계로 넘어가서 다이나믹하게 움직이는 장애물을 피하면서 이동하는 방법을 알아보자. 앞서 알아본 두 가지 예제에 새로운 테크닉을 추가해서 AI 캐릭터가 피할 수 있도록 만들어보자.

이 세 예제로 거의 모든 장르의 게임 속 이동 방법을 커버할 수 있다. 따라서 이 예제들로 파생해서 원하는 이동 방법을 구현할 수 있다.

자동차가 경주를 완주할 때까지 정해진 트랙을 따라 이동하는 레이싱 게임 예제부터 알아보자. 자동차 한 대만 경주하고 경주장에 아무런 장애물도 없다면 장애물을 피하는 코드 자체가 필요 없겠지만, 보통은 장애물이 있어야 게임이 더 흥미롭고 난이도가 있다. 특히 장애물이 예상치 않게 나타나는 경우 더 그렇다. 좋은 예로 〈마리오 카트Mario Kart〉 게임에서는 캐릭터가 상대방을 흔들리게 하기 위해 바나나 다른 물체를 던지는데, 그러한 물체들은 미리 지정된 위치가 없기 때문에 예측하는 게 불가능하다. 따라서 운전자가 이런 물체를 실시간으로 피할 수 있는 기능이 필요하다.

AI 자동차가 다음 웨이포인트를 향해 이동하는 동안에 예측하지 못한 두 개의 물체가 나타나서, 그 충돌을 파악하고 물체를 피하도록 만들어보자. 사용하려고 하는 방법은 웨이포인트 이동법과 미로 이동법의 조합이다. 자동차는 매 순간 웨이포인트 방법이나 미로 방법 중에 하나만 선택해서 따라갈 수 있기 때문에, 자동차가 현재 상황을 분석해서 최선의 방법을 선택하도록 해야 한다.

```
public static bool raceStarted = false;
public float aiSpeed = 10.0f;
public float aiTurnSpeed = 2.0f;
public float resetAISpeed = 0.0f;
public float resetAITurnSpeed = 0.0f;
public GameObject waypointController;
public List<Transform> waypoints;
public int currentWaypoint = 0;
public float currentSpeed;
public Vector3 currentWaypointPosition;
public static bool isBlocked;
public static bool isBlockedFront;
public static bool isBlockedRight;
public static bool isBlockedLeft;
```

변수들을 선언하고, 첫 프레임에 호출되는 Start 함수를 알아보자.

```
void Start ()
{
    GetWaypoints();
    resetAISpeed = aiSpeed;
    resetAITurnSpeed = aiTurnSpeed;
}
```

다음은 매 프레임에 호출되는 Update 함수다.

```
void Update ()
{
    if(raceStarted && isBlocked == false)
    {
        MoveTowardWaypoints();
    }
    if(raceStarted && isBlockedFront == true
     && isBlockedLeft == false && isBlockedRight == false)
    {
        TurnRight();
    }
    if(raceStarted && isBlockedFront == false
```

```
                    && isBlockedLeft == true && isBlockedRight == false)
        {
            TurnRight();
        }
        if(raceStarted && isBlockedFront == false
         && isBlockedLeft == false && isBlockedRight == true)
        {
            TurnLeft();
        }
}
void GetWaypoints()
{
    Transform[] potentialWaypoints = waypointController.GetComponentsInChildr
en<Transform>();
    waypoints = new List<Transform>();
    for each(Transform potentialWaypoint in potentialWaypoints)
    {
        if(potentialWaypoint != waypointController.transform)
        {
            waypoints.Add(potentialWaypoint);
        }
    }
}
void MoveTowardWaypoints()
{
    float currentWaypointX = waypoints[currentWaypoint].position.x;
    float currentWaypointY = transform.position.y;
    float currentWaypointZ = waypoints[currentWaypoint].position.z;
    Vector3 relativeWaypointPosition = transform.InverseTransformPoint (new
Vector3(currentWaypointX, currentWaypointY, currentWaypointZ));
    currentWaypointPosition = new Vector3(currentWaypointX, currentWaypointY,
currentWaypointZ);
    Quaternion toRotation = Quaternion.LookRotation(currentWaypointPosition -
transform.position);
    transform.rotation = Quaternion.RotateTowards(transform.rotation,
toRotation, aiTurnSpeed);
    GetComponent<Rigidbody>().AddRelativeForce(0, 0, aiSpeed);
    if(relativeWaypointPosition.sqrMagnitude < 15.0f)
    {
```

```
        currentWaypoint++;
        if(currentWaypoint >= waypoints.Count)
        {
            currentWaypoint = 0;
        }
    }
    currentSpeed = Mathf.Abs(transform.
    InverseTransformDirection(GetComponent<Rigidbody>().velocity).z);
    float maxAngularDrag = 2.5f;
    float currentAngularDrag = 1.0f;
    float aDragLerpTime = currentSpeed * 0.1f;
    float maxDrag = 1.0f;
    float currentDrag = 3.5f;
    float dragLerpTime = currentSpeed * 0.1f;
    float myAngularDrag = Mathf.Lerp(currentAngularDrag, maxAngularDrag,
aDragLerpTime);
    float myDrag = Mathf.Lerp(currentDrag, maxDrag, dragLerpTime);
    GetComponent<Rigidbody>().angularDrag = myAngularDrag;
    GetComponent<Rigidbody>().drag = myDrag;
}
void TurnLeft()
{
    //왼쪽으로 회전하는 함수 구현
}
void TurnRight()
{
    //오른쪽으로 회전하는 함수 구현
}
```

isBlocked, isBlockedFront, isBlockedRight, isBlockedLeft라는 네 개의 static 변
수를 코드에 추가했다. 이 변수는 자동차 앞에 장애물이 있는지 없는지를 나타낸다. 자
동차는 웨이포인트 경로를 따라가다가 장애물이 나타나면 왼쪽이나 오른쪽으로 회전
해서 피해야 한다. 이 내용을 구현하기 위해서는 자동차에 적어도 세 개의 센서가 필
요하다. 센서가 물체를 감지하면 그 정보를 AI 운전사에게 전달해서 상황에 맞는 최적
의 선택을 하도록 유도해야 한다.

앞의 이미지처럼 자동차에 세 개의 센서를 부착했다. 이미지의 상황대로라면, 오른쪽 센서가 물체를 감지하고, 운전사는 앞이 트일 때까지 왼쪽으로 회전할 것이다. 세 개의 센서가 다시 아무것도 감지하지 못하면, 자동차는 이전처럼 다시 다음 웨이포인트를 향해 이동할 것이다. 자동차가 앞의 물체를 인지하지 못하는 빈도가 잦으면 더 넓은 영역을 검색하기 위해 센서를 추가해야 한다.

이제 MOBA 게임 예제의 소규모 캐릭터 소대로 넘어가자. 이번에는 자동차 예제와 반응이 조금 다르다. 캐릭터가 경로를 따라 이동하다가 전방에 무언가를 발견하면 피하는 대신 반대로 발견한 무언가를 따라가도록 해야 한다.

이를 구현하기 위해 캐릭터를 중심으로 원이나 구 형태의 영역을 설정해야 한다. 이 영역을 이용해서 상대방과의 조우를 감지할 수 있다. 무언가 영역 안에 나타나면 이동하던 경로를 멈추고, 발견한 캐릭터를 새로운 목표로 설정하고 나아간다.

```
public float speed;
public int health;
public float speedTurn;
public bool Team1;
public bool Team2;
public bool Top;
public bool Middle;
public bool Bottom;
private Transform target;
private int wavepointIndex = 0;
static Transform heroTarget;
static bool heroTriggered;
```

변수를 선언하고, 처음에만 호출되는 Start 함수를 작성하자.

```
void Start ()
{
    if(Team1 == true)
    {
        if(Top == true)
        {
            target = 1_Top.1_Top[0];
        }
        if(Middle == true)
        {
            target = 1_Middle.1_Middle[0];
        }
        if(Bottom == true)
        {
            target = 1_Bottom.1_Top[0];
        }
    }
    if(Team2 == true)
    {
        if(Top == true)
        {
            target = 2_Top.2_Top[0];
        }
        if(Middle == true)
        {
            target = 2_Middle.2_Middle[0];
        }
        if(Bottom == true)
        {
            target = 2_Bottom.2_Top[0];
        }
    }
    speed = 10f;
    speedTurn = 0.2f;
}
```

이번에는 매번 호출되는 Update 함수다.

```
void Update ()
{
    Vector3 dir = target.position - transform.position;
    transform.Translate(dir.normalized * speed * Time.deltaTime, Space.
World);
    if(Vector3.Distance(transform.position, target.position) <= 0.4f &&
heroTriggered == false)
    {
        GetNextWaypoint();
    }
    if(heroTriggered == true)
    {
        GetHeroWaypoint();
    }
    Vector3 newDir = Vector3.RotateTowards(transform.forward, dir, speedTurn,
0.0F);
    transform.rotation = Quaternion.LookRotation(newDir);
}
```

GetNextWaypoint 함수에는 캐릭터가 따라갈 다음 웨이포인트를 구하는 내용을 구현
한다.

```
void GetNextWaypoint()
{
    if(Team1 == true)
    {
        if(Top == true)
        {
            if(wavepointIndex >= 1_Top.1_Top.Length - 1)
            {
                Destroy(gameObject);
                return;
            }
            wavepointIndex++;
```

```csharp
                target = 1_Top.1_Top[wavepointIndex];
        }
        if(Middle == true)
        {
            if(wavepointIndex >= 1_Middle.1_Middle.Length - 1)
            {
                Destroy(gameObject);
                return;
            }
            wavepointIndex++;
            target = 1_Middle.1_Middle[wavepointIndex];
        }
        if(Bottom == true)
        {
            if(wavepointIndex >= 1_Bottom.1_Bottom.Length - 1)
            {
                Destroy(gameObject);
                return;
            }
            wavepointIndex++;
            target = 1_Bottom.1_Bottom[wavepointIndex];
        }
    }
    if(Team2 == true)
    {
        if(Top == true)
        {
            if(wavepointIndex >= 2_Top.2_Top.Length - 1)
            {
                Destroy(gameObject);
                return;
            }
            wavepointIndex++;
            target = 2_Top.2_Top[wavepointIndex];
        }
        if(Middle == true)
        {
            if(wavepointIndex >= 2_Middle.2_Middle.Length - 1)
            {
```

200

```
            Destroy(gameObject);
            return;
        }
        wavepointIndex++;
        target = 2_Middle.2_Middle[wavepointIndex];
    }
    if(Bottom == true)
    {
        if(wavepointIndex >= 2_Bottom.2_Bottom.Length - 1)
        {
            Destroy(gameObject);
            return;
        }
        wavepointIndex++;
        target = 2_Bottom.2_Bottom[wavepointIndex];
    }
  }
}
```

GetHeroWaypoint 함수는 캐릭터가 히어로 캐릭터를 따라가서 공격하거나 다른 행동을 할 때 호출하는 함수다.

```
void GetHeroWaypoint()
{
    target = heroTarget.transform;
}
```

만들고 있는 캐릭터에 원형의 충돌자를 추가해서 히어로 캐릭터가 영역 안에 들어오면 인지할 수 있도록 했다. 영역 안에 아무것도 없으면 평소대로 웨이포인트 경로를 따라가고, 영역 안에 히어로를 감지하면 히어로 캐릭터의 좌표로 이동을 시작한다.

이 예제를 통해 MOBA 게임 속 인공지능 캐릭터의 이동 방법의 핵심 내용을 알아봤고, 이제 이 인기 있는 장르의 게임을 만들 수 있게 됐다. 6장을 공부하는 동안 간단한 방법부터 복잡한 방법까지 AI 캐릭터의 이동 방법을 알아봤다. 이런 방법을 통해 캐릭터가 게임에서 더 능동적으로 작용하고 물체를, 심지어 움직이는 물체를 따라가는 방법을 구현했다.

▌요약

6장에서는 오늘날 개발자가 대부분의 게임에 적용할 수 있는, 지점 사이의 이동 방법을 알아봤고, 실질적으로 어떤 종류의 게임에도 적용할 수 있는 코드를 공부했다. 이제 인기 있는 다양한 장르의 게임을 재구성하고, 개발자만의 독특한 내용을 추가할 수 있게 됐다. 7장에서는 계속해서 이동 방법을 공부한다. 특히 고난이도의 세타 알고리즘Theta algorithm을 알아본다. 이번에는 6장의 내용에 이어서, 아무런 사전 정보나 위치를 알지 못하는 상황에서도 목표점까지 최적의 경로를 계산해내는 AI 캐릭터를 구현할 것이다.

07

고급 길찾기

7장에서는, 다양한 장르의 게임에 사용할 수 있는 고급 길찾기 방법을 알아본다. 7장의 궁극적인 목표는 지도를 분석하고 최적의 경로를 찾기 위해 여러 정보를 처리할 수 있는 진화된 AI를 만드는 방법을 배우는 것이다. 고급 길찾기 방법은 AI 캐릭터가 최적 경로를 실시간으로 찾아야 하는 여러 유명한 게임에서 확인할 수 있는데, 이런 게임 예제를 분석해보고 따라해보자.

▍ 기본 길찾기와 고급 길찾기의 차이점

6장에서 확인했듯이, 길찾기란 AI 캐릭터가 나아가야 할 방향을 찾고 나아가는 방법을 알아내는 과정이다. 만드는 게임에 따라서 간단한 길찾기를 적용할 수도 있고, 고급 길찾기를 적용할 수도 있다. 두 방법 모두 유용하다. 기본 길찾기 방법이 충분한 경우도 있고, AI 캐릭터에게 앞에서 배운 방법이 충분하지 않아서 복잡하고 현실적인 방법이 필요할 수도 있다.

본격적으로 더 복잡한 길찾기 방법을 공부하기 전에, 어떤 경우에 그런 방법이 필요한지 또는 언제 캐릭터를 더 지능적으로 만들고 주위를 더 인식하도록 해야 하는지 알아보자. 우선 앞의 예들을 기반으로 기존의 길찾기 방법이 왜 충분치 않은지를 알아볼 것이다. 기본 길찾기 방법의 한계를 이해한다면 어떤 점이 부족하고, 더 복잡한 시스템을 만들 때 어떤 어려움이 있을지 예측할 수 있다. 우선 기본 길찾기 시스템의 윤곽을 잡아보고 그 다음 복잡한 시스템으로 넘어가자. 게임은 당시 가능한 기술을 기반으로 발전했기 때문에, 초기 기술을 알아보려면 당연히 옛날 게임부터 살펴봐야 한다. 그 뒤에 어떻게 AI 길찾기가 발전해 왔는지 살펴보자.

오픈 월드 맵은 오늘날 다양한 장르의 게임에서 볼 수 있지만 처음부터 그렇지는 않았다. 시작으로 〈GTA^Grand Theft Auto〉를 알아보자. 지도를 돌아다니는 자동차의 움직임을 살펴보면, 시스템이 간단한 것을 볼 수 있다. AI 자동차들은 이미 정해진 경로를 따라 이동할 뿐이다. 하지만 이는 당시 기준으로 아주 발전된 AI 길찾기 방법이었다. 심지어 오늘날 게임을 해봐도 전혀 촌스럽지 않다.

AI 자동차는 정해진 경로를 따라가다가 게이머 캐릭터가 그 경로에 있으면 멈춘다. 이 것은 각 자동차 앞에 충돌 감지 시스템이 있어서 무엇인가가 자동차 앞을 막고 있는지를 확인한다는 의미다. 자동차 앞에 무언가 있으면 차는 그 즉시 멈추고 경로가 다시 열릴 때까지 계속해서 서 있는다. 이는 이 자동차의 AI가 원하는 방향으로 나아가려고 할 때 해결할 수 없는 상황이 있음을 의미한다. 게임의 버그나 또 다른 문제를 만들지 않기 위해서 단순히 차를 멈추도록 설정한 것으로 볼 수 있다.

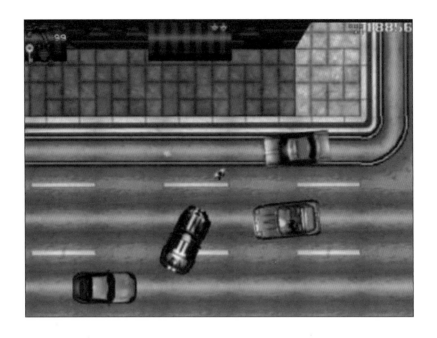

나아갈 방법을 찾을 수 없을 때 그 자리에 서 있는 방법은 〈GTA〉 이후 게임들에 아주 큰 영향을 미쳤다. 〈GTA〉는 계속 발전했고, AI 역시 발전했다. AI 자동차는 이제 주위를 인식하고 상황을 분석할 수 있을 정도로 진화했다. 이제는 모바일로도 가능한 〈GTA 산 안드레아스San Andreas〉를 알아보자. 이 게임에서 게이머의 차를 AI 자동차 앞에 세우면 전혀 다른 반응을 볼 수 있다. AI 자동차 운전사의 성격에 따라 결과가 다르다. 예를 들어 어떤 운전사는 경적을 울리고 잠시 기다리다가, 그래도 게이머가 차를 움직이지 않으면 게이머 차를 우회해서 지나간다. 조금 더 과격한 운전사는 차에서 나와서 게이머와 몸싸움을 벌일 수도 있다.

한편 AI 운전사가 근처에서 총소리를 들으면 속도를 높여서 최대한 빨리 그 지역을 벗어난다. 이는 AI 캐릭터가 더 복잡하고 진화한 길찾기 방법을 알고 있을 뿐 아니라 주위 상황에 따라 수행할 행동을 찾아내는 가능성 도표도 갖고 있음을 의미한다.

이처럼 AI 자동차는 처음 게임보다 훨씬 더 의미 있는 요소로 발전했다. 처음 〈GTA〉 게임에 사용한 간단한 길찾기 방법은 6장에서 이미 공부했다. 이제 AI 캐릭터가 예측하지 못한 경우를 벗어나는 더 복잡한 방법을 알아보자.

다만 아직도 완벽한 해결책이 없어서, 많은 개발자들이 이와 같은 상황을 벗어날 때 실제 사람처럼 행동하는 AI 캐릭터를 개발하려고 노력하고 있다는 점을 언급하고 싶다. 몇몇 게임 회사들이 두각을 나타내고 있다. 대표적으로 〈GTA〉 시리즈 중 하나인 〈**록스타**Rockstar〉 게임이 있다. 따라서 예제로 〈GTA〉 게임을 살펴본 것이다.

▌ A* 탐색 알고리즘

예측하기 힘든 상황에서 캐릭터가 마주할 가능성은 무수히 많다. 그렇기 때문에 아주 많은 양의 코딩이 필요하다. 따라서 캐릭터가 주위를 인식하고 실시간으로 최선의 경로를 선택하는 새로운 방법을 고안할 필요가 있다. 그 중 가장 잘 알려진 방법이 바로 **세타 알고리즘**theta algorithms이다. 세타 알고리즘은 수동으로 거쳐야 할 길을 정하지 않고 캐릭터가 계속해서 최적 경로를 찾는 알고리즘이다.

세타 탐색 알고리즘(A*)은 다양한 문제를 해결하기 위해 널리 사용되는 알고리즘으로, 길찾기 역시 그 중 하나다. 이 알고리즘을 길찾기 문제에 많이 자주 사용하는 이유는 일정 비용으로 경험적heuristic 방법으로 찾기 때문이다. 세타 탐색 알고리즘은 지도 구석구석을 살핀 후 캐릭터가 목표 지점까지 도착하는 동안 그 부분을 사용할지 말지를 결정한다.

작동 원리

우선 지도나 게임의 현재 환경에 알고리즘을 적용할 수 있도록 미리 분석하고 준비해야 한다. 지도상의 모든 자산은 그래프로 전환돼야 한다. 지도를 서로 다른 점과 지역으로 구분하고, 그래프의 노드nodes로 표현한다. 이 노드들은 경로를 탐색하는 동안 중간 결과를 기록하는 데 쓰인다. 지도를 그래프로 전환하는 동안 노드에는 적절성fitness, 목표goal, 추정치heuristic 등의 속성이 추가되며, 각각 f, g, h로 표현된다. 이 속성들은 현재 노드가 목표 지점까지의 경로에 얼마나 적절한지를 계산하는 데 사용된다.

먼저 두 지점 사이의 경로에 값을 매긴다. 이 값은 주로 거리 값이며, 때로는 거리가 아닌 시간 값 같은 다른 종류를 사용하기도 한다. 그렇게 해서 최단 거리 경로가 아닌 최소 시간 경로를 찾을 수도 있다. 세타 알고리즘은 열린 리스트와 닫힌 리스트 두 개의 리스트를 사용한다. 열린 리스트는 이미 방문한 노드를 가지고 있다. 현재 노드가 열린 리스트에 있는지 닫힌 리스트에 있는지를 마커 배열marker arrays을 이용해서 표현할 수도 있다.

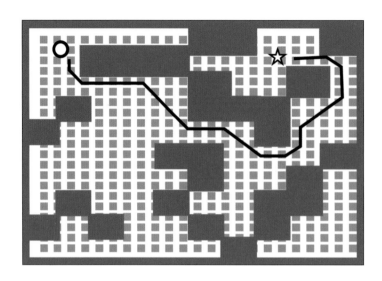

이 말은 캐릭터가 최단의 혹은 최소 시간의 경로를 찾기 위해서 끊임없이 가장 적절한 노드를 찾는다는 의미다. 앞의 스크린샷의 지도는 알고리즘을 적용할 수 있도록 준비가 됐다. 이동할 수 있는 영역은 작은 회색 사각형들로 표현했고, 커다란 사각형은 어떤 이유로 지나갈 수 없는 영역을 나타낸다. 원으로 표현된 캐릭터는 적절한 노드를 따라 목표 지점인 별표까지 이동해야 한다. 경로를 탐색하는 중에 현재 노드가 막혀 있다면 기존의 최적 노드에서부터 다시 시작해서 또 다른 경로를 찾는다.

이처럼 이 경로 찾기 방법의 원리는 앞에서 캐릭터가 주어진 지점 사이를 이동해서 목적지까지 도달하게 하는 예제와 아주 비슷하다. 그 예제와 세타 알고리즘의 가장 큰 차이점은 이 알고리즘에서는 이동할 경로가 AI에 의해서 자동으로 생성된다는 점이다. 따라서 크고 복잡한 지도에 적용하기에 적합한 방법이다.

A* 알고리즘의 단점

그렇지만 세타 알고리즘이 모든 게임에 적용하기에 완벽한 방법은 아니라는 점을 기억할 필요가 있다. AI 캐릭터가 최적의 경로를 끊임없이 찾아야 하기 때문에 CPU의 많은 자원을 사용해야 한다. 요즘에는 핸드폰이나 태블릿을 이용해서 많은 사람들이 게임을 즐기기 때문에 CPU와 GPU의 사용량을 특별히 주의해야 하고, 그와 같은 이유로 A* 경로 찾기 방법이 불리할 수 있다.

하드웨어의 한계 말고 다른 단점도 있다. 사람의 조종 없이 AI에게 모든 일을 맡기면 버그가 발생할 확률이 높다. 요즘 유행하는 오픈 월드 스타일의 게임에는 예측할 수 없는 버그와 이상한 AI 반응이 특별히 많이 발생하는데, 이는 넓은 게임 영역에서 가능한 결과를 미리 아는 것이 거의 불가능하기 때문이다.

"오픈 월드 게임의 마지막 단계의 데모에서 버그를 발견하는 건 당연하다."

–〈파이널판타지 XV〉 디렉터

〈파이널판타지 XV〉의 디렉터가 이 문제를 언급했듯이, 오픈 월드 게임에 버그가 없는 건 불가능하다. 이와 같은 의견을 적용해보면, 세타 알고리즘이 오픈 월드 게임의 AI 경로를 찾는 데 왜 효율적이고 널리 사용되는지를 이해하는 동시에, 왜 완벽할 수 없고 버그가 필수 불가결한지 이해할 수 있다.

이제 세타 알고리즘의 기본을 이해하고 장점과 단점을 알아봤으니 실질적인 예제로 이동해보자.

A에서 B로 직접 이동하기

우선 두 지점 사이에 아무런 장애물이 없는 간단한 예제부터 알아보자. 이렇게 하면 알고리즘이 어떻게 최적의 경로를 찾는지 육안으로 쉽게 확인할 수 있다. 그 다음에 장애물을 추가해서 알고리즘이 어떻게 장애물을 피해서 길을 찾는지 알아보자.

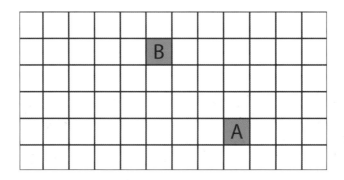

이 격자 지도에는 시작점인 A와 종착점인 B가 있다. 두 지점 사이의 최단 거리를 찾으려고 한다. 해결책으로 A* 알고리즘을 사용해서 어떻게 길을 찾는지 확인해보자.

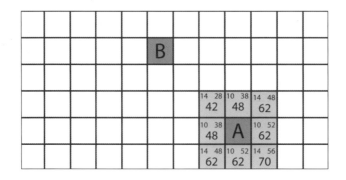

알고리즘은 최단거리를 찾기 위해 매 순간 계산을 한다. 계산 방법으로 알고리즘은 G

와 H 두 개의 노드 값을 사용한다. G는 시작점에서의 현재 노드까지의 거리를 의미하기 때문에 A에서 여기까지 얼마나 떨어져 있는지를 계산한다. H는 종착점에서 현재 노드까지의 거리를 의미하고, 따라서 이 값을 계산한다. 이 두 값을 더해서 ($G + H = F$) F 값을 구할 수 있는데 이것이 최단 경로 값이 된다.

이 예제의 경우 시작점의 주위를 탐색한 후 최단 경로 값은 42이기 때문에, 그 노드로 이동하고 다시 주변 노드를 방문해서 계산할 수 있다.

다시 말하지만, 알고리즘은 현재 노드 주변을 탐색해서 최적의 옵션을 계산한다. 종착점인 B에 이동할수록 G 값은 점점 커지고, H값은 점점 작아지는데 이는 아주 당연한 결과이다. 주위 값을 살펴본 결과 또다시 42가 가장 작은 값이기 때문에 그 노드로 이동하도록 한다.

드디어 목적지인 B에 도달했다. 알고리즘 계산 중에 H 값이 0이라는 것은 목적지에 도착했다는 의미이므로 더 이상 경로를 찾기 위해 계산하지 않아도 된다.

A에서 B까지 장애물 피해서 이동하기

앞의 예제는 A*의 완벽한 작동 원리를 보여준다. 최종 목적지에 도달할 때까지 주위 경로를 탐색해서 그 순간의 최적의 옵션을 계속해서 선택해 나간다. 처음 예제는 간단했지만, 이번에는 중간에 장애물을 추가해서 알고리즘이 어떻게 작동하는지 알아보자.

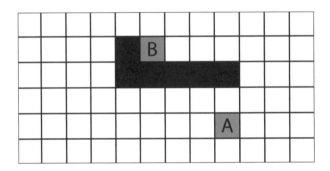

앞의 예제 지도에 지나갈 수 없는 장애물을 검은색 사각형으로 표현했다. 이제 상황이 더 흥미로워졌고, 알고리즘을 실행하기 전에 예측도 그리 간단하지 않다. 이제 최단 경로를 찾아보자.

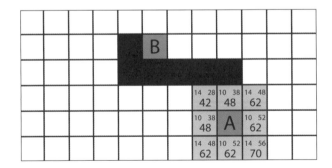

A 주변의 노드는 장애물에 막혀 있지 않기 때문에 계산 값은 이전과 완전히 똑같다. 가

장 작은 값인 **42**를 가지고 있는 노드로 이동한다.

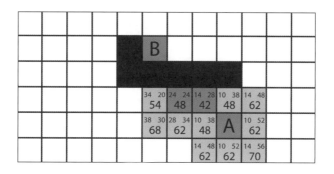

첫 이동을 하고 나서 주위를 살펴보니 이제 조금 재미있어졌다. 여기서는 가장 작은 값 인 **48**을 가진 노드가 세 개나 있는데 이 중에 하나를 선택해야 한다. 이 경우에는 현재 노드와 목적지인 B노드 사이의 거리 값인 H만을 이용해서 선택해야 한다. 세 개의 노 드 중에 두 개는 H 값으로 38을 가지고 있고 나머지 하나는 **24**를 가지고 있다. H로 24 를 가지고 있는 노드로 이동하자.

여기서는 최종 경로 값을 나타내는 F 값이 증가하는 것을 볼 수 있다. 이는 지도에 추 가한 장애물 때문이다. 장애물을 돌아서 가야 하기 때문에 지나가야 하는 경로의 길이 가 길어졌다. 이것은 AI가 장애물을 인식하는 과정의 일부로, 장애물을 뚫고 지나갈 수 없기 때문에 열린 지역에 다다를 때까지 돌아가야만 한다.

현재 노드에서 가장 작은 값은 반대 방향에 있다. 이는 더 나은 경로를 찾기 위해 뒤로 돌아야 함을 의미한다. 이는 알고리즘의 아주 중요한 특색 중 하나다. 캐릭터가 실시간으로 움직이면서 경로를 찾는 상황이라면, 이런 결과는 실제 사람이 행동하는것과 비슷한 모습을 나타내기 때문이다. 실제로 사람이 최적의 길을 모르는 상황에서, 출구를 찾아 헤매는 장면을 연출할 수 있다. 반대로 캐릭터가 경로를 끝까지 탐색한 후에 이동하도록 프로그래밍됐다면, 헤매지 않고 바로 최적의 경로를 따라 목적지까지 이동할 것이다. 두 방법 모두 적법하고 게임의 목적에 따라 다른 방법을 적용할 수 있다.

예제의 길찾기로 돌아와서, 계속해서 제일 작은 값을 선택하려고 하면 나머지 값이 48인 두 노드 중에 하나를 선택해야 한다. 이번에는 G와 H 값마저 똑같기 때문에 두 노드 중 임의의 노드를 선택하거나 둘 중에 어떤 경로가 나을지를 사전 계산 해야 한다. 여기서는 임의로 하나의 노드를 선택하자.

둘 중 하나를 선택해서 주위 노드를 살펴보면 다시 값이 증가하기 때문에, 나머지 하나의 노드로 돌아가서 그 주위 역시 살펴야 한다. 우리는 이미 전체 지도를 보고 있고, 목적지인 B가 어디에 있는지 알기 때문에 방금 확인한 68을 가진 노드를 따라서 계속 나아가면 최단경로를 찾을 수 있음을 예측할 수 있다. 하지만 목적지를 볼 수 없다면, 계속 나아가지 않고 나머지 48을 가진 노드로 돌아와서 그 주위도 계산해야 한다. AI 캐릭터 역시 전체 지도를 볼 수 없기 때문에 이런 방법으로 계속해서 작은 F 값을 찾아 나아간다.

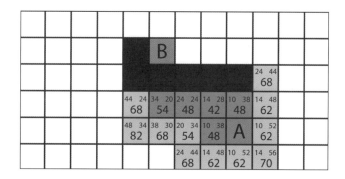

마지막 남은 48 노드 주위도 계산해봤지만 별다른 소득이 없다. 나머지 노드 중에 가장 나은 선택은 두 개의 54 노드 중에 더 작은 H 값인 20을 가지고 있는 노드다.

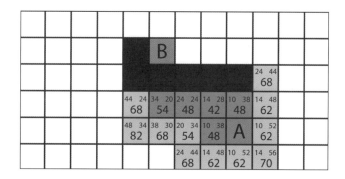

54 노드 주위의 노드를 계산한 결과, 모두 F 값이 높게 나오기 때문에, 앞에서 발견한 또 다른 54 노드 주위를 계산해야만 한다. 지금까지의 진행 과정은 AI가 최단의 거리를 통해 목적지까지 이를 때 계산하는 과정과 정확히 일치한다. 계산은 실시간으로 이루어 져야 하고, 앞으로의 진행 과정에서 보게 되겠지만 점점 더 복잡해진다. 이 함수의 계산은 CPU 안에서 이루어진다. 이는 자원을 많이 소모하는 이유기도 하다.

앞에서 말한 대로 마지막 남은 54 노드를 선택한다.

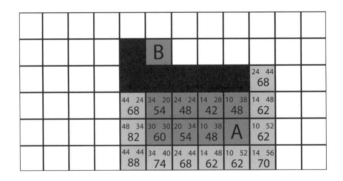

계속해서 지도 아랫부분 노드를 선택하면 목표 지점으로부터 멀어지기 때문에 값이 커지는 것을 예상할 수 있다. 하지만 우리가 AI의 입장이고 목표 지점이 위에 있다는 것을 알지 못한다면, 계산 값에만 의지해서 계속 나아가야 하며, 따라서 현재까지의 최적 노드인 60을 선택해야 한다. 계속해서 결과를 도출해보자.

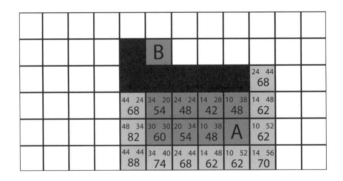

다음 단계에서 최적의 노드는 여러 개의 62 노드들이다. 가장 바른 경로를 찾기 위해서는 이 노드들을 다 검사해야 한다. 예제의 목적을 위해서 작은 값을 가지는 노드는 모두 다 방문하도록 한다.

					B		38 30 / 68	34 40 / 74	38 50 / 88
	58 24 / 82						24 44 / 68	28 54 / 82	
	54 28 / 82	44 24 / 68	34 20 / 54	24 24 / 48	14 28 / 42	10 38 / 48	14 48 / 62	24 58 / 82	
	58 38 / 96	48 34 / 82	30 30 / 60	20 34 / 54	10 38 / 48	A	10 52 / 62	20 62 / 82	
	44 44 / 88	34 40 / 74	24 44 / 68	14 48 / 62	10 52 / 62	14 56 / 70	24 66 / 90		

계속해서 계산을 해 나가면 결국 목적지에 가까워지는 것을 확인할 수 있다. 가장 작은 값인 68을 가지는 노드를 이어서 선택해 나가면 결국 최종 목적지에 도착하게 된다.

				72 10 / 82	62 14 / 76	52 24 / 76	48 34 / 82	52 44 / 96	
				68 0 / 68	58 10 / 68	48 20 / 68	38 30 / 68	34 40 / 74	38 50 / 88
	58 24 / 82						24 44 / 68	28 54 / 82	
	54 28 / 82	44 24 / 68	34 20 / 54	24 24 / 48	14 28 / 42	10 38 / 48	14 48 / 62	24 58 / 82	
	58 38 / 96	48 34 / 82	30 30 / 60	20 34 / 54	10 38 / 48	A	10 52 / 62	20 62 / 82	
	44 44 / 88	34 40 / 74	24 44 / 68	14 48 / 62	10 52 / 62	14 56 / 70	24 66 / 90		

드디어 B 노드에 도착했다. 그림을 살펴보면 짙은 회색 노드는 컴퓨터가 실제로 방문한 노드들이고, 옅은 회색 노드는 결과를 계산한 노드들이다. 이를 통해 A* 알고리즘이 어떻게 작동하는지를 육안으로 확인할 수 있다.

최적 경로는 실시간으로 계산하거나, 개발자가 사전에 계산해 놓을 수 있다. 미리 계산해 놓으면 게임이 시작되고 나서 경로를 이동할 때 CPU 소모를 줄일 수 있다.

알고리즘을 코드로 구현하는 방법을 설명하기 위해서 수도 코드pseudo code를 사용할 것이다. 이렇게 하면 프로그래밍 언어에 상관 없이 알고리즘의 시작과 끝을 이해할 수 있고, 나중에 특정 언어로 구현할 수도 있다.

```
OPEN // 방문해야 할 노드들.
CLOSED // 이미 방문한 노드들.
Add the start node to OPEN
loop
    current = node in OPEN with the lowest f_cost
    remove current from OPEN
    add current to CLOSED
    if current is the target node // 경로 탐색 완료
        return
    foreach neighbor of the current node
        if neighbor is not traversable or neighbor is in CLOSED
            skip to the next neighbor
        if new path to neighbor is shorter OR neighbor is not in OPEN
            set f_cost of neighbor
            set parent of neighbor to current
            if neighbor is not in OPEN
                add neighbor to OPEN
```

이 수도 코드를 이용해서 예제를 분석해보자. 우선 격자 지도를 OPEN과 CLOSED의 두 개의 영역으로 나누었다. OPEN의 노드는 이미 방문한 노드로서 지도상에 짙은 회색으로 표현했다. CLOSED 영역은 방문하지 않은 하얀색 노드를 의미한다. 이렇게 해서 AI 가 경로를 찾아 지점 사이를 이동하는 동안에 방문한 노드와 그렇지 않은 노드를 구분할 수 있게 한다.

```
add the start node to OPEN
```

먼저, 시작점을 OPEN에 넣는다. 그러면 자동으로 주위 노드를 탐색해서 계산을 시작한다.

```
loop
    current = node in OPEN with the lowest f_cost
    remove current from OPEN
    add current to CLOSED
```

다음으로 반복문을 작성한다. 반복문의 시작에는 임시 변수로 current를 생성하고 거기에 OPEN에 있는 노드 중에 가장 작은 F 값을 갖는 노드를 불러온다. 그리고 그 노드를 OPEN 리스트에서 제거하고 CLOSED 리스트에 추가한다.

```
if current is the target node // 경로 탐색 완료.
    return
```

진행하는 중에 current 노드가 최종 목적지라면 반복문을 나와서 알고리즘을 종료할 수 있다.

```
foreach neighbor of the current node
    if neighbor is not traversable or neighbor is in CLOSED
        skip to the next neighbor
```

그렇지 않다면, 현재 노드의 이웃 노드를 다 확인해야 한다. 확인하는 이웃 노드가 이동할 수 없는 영역이거나 CLOSED 리스트 안에 있어서 이미 확인했던 노드라면 다음 이웃 노드로 넘어간다. 즉 AI에게 지나갈 수 있는 영역을 구분하고, 이미 방문한 노드는 고려하지 않도록 알려주는 역할을 한다.

```
if new path to neighbor is shorter OR neighbor is not in OPEN
    set f_cost of neighbor
    set parent of neighbor to current
    if neighbor is not in OPEN
        add neighbor to OPEN
```

만약 현재 이웃 노드를 고려해야 한다면 몇 가지를 조사해야 한다. 우선 이웃 노드를 통한 새로운 경로가 현재 경로 값보다 작거나 이웃 노드가 OPEN 리스트에 없다면, g_cost와 h_cost를 더해서 f_cost를 계산한 후 그 노드에 값을 입력한다. 나중에 경로가 완성되면 선택된 노드를 순서대로 읽을 수 있도록, 현재 노드와 이웃 노드 사이의 관계를 부모와 자식 노드로 설정한다. 마지막으로, 이웃 노드가 OPEN 리스트에 없다면 추가해야 한다.

이 내용을 반복해서 최적의 옵션을 끊임없이 찾고 목적지 노드에 도착할 때까지 계속해서 이동하면 된다.

방금 알아본 방법은 〈GTA 5〉의 행인을 보면 알 수 있다. 당연히 다른 많은 게임도 같은 방법을 사용하지만, 두 가지 길찾기 방법의 예제로 계속해서 〈GTA〉를 알아보자. 이 방법을 이용해서 AI 경찰이 게이머를 찾게 한다면, 실제 게임과 유사한 결과를 얻을 수 있을 것이다.

물론 목적지를 찾는 것 말고도 많은 내용이 필요하고, 완성된 코드와는 거리가 멀지만, AI 캐릭터가 벽을 피해서 게이머에게 조금씩 다가가는 것을 확인할 수 있다. 거기에 더해서 경로에 물이나 계단, 움직이는 자동차 등 여러 요소가 있을 때 적절하게 반응할 수 있는 AI 코드를 추가해야 한다.

격자 노드 생성하기

이제 앞에서 배운 내용을 현실적인 예제에 적용해보자. 우선 게임 배경을 생성하거나 게임 에디터에 불러온다.

이 예제에서는 지나갈 수 없는 지역으로 건물을 설정하는데, 건물 말고 개발자가 원하는 어떤 물체를 설정해도 상관없다. 이제 설정한 물체를 지면과 구분해야 한다. 지나갈 수 없는 물체를 독립된 레이어에 적용하고 **unwalkable**이라고 지정하자.

코드의 시작으로 node 클래스를 만들어보자.

```
public bool walkable;
public Vector3 worldPosition;
public Node(bool _walkable, Vector3 _worldPos, int _gridX, int _gridY) {
    walkable = _walkable;
    worldPosition = _worldPos;
```

노드는 지나갈 수 있거나 없거나 둘 중에 하나의 상태를 가지기 때문에 `walkable`이라는 Boolean 변수를 가진다. 다음으로 지도상의 노드의 위치를 표현하기 위해 `Vector3` 타입의 `worldPosition`을 생성한다. 이제, 노드를 생성할 때 관련 내용을 담을 Node 변수를 만들어야 한다.

노드의 핵심을 구성한 후, grid 클래스로 넘어가자.

```
Node[,] grid;
public LayerMask unwalkableMask;
public Vector2 gridWorldSize;
public float nodeRadius;
void OnDrawGizmos()
{
    Gizmos.DrawWireCube(transform.position,new Vector3(gridWorldSize.
x,1,gridWorldSize.y));
}
```

우선 지도 격자를 나타내는 2차원 배열이 필요하기 때문에, grid라는 2차 배열을
만든다. 다음으로 격자가 커버하는 지도의 크기를 나타내기 위해 Vector2 타입의
gridWorldSide 변수를 만들자. 그리고 격자 한 칸의 크기를 나타내기 위해 float
타입의 nodeRadious 변수를 생성한다. 마지막으로 지나갈 수 없는 지역을 나타내는
LayerMask 변수를 만들고 unwalkableMask라고 이름 짓는다.

게임 에디터에 만드는 격자를 시각적으로 확인하기 위해 OnDrawGizmos라는 함수를 구
성했다. 이 함수는 유용하지만 꼭 필요한 것은 아니다.

```
public LayerMask unwalkableMask;
public Vector2 gridWorldSize;
public float nodeRadius;
Node[,] grid;
float nodeDiameter;
int gridSizeX, gridSizeY;
void Start() {
    nodeDiameter = nodeRadius*2;
    gridSizeX = Mathf.RoundToInt(gridWorldSize.x/nodeDiameter);
    gridSizeY = Mathf.RoundToInt(gridWorldSize.y/nodeDiameter);
    CreateGrid();
}
void CreateGrid(){
    grid = new Node[gridSizeX,gridSizeY];
```

```
    Vector3 worldBottomLeft = transform.position - Vector3.right *
gridWorldSize.x/2 - Vector3.forward * gridWorldSize.y/2;
}
```

우선 기본적인 계산을 수행하는 Start 함수를 구현해보자. 가장 중요한 내용 중 하나
는 총 몇 개의 노드를 격자 안에 넣을 수 있느냐다. 우선 float 타입의 nodeDiameter
라는 변수와 int 타입의 gridSizeX와 gridSizeY라는 변수를 생성한다. 그 뒤 Start
함수 안에서 nodeDiameter 변수 안에 nodeRadius*2를 계산해서 입력하자. gridSizeX
에는 gridWorldSize.x/nodeDiameter를 적용하는데, 이렇게 해서 gridWorldSize.x
안에 몇 개의 노드를 넣을 수 있는지 알 수 있다. Mathf.RoundToInt를 이용해서 정수
값으로 바꾼 후 값을 입력한다. 이렇게 X축 값을 계산한 후 똑같은 식을 복사해서 Y축
값도 계산하자. Start 함수의 마지막으로 CreateGrid( )라는 새로운 함수를 만든 후
호출한다.

```
public LayerMask unwalkableMask;
public Vector2 gridWorldSize;
public float nodeRadius;
Node[,] grid;
float nodeDiameter;
int gridSizeX, gridSizeY;
void Start(){
    nodeDiameter = nodeRadius*2;
    gridSizeX = Mathf.RoundToInt(gridWorldSize.x/nodeDiameter);
    gridSizeY = Mathf.RoundToInt(gridWorldSize.y/nodeDiameter);
    CreateGrid();
}
void CreateGrid()
{
    grid = new Node[gridSizeX,gridSizeY];
    Vector3 worldBottomLeft = transform.position - Vector3.right *
gridWorldSize.x/2 - Vector3.forward * gridWorldSize.y/2;
    for (int x = 0; x < gridSizeX; x ++) {
        for (int y = 0; y < gridSizeY; y ++) {
```

```
        Vector3 worldPoint = worldBottomLeft + Vector3.right * (x
* nodeDiameter + nodeRadius) + Vector3.forward * (y * nodeDiameter +
nodeRadius);
        bool walkable = !(Physics.CheckSphere(worldPoint,
nodeRadius,unwalkableMask));
        grid[x,y] = new Node(walkable,worldPoint);
    }
  }
}
```

우선 grid 변수에 grid = new Node[gridSizeX, gridSizeY];라는 값을 적용했다. 그리고 충돌 여부를 감지해서 지나갈 수 있는 지역인지 아닌지를 계산했다. 그러기 위해서 이전처럼 반복문을 이용했다. 우선 worldBottomLeft라는 Vector3 변수를 생성해서 지도의 왼쪽 아래 가장자리를 구한다. 그리고 Physics.Check를 이용해서 각 노드가 지나갈 수 있는지 없는지를 계산한다.

```
void OnDrawGizmos() {
    Gizmos.DrawWireCube(transform.position,new Vector3(gridWorldSize.
x,1,gridWorldSize.y));
    if (grid != null) {
        foreach (Node n in grid) {
            Gizmos.color = (n.walkable)?Color.white:Color.red;
            Gizmos.DrawCube(n.worldPosition, Vector3.one * (nodeDiameter-
.1f));
        }
    }
}
```

테스트하기 전에 OnDrawGizmos 함수를 이용해서 지도에 격자를 그리도록 갱신하자. 지나갈 수 있는 지역과 없는 지역을 구분하기 위해 빨간색과 하얀색을 사용하고, nodeDiameter를 이용해서 해당 위치에 큐브를 그린다. 해당 노드가 이동할 수 있는 지역이면 하얀색으로, 그렇지 않으면 빨간색으로 그린다. 이제 테스트해보자.

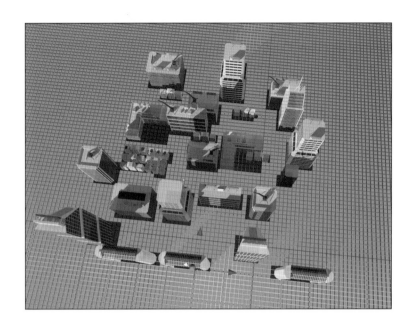

결과는 예상한 대로다. 이제 지도에서 지나갈 수 있는 지역과 그렇지 못하는 지역을 자동으로 분석하는 격자 시스템이 준비됐다. 이렇게 해 두면 나머지는 더 쉬울 것이다. 다음 단계로 넘어가기 전에 캐릭터가 현재 서 있는 노드를 알려주는 함수를 구현해보자. 이 함수의 이름은 NodeFromWorldPoint로 한다.

```
public LayerMask unwalkableMask;
public Vector2 gridWorldSize;
public float nodeRadius;
Node[,] grid;
float nodeDiameter;
int gridSizeX, gridSizeY;
void Start(){
    nodeDiameter = nodeRadius*2;
    gridSizeX = Mathf.RoundToInt(gridWorldSize.x/nodeDiameter);
    gridSizeY = Mathf.RoundToInt(gridWorldSize.y/nodeDiameter);
    CreateGrid();
}
void CreateGrid()
```

```
{
    grid = new Node[gridSizeX,gridSizeY];
    Vector3 worldBottomLeft = transform.position - Vector3.right *
gridWorldSize.x/2 - Vector3.forward * gridWorldSize.y/2;
    for (int x = 0; x < gridSizeX; x ++) {
        for (int y = 0; y < gridSizeY; y ++) {
            Vector3 worldPoint = worldBottomLeft + Vector3.right * (x
* nodeDiameter + nodeRadius) + Vector3.forward * (y * nodeDiameter +
nodeRadius);
            bool walkable = !(Physics.CheckSphere(worldPoint,
nodeRadius,unwalkableMask));
            grid[x,y] = new Node(walkable,worldPoint);
        }
    }
}
public Node NodeFromWorldPoint(Vector3 worldPosition) {
    float percentX = (worldPosition.x + gridWorldSize.x/2) / gridWorldSize.x;
    float percentY = (worldPosition.z + gridWorldSize.y/2) / gridWorldSize.y;
    percentX = Mathf.Clamp01(percentX);
    percentY = Mathf.Clamp01(percentY);
    int x = Mathf.RoundToInt((gridSizeX-1) * percentX);
    int y = Mathf.RoundToInt((gridSizeY-1) * percentY);
    return grid[x,y];
}
void OnDrawGizmos() {
    Gizmos.DrawWireCube(transform.position,new Vector3(gridWorldSize.
x,1,gridWorldSize.y));
    if (grid != null) {
        foreach (Node n in grid) {
            Gizmos.color = (n.walkable)?Color.white:Color.red;
            Gizmos.DrawCube(n.worldPosition, Vector3.one *
             (nodeDiameter-.1f));
        }
    }
}
```

이제 예제의 초입을 완성했다. 이 코드는 지도의 크기만 알려주면 어떤 지도도 불러서 지나갈 수 있는 지역과 그렇지 못한 지역을 분석할 수 있다. 길찾기 경로의 정확도를 위해 노드의 크기를 조절할 수도 있다. 지도에 노드가 많으면 그만큼 CPU의 계산양도 많아짐에 유의하자.

길찾기 구현하기

다음 단계는 캐릭터가 목적지까지 도달할 수 있도록 길을 찾는 것이다. 시작으로 pathfinding이라는 이름의 클래스를 만들자. 이 클래스가 최적의 경로를 찾는 작업을 담당한다. 또 실시간으로 캐릭터의 최단 경로를 찾고 매 순간 업데이트할 것이다. 그렇게 해서 목적지가 변해도 바로 반영해서 새로운 경로를 계산할 수 있다.

우선 게임 에디터에 AI 캐릭터를 추가한다. 이 캐릭터는 나중에 다른 캐릭터를 찾도록 설정할 것이다. 테스트 목적으로 캐릭터에 기본적인 기능만 추가해서 지도를 돌아다닐 수 있도록 하겠다. 단순히 경로 찾기 시스템의 작동 여부를 확인하기 위해서는 캐릭터 대신 간단한 큐브를 사용해도 된다.

캐릭터를 게임에 추가한 후 캐릭터에 적용할 클래스를 만들어보자.

```
Grid grid;
void Awake()
{
    requestManager = GetComponent<PathRequestManager>();
    grid = GetComponent<Grid>();
}
void FindPath(Vector3 startPos, Vector3 targetPos)
{
    Node startNode = grid.NodeFromWorldPoint(startPos);
    Node targetNode = grid.NodeFromWorldPoint(targetPos);
}
```

우선 FindPath 함수를 살펴보면, 시작 위치와 목표 위치를 저장한다. 또 Grid 타입의
grid 변수를 생성해서 앞에서 불러온 지도를 입력하려고 하는데, 이 내용은 Awake 함
수에서 확인할 수 있다.

```
void FindPath(Vector3 startPos, Vector3 targetPos)
{
    Node startNode = grid.NodeFromWorldPoint(startPos);
    Node targetNode = grid.NodeFromWorldPoint(targetPos);
    List<Node> openSet = new List<Node>();
    HashSet<Node> closedSet = new HashSet<Node>();
    openSet.Add(startNode);
}
```

다음으로 탐색하고 있는 노드를 담을 OPEN 리스트와 이미 탐색한 노드를 담을 CLOSED
리스트를 만든다.

```
public bool walkable;
public Vector3 worldPosition;
public int gCost;
```

```
public int hCost;
public Node parent;
public Node(bool _walkable, Vector3 _worldPos, int _gridX, int _gridY)
{
    walkable = _walkable;
    worldPosition = _worldPos;
}
public int fCost
{
    get {
        return gCost + hCost;
    }
}
```

Node 클래스 앞에 gCost와 hCost.라는 변수를 추가한다. 앞에서 알아봤듯이 fCost는 최종 경로를 의미하고, 그 값은 노드의 g와 h값의 합이다.

Node 클래스의 수정을 마치고 나면, pathfinding 클래스로 돌아와서 AI 캐릭터가 최 단경로를 찾을 수 있도록 계속해서 구현해보자.

```
Grid grid;
void Awake()
{
    requestManager = GetComponent<PathRequestManager>();
    grid = GetComponent<Grid>();
}
void FindPath(Vector3 startPos, Vector3 targetPos)
{
    Node startNode = grid.NodeFromWorldPoint(startPos);
    Node targetNode = grid.NodeFromWorldPoint(targetPos);
    List<Node> openSet = new List<Node>();
```

```
    HashSet<Node> closedSet = new HashSet<Node>();
    openSet.Add(startNode);
    while (openSet.Count > 0)
    {
        Node node = openSet[0];
        for (int i = 1; i < openSet.Count; i ++) {
            if (openSet[i].fCost < node.fCost || openSet[i].fCost == node.
fCost) {
                if (openSet[i].hCost < node.hCost)
                    node = openSet[i];
            }
        }
```

우선 캐릭터가 위치하고 있는 노드를 찾아야 한다. Node currentNode = openSet[0]; 라는 코드를 이용해서 리스트의 0번째 노드가 기본 노드가 되도록 했다. 그리고 openSet[i].fCost < node.fCost || openSet[i].fCost == node.fCost에서와 같이 노드 중에 최선의 노드를 선택하는 반복문을 만든다. 이 코드는 조금 더 개선할 수 있다.

```
Grid grid;
void Awake()
{
    requestManager = GetComponent<PathRequestManager>();
    grid = GetComponent<Grid>();
}
void FindPath(Vector3 startPos, Vector3 targetPos)
{
    Node startNode = grid.NodeFromWorldPoint(startPos);
    Node targetNode = grid.NodeFromWorldPoint(targetPos);
    List<Node> openSet = new List<Node>();
    HashSet<Node> closedSet = new HashSet<Node>();
    openSet.Add(startNode);
    while (openSet.Count > 0)
    {
        Node node = openSet[0];
```

```
        for (int i = 1; i < openSet.Count; i ++) {
            if (openSet[i].fCost < node.fCost || openSet[i].fCost == node.
fCost) {
                if (openSet[i].hCost < node.hCost)
                    node = openSet[i];
            }
        }
        openSet.Remove(node);
        closedSet.Add(node);
        if (node == targetNode) {
            RetracePath(startNode,targetNode);
            return;
        }
    }
}
```

반복문의 내용을 계속해서 구현해서 현재 노드를 OPEN에서 CLOSED로 속한 리스트를 갱신하고, if (currentNode == targetNode)에서처럼 현재 노드가 목적지 노드인지를 확인해서 캐릭터가 목적지에 도달했는지를 확인한다.

```
public List<Node> GetNeighbors(Node node)
{
    List<Node> neighbors = new List<Node>();
    for (int x = -1; x <= 1; x++) {
        for (int y = -1; y <= 1; y++) {
            if (x == 0 && y == 0)
                continue;
            int checkX = node.gridX + x;
            int checkY = node.gridY + y;
            if (checkX >= 0 && checkX < gridSizeX && checkY >= 0 && checkY <
gridSizeY) {
                neighbors.Add(grid[checkX,checkY]);
            }
        }
    }
}
```

current 노드의 각 이웃^{neighbor} 노드를 방문해야 한다. 이 내용은 앞의 grid 클래스에 작성한다. 이제 Node 클래스에 필요한 gridX와 gridY 변수를 추가해보자.

```
public bool walkable;
public Vector3 worldPosition;
public int gridX;
public int gridY;
public int gCost;
public int hCost;
public Node parent;
public Node(bool _walkable, Vector3 _worldPos, int _gridX, int _gridY)
{
    walkable = _walkable;
    worldPosition = _worldPos;
    gridX = _gridX;
    gridY = _gridY;
}
public int fCost
{
    get
    {
        return gCost + hCost;
    }
}
```

여기 마지막으로 Node 클래스에 gridX와 gridY 변수를 추가해서 grid 코드가 사용할 수 있도록 했다. 이제 Node 클래스를 완성했다. 다시 pathfinding 클래스로 돌아오자.

```
foreach (Node neighbor in grid.GetNeighbors(node)) {
    if (!neighbor.walkable || closedSet.Contains(neighbor))
    {
        continue;
    }
}
```

foreach 반복문을 이용해서 현재 이웃 노드가 지나갈 수 있는지 아닌지를 확인했다.

다음 단계의 내용을 쉽게 이해하기 위해 경로 찾기 시스템의 진행 과정을 보여주는 그림을 준비했다.

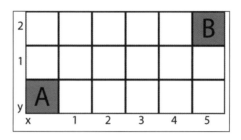

우선 X축으로 목적지까지 얼만큼 떨어져 있는지를 계산하고, 같은 방법으로 Y축으로 얼마나 떨어져 있는지를 계산한다.

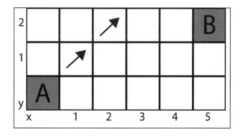

이 그림에서는 목적지인 B에 도달하기 위해서 위로 두 칸 움직여야 한다. 최단 경로를 찾아야 하기 때문에 위로 올라가는 동시에 X축의 이동도 같이 한다.

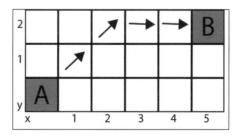

B에 도달하기 위해 각 축 방향으로 얼만큼 움직여야 하는지를 계산하려면 단순히 큰 값에서 작은 값을 빼면 된다. 예를 들어, B로 일자로 다가가기 전에 5-2=3을 먼저 계산해서 수평 방향으로 얼만큼 움직여야 하는지를 계산한다.

이제 코드로 돌아와서 조금 전에 수행한 계산을 구현해보자.

```
int GetDistance(Node nodeA, Node nodeB)
{
    int dstX = Mathf.Abs(nodeA.gridX - nodeB.gridX);
    int dstY = Mathf.Abs(nodeA.gridY - nodeB.gridY);
    if (dstX > dstY)
        return 14*dstY + 10* (dstX-dstY);
    return 14*dstX + 10 * (dstY-dstX);
}
```

AI가 목적지까지 이동하기 위해 얼만큼 수직과 수평 방향으로 이동해야 하는지를 계산하는 코드를 추가했다. 7장 초반에 작성했던 수도 코드를 보면 계획했던 내용을 거의 다 작성했음을 알 수 있다. 수도 코드를 다시 한 번 살펴보자.

```
OPEN // 방문해야 할 노드들
CLOSED // 이미 방문한 노드들
Add the start node to OPEN
loop
    current = node in OPEN with the lowest f_cost
    remove current from OPEN
    add current to CLOSED
    if current is the target node // 경로 탐색 완료
        return
    foreach neighbor of the current node
        if neighbor is not traversable or neighbor is in CLOSED
            skip to the next neighbor
        if new path to neighbor is shorter OR neighbor is not in OPEN
            set f_cost of neighbor
            set parent of neighbor to current
```

```
    if neighbor is not in OPEN
        add neighbor to OPEN
```

계속해서 수도 코드 내용을 구현해서 pathfinding 클래스를 완성해보자.

이웃 노드의 f_cost를 설정해야 하는데, 이 값의 계산은 이미 알아본 대로 g_Cost와 h_Cost 값을 이용해야 한다.

```
foreach (Node neighbor in grid.GetNeighbors(node))
{
    if (!neighbor.walkable || closedSet.Contains(neighbor)) {
        continue;
    }
    int newCostToNeighbor = node.gCost + GetDistance(node, neighbor);
    if (newCostToNeighbor < neighbor.gCost || !openSet.Contains(neighbor)) {
        neighbor.gCost = newCostToNeighbor;
        neighbor.hCost = GetDistance(neighbor, targetNode);
        neighbor.parent = node;
    }
pathfinding 클래스에 이런 내용의 코드를 추가해서, 이웃 노드의 f_cost 값을 계산하도록 한다.
void RetracePath(Node startNode, Node endNode) {
    List<Node> path = new List<Node>();
    Node currentNode = endNode;
    while (currentNode != startNode) {
        path.Add(currentNode);
        currentNode = currentNode.parent;
    }
    path.Reverse();
    grid.path = path;
}
```

반복문을 빠져나오기 전에 RetracePath라는 함수를 호출하는데, 그 함수에 startNode 와 targetNode를 제공한다. RetracePath 함수는 이미 방문한 노드를 리스트에 담기만 하면 된다. 계산한 경로가 옳은지를 육안으로 확인하기 위해서 그 경로를 grid에 복사했다.

```
public List<Node> path;
void OnDrawGizmos()
{
    Gizmos.DrawWireCube(transform.position,new Vector3(gridWorldSize.
x,1,gridWorldSize.y));
    if (grid != null) {
        foreach (Node n in grid) {
            Gizmos.color = (n.walkable)?Color.white:Color.red;
            if (path != null)
                if (path.Contains(n))
                    Gizmos.color = Color.black;
            Gizmos.DrawCube(n.worldPosition, Vector3.one * (nodeDiameter-
.1f));
        }
    }
}
```

grid 클래스의 이 함수를, 이제 List와 path 정보를 이용해서 AI 위치와 목적지 위치 사이의 경로를 보여주도록 수정했다.

```
public Transform seeker, target;
Grid grid;
void Awake()
{
    grid = GetComponent<Grid> ();
}
void Update()
{
    FindPath (seeker.position, target.position);
}
```

끝으로 pathfinding 클래스에 Update 함수를 추가하고 AI가 계속해서 목표 지점까지의 경로를 찾도록 설정했다.

이제 게임 에디터로 돌아와서 경로 찾기 코드를 격자 시스템에 적용할 수 있게 됐다.

그리고 AI 캐릭터와 목표 지점을 설정하면 된다.

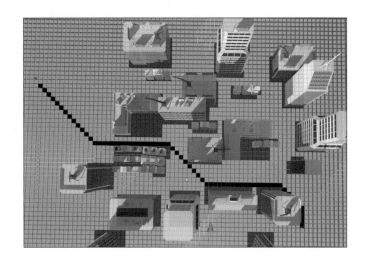

길찾기 시스템을 테스트해보면 아주 잘 작동하는 것을 볼 수 있다. 앞의 그림에서 왼쪽 위가 현재 캐릭터가 위치한 지점이고 오른쪽 아래가 목표 지점이다. 그림에서 볼 수 있 듯이 캐릭터가 건물을 피해서 최단 경로를 찾은 것을 확인할 수 있다.

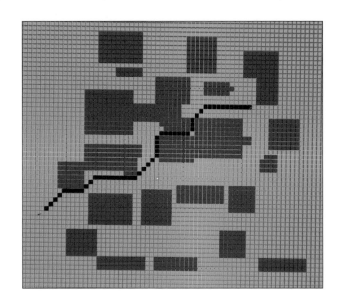

건물을 숨겨서 이동할 수 있는 지역과 그렇지 않은 지역을 더 쉽게 볼 수 있도록 했다. 캐릭터가 이동할 수 있는 지역만을 이용해서 경로를 찾았음을 다시 확인할 수 있다. 이런 이미지만으로 설명하긴 힘들지만, 목표 위치를 실시간으로 움직이면 캐릭터가 새로운 목표 지점으로 최단 경로를 새롭게 계산해서 경로를 수정하는 것을 볼 수 있다.

지금까지 만든 고급 길찾기 시스템은 게이머가 좋아하는 많은 인기 있는 게임에 사용된다. 이제 이 복잡한 경로 찾기 시스템을 배웠으므로, 〈GTA〉나 〈어쌔신 크리드Assassin's Creed〉처럼 최고 수준의 게임 AI도 일부 재구성할 수 있게 됐다. 참고로 이 그림에서 볼 수 있는 〈어쌔신 크리드〉는 8장에서 A* 경로 찾기와 군중 상호작용을 알아볼 때 예제로 사용할 게임이다.

❙ 요약

7장에서는 지점과 지점 사이의 이동을 다시 한 번 알아봤다. 간단한 방법을 넘어서 크고 성공적인 게임 회사가 가장 복잡한 AI의 분야 중 하나인 경로 찾기를 어떻게 구현하는지 그 방법을 배웠다. 또한, 세타 알고리즘을 이용해서 실제 인간이 목적지까지 가기 위해서 탐색하고 이동하는 내용을 구현해봤다.

8장에서는 AI 캐릭터를 최대한 현실적으로 보이려고 할 때 가장 중요한 특성인 군중 상호작용을 배울 것이다. 다른 종류의 게임에 사용하는 여러 방법을 알아보고, 인간과 동물이 주위 환경과 어떻게 상호작용하는지를 살펴본 다음 AI 코드에 적용할 것이다.

08

군중 상호작용

지금까지 지도를 자유롭게 돌아다니고 목적지까지 최적의 경로를 찾을 수 있는 AI 캐릭터를 개발했으므로 이제는 캐릭터 간의 상호작용을 알아볼 차례다. 8장에서는 현실적인 군중 사이의 상호작용과, 다수 캐릭터간 행동 양식, 그리고 어떻게 캐릭터가 나머지 그룹을 인식해야 하는지 등을 공부할 것이다. 8장의 목표는 AI 캐릭터에게 특히 주위의 지능적인 객체를 포함한 주변의 상황을 지속해서 알려주는 것이다. 이어서 AI 협력, 의사소통, 군중 간 충돌 방지 등도 알아볼 것이다.

▌ 군중 상호작용이란

군중 상호작용이란, 한 공간을 여러 유기체가 공유하는 현실 속의 상황을 말한다. 가장 대표적인 예는 인간이 어떻게 다른 인간이나 생명체와 유기적으로 교류 하느냐다.

대부분의 결정은 간단하든 복잡하든 다른 사람과 관련돼 있다. 세 시에 시작하는 영화 티켓을 산다고 가정해보자. 혼자 본다고 하면 영화 시작 2분 전에 도착해서 티켓을 사도 제 시간에 영화를 볼 수 있을 것이다. 하지만 100명의 사람이 같은 영화를 보려고 한다면 훨씬 더 일찍 도착해야 티켓을 살 수 있을 것이다. 극장 앞에 도착하면 티켓 부스에 기다리는 규칙도 있어야 할 것이다. 흔히 줄 마지막에 서 있는 사람 뒤에 서게 마련이다. 이러한 행동이 군중 상호작용의 예다. 우리는 다른 사람들에 둘러싸여 살기 때문에, 각 상황도 맞춰서 수정해야 한다.

비디오 게임에서도 마찬가지로 간단한 상황에서부터 복잡한 상황에까지 이런 비슷한 경우를 발견할 수 있다. 게임에 둘 이상의 AI 캐릭터가 있고 같은 공간을 공유한다면 서로 부딪히는 경우가 있을 것이다. 두 캐릭터가 같은 일을 동시에 하려고 할 때 그것을 허용해야 하는지 아니면 버그로 간주해야 하는지는 제작자에게 달려 있다. 이런 문제를 해결하려면, 상황을 예견하고 오류를 피하면서 같은 공간 안에서 현실감 있게 교류할 수 있도록 끊임없이 생각해야 한다.

▌비디오 게임 속 군중 상호작용

앞에서 언급한 대로 군중 상호작용은 현실에 존재하는 문제이지만, 인간처럼 행동하는 캐릭터가 주를 이루는 게임 안에도 존재한다. 오픈 월드 게임의 인기가 늘어나면서 AI 객체들이 같은 공간을 끊임없이 공유하기 때문에 군중 상호작용 관리가 아주 중요한 주제로 떠올랐다. 즉, 거의 대부분 오픈 월드 게임이 군중 상호작용 시스템을 유지하고 있다는 뜻이다.

어쌔신 크리드

비디오 게임 중에 군중 상호작용 시스템으로 잘 알려진 게임이 〈어쌔신 크리드Assassin's Creed〉 시리즈다. 게이머가 조종할 수 없는 캐릭터가 무리를 지어 거리를 다니면서 춤

돌을 피하고 주위와 상호작용을 한다. 이렇게 하면 게임에 현실감을 더하고, 게이머가 이 가상 세계에 몰입할 수 있도록 도와준다.

거리의 일반 사람들의 그룹 상호작용뿐만 아니라 경비원들, 특히 전투 중의 경비원의 행동을 확인할 수 있다. 게임을 진행하면 게이머는 여러 경비원과 동시에 전투해야 하는 경우가 있으며, 보통 하나 이상의 경비원이 공격할 수 있는 순간이 많다. 흥미로운 사실은 경비원들은 동시에 공격할 수 있음에도 불구하고 상황을 분석해서 더 나은 기회를 노려 기다린다는 점이다.

이렇게 해서 여러 AI 캐릭터와의 상호작용을 경험할 수 있다.

Grand Theft Auto(GTA)

〈GTA〉 시리즈에는 배울 수 있는 재미있는 요소가 정말 많다. 새로운 게임 속에 현실적이고 실감나는 요소를 추가하려는 끊임없는 노력이, 게이머의 관심을 주인공 캐릭터에 한정하지 않고 주위 배경으로 이동시켰다. 게임의 배경을 더 실감나고 흥미롭게 만들기 위해 게임 제작자들은 더 나은 AI 캐릭터를 만드는 데 공을 들여서 AI의 움직임과 반응과 상호작용을 발전시켰다. AI 캐릭터와의 교감은 당시에 모두를 깜짝 놀라게 했다.

캐릭터들은 대화하기 위해 멈춰섰고, 더 드라마틱한 이벤트 속에서는 몸을 아끼지 않았으며, 이런 요소들이 게임의 배경을 훨씬 더 실감나게 만들었다.

이 스크린샷에서 볼 수 있듯이, 거리는 서로 교감하는 개성 있는 캐릭터로 넘쳐난다. 개와 걷는 남자, 대화를 나누는 두 여자, 사진을 찍고 포즈를 취하는 두 여자 등 이 캐릭터들은 게임 플레이와는 전혀 상관없지만, 게임 경험을 훨씬 풍부하고 사실적으로 만든다.

심즈

군중 상호작용을 확인할 수 있는 좋은 또 다른 게임은 실사 시뮬레이션 게임인 〈**심즈**The Sims〉다. 이 게임을 다시 언급하는 이유는 게임 속 AI가 다른 개발자들이 게임을 만드는 방법에 지대한 영향을 끼쳤기 때문이다.

조종하지 못하는 캐릭터라고 제자리에 서 있고 무언가가 일어나기를 기다리기만 해야 한다는 것은 아니다. 이 게임의 컴퓨터 캐릭터들은 각자 독특한 성격을 가지고 있고 끊임없이 다른 캐릭터와 상호작용한다. 게이머가 컨트롤러를 내려놓고 게임을 관람만 해도 AI 캐릭터가 일으키는 다양한 재미있는 일을 볼 수 있다.

앞서 〈심즈〉 캐릭터의 우선순위 시스템을 알아봤는데, 더 중요한 일이 생기면 하던 일을 멈추는 것을 볼 수 있었다. 길찾기 방법도 공부한 지금, 이제 캐릭터가 할 일의 중요도와 목적지까지 걸리는 시간을 고려해서 우선순위를 정한 후 일을 하도록 할 수 있다.

피파, 프로 에볼루션 사커

또 다른 중요한 예는 여러 스포츠 게임 속의 AI 캐릭터다. 겉에서 보면 그다지 복잡해 보이지 않지만, 알고 보면 스포츠 게임은 가장 발전한 AI 수준을 가지고 있다.

스포츠 게임은 현실을 기반으로 하고 있으며 대부분 팀 스포츠이기 때문이다. 사실적이고 잘 작동하는 팀 스포츠 게임을 만드는 데 드는 어려움은 셀 수 없이 많기 때문에 좋은 참고 대상이다.

이 스크린샷은 〈피파 17〉의 장면이다. 한 캐릭터만 공을 가지고 있고 다른 캐릭터들은 축구장에 고르게 퍼져 있다. 어떤 캐릭터는 패스 받기를 기다리고 있고, 또 어떤 캐릭터는 공을 뺏기 위해 주시하고 있다. 모두 합해서 한 개의 공에 22개의 캐릭터(한 팀에 11명씩)가 있다. 모든 캐릭터가 공이 없더라도 끊임없이 움직여야 하기 때문에 스포츠 게임의 AI를 구현하는 일은 간단하지 않다.

개인마다 공격수, 수비수, 왼쪽, 오른쪽, 중앙 등 포지션과 역할이 있다. 그룹으로서는 유기적으로 전술을 따라야 하고 게임의 규칙도 따라야 한다. 팀 동료가 공을 가지고 앞으로 나아가고 있으면 같은 방향으로 뛰어가서 패스를 받기 쉽게 하거나, 아니면 뒤에 남아서 그 캐릭터가 공을 빼앗겼을 경우 수비를 해야 한다.

캐릭터 사이의 상호작용은 끊임없이 이뤄진다. 단순히 공을 쫓아가는 일이 전부가 아니고, 수많은 정보를 공유하며 게임을 이기도록 해야 한다.

▌ 군중 상호작용 계획하기

종종 개발자는 계획 단계를 등한시한 채 최고의 게임을 만들 아이디어만 있으면 다른 일들은 자연스레 따라온다고 믿는다. 성공적인 게임이 성공하는 이유는 개발의 모든 단계의 아주 작은 단위에까지 계획이 만들어져 있기 때문이다. 개발자는 항상 이를 기억해야 한다. 이 책을 여기까지 읽는 동안 여러분은 AI의 여러 방면의 기능을 구현할 수 있는 지식을 쌓아 왔다. 이제 이 기술을 조합해서 더 나은 게임을 만들 수 있도록 계획할 차례다.

비디오 게임 속의 군중 상호작용 예제들 면면을 살펴봤는데, 이제 그런 상호작용을 어떻게 구현하는지 알아보자. 예제를 다시 살펴보고 비슷한 상호작용을 계획하는 방법을 공부해보자.

그룹 전투

여러 AI 캐릭터가 게이머 캐릭터와 싸우는 시나리오를 만들어보자. 먼저 전투 기술을 캐릭터 코드에 추가하자. 예를 들어 한 손 공격, 양손 공격, 방어, 게이머 추격, 등을 추가한다. 이것을 모두 구현하고 나면 캐릭터는 게이머와 싸움을 할 수 있다. 더 구현하지 않은 상태에서 네 명의 적 캐릭터가 있다면, 이 적들은 모두 동시에 게이머를 공격할 것이다.

여기저기 작은 버그가 있겠지만, 더 이상 시간이 없다면 이만큼 돼도 어느 정도 필요한 기능은 수행할 것이다. 하지만 우리가 하려고 하는 것은 AI 캐릭터가 서로 정보를 교환해서 상황을 분석한 후 지능 있게 차례로 공격하는 일이다.

게임이 시작되고 적 캐릭터가 게이머를 둘러싼 상황에서는 AI 캐릭터 간의 상호작용을 계획해서 여럿이 동시에 공격할 수 있을 때 누가 먼저 공격할지를 결정해야 한다.

여러 가지 요소를 이용해서 결정할 수 있다. 더 자세히 계획할수록 더 견고하고 발전된 AI 캐릭터가 될 것이다.

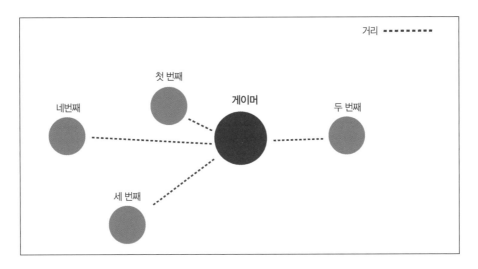

이 예제에서는 게이머 캐릭터와 AI 캐릭터 간의 거리를 기준으로 공격 순서를 정했다. 가장 가까이에 있는 캐릭터가 우선 공격하고, 그 캐릭터의 체력이 낮아질 때까지 다른 캐릭터는 기다린다. 캐릭터의 체력이 낮아지면 두 번째 가까운 캐릭터가 개입해서 게이머를 공격하기 시작한다.

이제 캐릭터의 공격 우선순위 방법을 정했으므로, 기다리는 다른 캐릭터에게 어떤 일이 일어나야 하는지 알아보자. 또 고려해야 할 점이 있다. 게이머 캐릭터가 어떤 캐릭터든 먼저 공격할 수 있기 때문에, 그런 경우 AI 캐릭터가 자기가 공격할 차례가 아니라고 해서 멍하니 서 있게 해서는 안 된다. 게임에서 일어날 수 있는 여러 상황을 고려하고, AI 캐릭터가 이런 상황과 서로 상호작용하는 내용 등을 모두 계획해야 한다.

```
public static int attackOrder;
public bool nearPlayer;
public float distancePlayer;
public static int charactersAttacking;
private bool Attack;
private bool Defend;
private bool runAway;
private bool surpriseAttack;
void Update ()
{
    if(distancePlayer < 30f)
    {
        nearPlayer = true;
    }
    if(distancePlayer > 30f)
    {
        nearPlayer = false;
    }
    if(nearPlayer == true && attackOrder == 1)
    {
        Attack = true;
    }
    else
```

```
    {
        Defend = true;
    }
}
```

우선 현 상황을 기반으로 캐릭터가 취해야 하는 기본 행동을 수행하는 간단한 코드부터 알아보고, 추후에 내용을 보강하자. 이 예제에 attackOrder라는 이름의 static integer를 생성해서 현 캐릭터의 공격 차례인지를 확인한다. 그 후에, nearPlayer라는 public Boolean 변수를 생성해서 현 캐릭터가 게이머 캐릭터 근처에 있는지 확인한다. 지도에 30개 이상의 캐릭터를 놓을 수도 있지만, 게이머 캐릭터에 가장 가까이 있는 적 캐릭터들만 공격하게 하기 위해서다. 멀리 있는 다른 캐릭터는 게이머 캐릭터를 무시하도록 한다. AI 캐릭터와 게이머 캐릭터의 거리를 계산하기 위해서 public float 타입의 distancePlayer 변수를 생성하자. 또, charactersAttacking이라는 public static int 타입 변수를 만들어서 게이머 캐릭터에 적 AI 캐릭터가 새로 접근할 때마다 숫자를 증가시킨다. 이 변수를 사용해서 현재 몇 개의 캐릭터가 게이머 캐릭터를 공격하고 있는지를 공유할 수 있다.

이처럼 간단하고 기본적인 코드도 군중 상호작용 양식에 커다란 차이를 줄 수 있다. 그 이유는 현재 게이머를 공격하고 있는 캐릭터 수에 따라 캐릭터의 행동을 결정할 수 있기 때문이다. 예를 들어, 두 개의 적 캐릭터가 게이머와 싸우고 있다면 게이머가 공격하는 캐릭터는 방어를 하고 다른 캐릭터는 공격할 수 있다. 게이머가 상대방을 바꾸면 적 캐릭터도 그에 맞춰서 역할을 바꿔서, 계속해서 게이머가 상대하기 힘들게 할수 있다.

다음 그림에서 이 같은 상황을 확인할 수 있다. 한 해골 병사가 다른 해골 병사에게 자신은 방어를 할 테니 게이머를 뒤에서 공격하도록 정보를 공유하고 있다. 이처럼 캐릭터 사이에 정보를 공유해서 상황과 역할에 맞도록 행동하게 하는 것이 군중 상호작용의 핵심이다. 더 많은 정보를 공유할수록 취할 수 있는 행동이 더 다양해지고, 더 현실적으로 행동할 수 있다.

이처럼 간단한 코드만으로 복잡한 결과를 만들 수 있다. 하지만 계획을 추가하면서 자연스레 코드의 규모도 커지고, 행동도 훨씬 다양해진다.

커뮤니케이션(관심 영역)

게이머가 접근하면 공격하기 시작하는 해골 병사에 서로 교감하는 내용을 추가해보자. 캐릭터가 각자 행동하지 않고 그룹을 일원으로 보이게 하기 위한 방법은 커뮤니케이션이다. 예를 들어, 캐릭터가 가까이 있으면 공격하기 시작하는 대신에, 캐릭터를 발견했다고 소리지르면 어떻게 될까? 그 해골 병사 주위의 해골 병사들이 그 소리를 듣고 함께 공격하러 달려올 것이다.

단 몇 줄의 코드로 단순한 공격을 구현할 수 있지만, 캐릭터 간의 의사소통과 그룹 행동을 생각하지 않으면 AI 캐릭터는 따로따로 행동하게 되고 별로 영리해 보이지 않을 것이다.

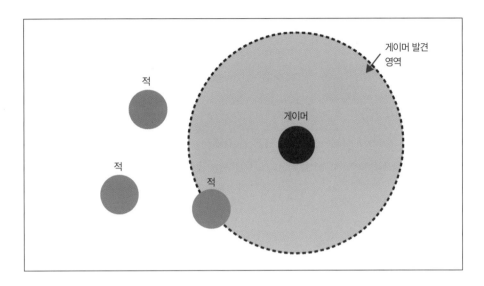

보다시피, 이게 지금 우리의 시스템이다. 아직 AI 캐릭터는 서로 대화하지 않기 때문에, 게이머를 인식하는 캐릭터는 게이머 캐릭터에 가까이 있는 캐릭터뿐이다. 제대로 된 군중 시스템을 만들려면 다음과 같은 시나리오에 대비해야 한다. 게이머 캐릭터를 볼 수 없다고 해서 아무것도 하지 않아서는 안 되기 때문이다.

현실에서는 어떨지 생각해보자. 예를 들어, 집 밖에 한 사람이 있고 집 안에 한 사람이 있다고 해보자. 집 밖의 사람이 정말 아름다운 새를 발견했지만 집 안의 사람은 보지 못해서 아직도 안에 있다. 집 밖의 사람이 집 안의 사람에게 알려주지 않으면 집 안의 사람은 전혀 알지 못할 것이다. 이런 때는 보통 새를 본 사람이 집 안 사람을 불러내서 같이 이 아름다운 광경을 보게 한다. 이와 같은 현실적인 행동을 우리 군중 시스템에 적용하려고 한다.

현재의 비현실적인 상황을 고치기 위해서는 캐릭터가 서로 의사소통할 수 있도록 기능을 추가해야 한다. 일단은 간단한 소통 방법으로 캐릭터가 게이머 캐릭터를 볼 수 있는지 없는지 확인하는 내용의 코드와 유사한 코드를 작성해보자.

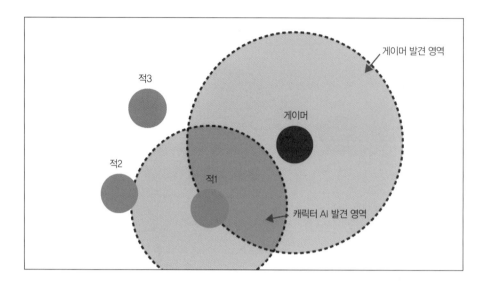

AI 캐릭터가 게이머 발견 영역에 있기 때문에, 주위 AI 캐릭터들에게 소리를 지르고 주위 캐릭터들도 게이머의 위치를 알게 된다. 이 그림을 보면, 게이머 캐릭터뿐만 아니라 게이머를 발견한 적 역시 영역을 가지고 있다. 이 영역은 소리를 내는 영역을 의미한다. 게임을 실행했을 때 적이 게이머를 발견하면, AI 캐릭터 간의 의사소통을 감지할 수 있게 된다.

```
public static int attackOrder;
public bool nearPlayer;
public bool nearEnemyAttacked;
public float distancePlayer;
public static int charactersAttacking;
private bool Attack;
private bool Defend;
private bool runAway;
private bool surpriseAttack;
void Update ()
```

```
{
    if(distancePlayer < 30f)
    {
        nearPlayer = true;
    }
    if(distancePlayer > 30f)
    {
        nearPlayer = false;
    }
    if(nearPlayer == true && attackOrder == 1)
    {
        Attack = true;
    }
    else
    {
        Defend = true;
    }
    if(nearEnemyAttacked == true)
    {
        runPlayerDirection();
    }
}
```

이 내용을 구현하기 위해 우선 nearEnemyAttacked라는 새로운 Boolean 변수를 추가했다. 더불어, 게이머를 발견한 해골 병사 근처에 다른 해골 병사가 있는지 체크하는 영역도 추가했다. 다른 해골 병사가 감지되면 값이 참이 되고, 그렇지 않으면 거짓이 된다.

다른 해골 병사가 근처에 있으면 그 해골 병사 역시 주위의 해골 병사에 알려야 한다.

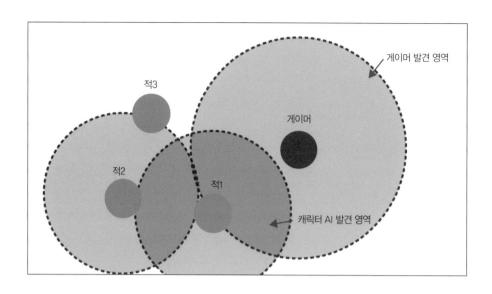

이 그림에서 볼 수 있듯이, 의사소통 시스템을 작성해서 세 개의 해골 병사가 주인공의 위치를 알 수 있게 했다. 마지막 캐릭터 역시 주위 해골 병사에게 알리려고 하지만 새로운 AI 캐릭터가 없어서 아무런 일도 일어나지 않는다.

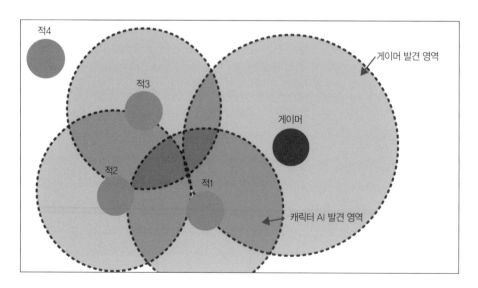

적 4는 감지 영역으로부터 너무 멀어서 게이머가 가까이 다가올 때까지 그 자리에 서 있을 것이다.

이 예제의 핵심은 캐릭터가 서로 소리를 지르고 소통해서 근처의 캐릭터의 주의를 끄는 것이다. 이런 방법으로 그룹 속 캐릭터가 서로 대화하고 함께 행동하는 느낌을 줄 것이다.

커뮤니케이션(다른 AI 캐릭터와 소통하기)

캐릭터 사이의 커뮤니케이션의 예는 정말 많다. 실제와 마찬가지로 다양한 방법으로 의사소통할 수 있기 때문이다. 하지만 지금은 가장 기본적인 방법인 대화만 사용할 것이다.

게임에 많은 AI 캐릭터를 넣으려고 한다면, 자연스레 게임의 큰 요소 중 하나가 되고, 직·간접적으로 게이머의 관심도 그리로 쏠리게 된다. 또한 제작하는 게임 중 어떤 게임은 AI 캐릭터가 게이머 캐릭터에게 즉각적으로 반응하지 않게 설정할 것이고, 게이머 캐릭터를 군중의 일부로 만들어서 의도적으로 무시할 수도 있다. 이런 예를 고려해서 이번에는 게이머 캐릭터를 완전히 배제하고 AI 캐릭터 사이의 의사소통만 알아보려고 한다.

도시를 만들고 많은 사람 캐릭터를 준비한 다음, 실제 사람처럼 행동하도록 기본적인 내용을 구성하자. 걷기, 달리기, 멈춰 있기, 길찾기 등의 기본 내용부터 추가할 수 있다. 이렇게 해서 일단 건물에 부딪히거나 통과하지 않고 인도를 따라 걷는 캐릭터를 준비한다.

다음으로 캐릭터에 간단한 탐지 영역을 추가해서 인근에 있는 캐릭터를 감지할 수 있도록 해보자.

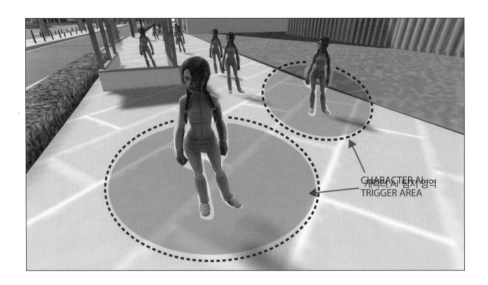

캐릭터 AI 탐지 영역
CHARACTER AI
TRIGGER AREA

탐지 영역을 추가한 후, 캐릭터 사이의 상호작용을 구현할 차례다. 구현 내용은 확률 도표를 이용해서 아는 사람인지를 정하고 대화를 시작하도록 하는 것이다.

```
if(probabilityFriendly > 13)
{
// We have 87% of chance
talkWith( );
}
```

구현 내용으로, probabilityFriendly라는 정수 변수를 추가했다. 이 변수는 근처의 캐릭터가 지인 캐릭터인지를 계산한 내용을 담는다. 새로운 캐릭터가 탐지 영역에 들어오면 랜덤으로 값이 생성된 후, 값이 설정한 조건 안에 있으면 지인으로 간주하고 두 캐릭터가 대화를 시작하도록 한다. 이후에 확률 도표에 다양한 내용을 추가해서 상호작용을 더 정교하게 확장할 수 있다.

이 내용의 기본은 캐릭터가 랜덤으로 상호작용을 시작한다는 점이다. 게이머의 관점에서 보면 AI 캐릭터가 서로 아는 사람이고 멈춰서 대화하는 것처럼 보일 것이다. 이런 내용은 조금 더 사실적인 분위기를 조성하는데, 기술적으로는 그리 대단하지 않더라도 캐릭터의 상호작용을 구현했다는 점에서 의미가 있다.

팀 스포츠

앞에서 알아봤듯이, 비디오 게임 속 군중 상호작용의 한 예로 스포츠 게임을 들었다. 스포츠 게임의 AI 시스템은 특히 팀 스포츠 특성에 잘 발달돼 있다. 이제 팀 스포츠 비디오 게임의 핵심 내용을 살펴보고, AI 캐릭터를 어떻게 사실적이고 효과적으로 만들 수 있는지 알아보자.

축구를 살펴보면 각 팀에 11명의 선수가 있다. 게임을 이기기 위해서는 상대팀 보다 골을 더 넣어야 한다. 따라서 게임은 크게 두 개의 영역으로 나눌 수 있는데, 골을 넣기 위한 공격과 골을 막기 위한 수비가 그것이다. 경기장에는 공이 한 개밖에 없기 때문에 대부분의 선수는 공을 소유하지 않으며, 이때의 행동이 게임에 큰 영향을 끼칠 수 있다. 상대방으로부터 공을 빼앗으려는 행동을 할 수도 있고, 패스를 받기 위해 준비하는 행동을 할 수도 있다. 이 두 가지가 캐릭터가 공을 가지고 있지 않는 동안 취하는 대표 행동이다.

비디오 게임은 실제 스포츠의 세부적인 내용까지 구현하려고 하고, 팀 스포츠이기 때문에 정확한 AI 상호작용을 구현하기 위해서 많은 노력이 필요하다. AI 캐릭터의 기본 자세는 개인 행동보다는 팀 플레이에 중심을 둬야 한다. 따라서 선수 캐릭터는 그룹의 공통 목적을 위해서 행동해야 한다.

실제 축구 경기를 보면, 공을 패스하고, 앞으로 나가거나 뒤로 돌아오는 등의 플레이를 할 때 서로 대화하는 것을 볼 수 있다. 비디오 게임에서도 이와 같은 커뮤니케이션을 구현해야 한다. 꼭 소리를 통한 의사소통을 고집하기보다는 게임을 더 현실적으로 표현하기 위해 다양한 방법을 적용하는 편이 좋다.

게임을 진행하는 동안 AI 캐릭터가 하는 결정 과정을 차례로 분석해보자. 우선 다음 그림처럼 경기장의 캐릭터의 구성을 알아보자.

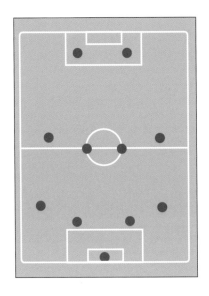

이 그림은 축구의 한 포메이션의 예다. 제일 아래 있는 한 점은 골키퍼로, 골대를 막는 역할을 한다. 유일하게 골대 지역만 돌아다니는 캐릭터다. 다른 캐릭터들은 원하는 대로 아무 곳이나 움직일 수 있다. 팀의 기본적인 구성을 알아봤으니, 이제 다음 단계로 넘어가보자.

각 캐릭터는 각자의 목적이 있다. 예를 들어 공격수에게 공을 전달하거나, 점수를 내기 위해 최대한 많이 슈팅을 하거나, 수비하기 위해 뒤쪽에 서있는 등의 목적이 있다. 그와 동시에 팀 전체의 목적도 있다. 예를 들어 특정 상황에 어떤 목적이 더 중요한지를 판단하고, 그때 내린 판단이 목적을 달성하는 데 성공적으로 도움이 됐는지 확인해야 한다.

이제 개인 선수 생성으로 넘어가자. 우선 기본적인 행동인 공을 쫓아가는 행동을 구현하자. 앞에서 물체의 위치에까지 다가가는 내용의 코드를 한 적이 있는데, 그와 비슷하다.

```
public float speed;
public Transform ball;
public bool hasBall;
void Start ( )
{
    speed = 1f;
}
void Update ( )
{
    if(hasBall == false)
    {
        Vector3 positionA = this.transform.position;
        Vector3 positionB = ball.transform.position; this.transform.position
= Vector3.Lerp(positionA, positionB, Time.deltaTime * speed);
    }
    if(hasBall == true)
    {
    }
}
```

여기 캐릭터가 공을 쫓아가는 코드가 있다. 지금은 한 캐릭터만 있다고 가정하고 구현하지만, 차차 팀 상호작용의 내용을 추가해서 완성된 스포츠 게임의 기본 골격을 확인할 것이다. 현재 코드를 기반으로 게임을 실행하면 캐릭터가 공의 위치로 이동하는 것을 확인할 수 있다. 이로써 축구 게임의 기본을 구현했다.

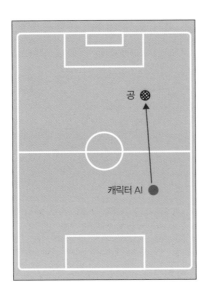

의도한 대로 캐릭터가 이동하는 것을 볼 수 있다. 게임에 여러 명의 캐릭터를 추가하면 서로 의사소통이나 상호작용 없이 모두 공을 향해 달려갈 것이다.

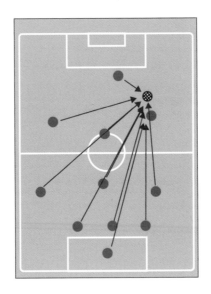

주위 캐릭터를 인식하지 않고 모두가 공을 향해 달려가면 이 그림처럼 이동할 것이다.

이런 현상을 막기 위해서 공에 가장 가까이 있는 캐릭터가 다른 캐릭터에게 공을 쫓지 말라고 말할 수 있다. 그러기 위해서는 실시간으로 공과 각 캐릭터 사이의 거리를 계산해야 한다.

```
public float speed;
public Transform ball;
public bool hasBall;
public float ballDistance;
void Start ()
{
    speed = 1f;
}
void Update ()
{
    if(hasBall == false)
    {
        Vector3 positionA = this.transform.position;
        Vector3 positionB = ball.transform.position;
        this.transform.position = Vector3.Lerp(positionA, positionB, Time.
deltaTime * speed);
    }
    if(hasBall == true)
    {
    }
    ballDistance =Vector3.Distance(transform.position,ball.position);
}
```

그와 같은 내용을 구현하기 위해서 앞서 수행한 거리 계산식을 이용했다. 이제 세 개의 변수를 추가해서 이 코드를 구현하겠다. 우선 float 타입의 ballDistance라는 변수를 만들어서 캐릭터가 공과 얼마나 떨어져 있는지를 저장한다.

이제 거리 값을 계산했으니 그것을 이용해서 현재 캐릭터가 공과 가장 가까이 있는 캐릭터인지 확인하고, 그렇다면 공을 향해 이동하도록 한다.

```
public float speed;
public Transform ball;
public bool hasBall;
public float ballDistance;
public static float teamDistance;
void Start ()
{
    speed = 1f;
}
void Update ()
{
    if(hasBall == false)
    {
        Vector3 positionA = this.transform.position;
        Vector3 positionB = ball.transform.position;
        this.transform.position = Vector3.Lerp(positionA, positionB, Time.
deltaTime * speed);
    }
    if(hasBall == true)
    {
    }
    ballDistance =Vector3.Distance(transform.position,ball.position);
if(teamDistance > ballDistance)
    {
        teamDistance = ballDistance;
    }
}
```

우선 모든 캐릭터 사이에 공유되는 static float 타입의 teamDistance라는 변수를 만들었다. 이 변수는 공에 가장 가까이 있는 캐릭터의 거리를 값을 저장한다. 이제 캐릭터는 자신이 공에 가장 가까이 있는지 알 수 있다. 다음으로 할 일은 현재 캐릭터가 가장 공에 가까이 있다면 공으로 달려가게 하는 것이다. 이 내용이 AI 캐릭터에 처음으로 추가하는 팀 전체의 요소다. 각 캐릭터의 속도가 다르다고 가정하면 거리뿐만 아니라 속도 역시 고려해야 공에 가장 먼저 다다를 수 있는 캐릭터를 계산할 수 있지만, 예제를 단순하게 하기 위해 모든 선수의 속도는 같다고 가정한다.

```
public float speed;
public Transform ball;
public bool hasBall;
public float ballDistance;
public static float teamDistance;
public bool nearTheBall;
public float teamdist;
void Start ()
{
    speed = 1f;
    teamDistance = 10;
}
void Update ()
{
    teamdist = teamDistance;
    if(hasBall == false && nearTheBall == true)
    {
        Vector3 positionA = this.transform.position;
        Vector3 positionB = ball.transform.position;
        this.transform.position = Vector3.Lerp(positionA, positionB, Time.
deltaTime * speed);
    }
    if(hasBall == true)
    {
    }
    ballDistance =Vector3.Distance(transform.position,ball.position);
    if(teamDistance > ballDistance)
    {
        teamDistance = ballDistance;
    }
    if(teamDistance == ballDistance)
    {
        nearTheBall = true;
    }
    if(teamDistance < ballDistance)
    {
```

```
        nearTheBall = false;
    }
}
```

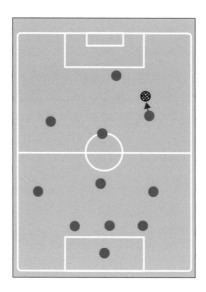

이제 게임을 실행하면, 한 캐릭터만 공을 향해 달리는 것을 볼 수 있다. 주위의 동료들은 현재 한 선수가 공을 향해 가고 있다는 것을 인지하고 있다. 이로써 그룹 간 상호작용의 간단한 예를 알아봤다.

다음으로 고려할 사항은, 공은 끊임없이 움직이기 때문에 공과의 거리를 계산하는 식역시 갱신해야 한다는 점이다. 현재 코드에서 teamDistance 값은 계속해서 줄어들기만 할 뿐 증가해야 할 때 증가하지 않으므로 이를 수정해야 한다. 우선 공의 코드부터구현해보자.

```
public Vector2 curPos;
public Vector2 lastPos;
public bool ballMoving;
void Update ()
```

```
{
    curPos = transform.position;
    if(curPos == lastPos)
    {
        ballMoving = false;
    }
    else
    {
        ballMoving = true;
        characterAI.teamDistance = 10;
    }
    lastPos = curPos;
}
```

이 코드를 공에 적용하면, 공이 움직일 때마다 공과 선수들 간의 거리가 갱신될 것이다. 이제 공을 움직이도록 해보자. 그러기 위해선 선수 캐릭터가 공을 찰 수 있어야 한다.

우선 조금 전의 공 코드를 수정하자. 캐릭터가 공을 찬 후 공이 떨어질 지점을 기록하는 변수를 만들어야 한다.

```
public Vector2 curPos;
public Vector2 lastPos;
public static Transform characterPos;
public float speed;
public bool ballMoving;
void Start ()
{
    characterPos = this.transform;
    speed = 2f;
}
void Update ()
{
    curPos = transform.position;
    if(curPos == lastPos)
    {
```

```
        ballMoving = false;
    }
    else
    {
        ballMoving = true;
        characterAI.teamDistance = 10;
    }
    lastPos = curPos;
    Vector2 positionA = this.transform.position;
    Vector2 positionB = characterPos.transform.position;
    this.transform.position = Vector2.Lerp(positionA, positionB, Time.
deltaTime * speed);
}
```

이 코드에서는 공이 떨어질 위치를 추가했다. 우선 characterPos라는 puclic static Transform 타입의 변수를 생성했다. 캐릭터가 아무 방향으로 공을 차지 않고 팀 동료에게 패스하도록 테스트하기 위해서 선수의 위치를 사용했다.

```
public float speed;
public Transform ball;
public bool hasBall;
public float ballDistance;
public static float teamDistance;
public bool nearTheBall;
public List<Transform> teamCharacters;
public int randomChoice;
public float teamdist;
```

이제 캐릭터 AI의 변수를 업데이트해야 한다. 내용을 살펴보면 모든 팀 동료의 위치를 가지고 있는 리스트를 추가했음을 알 수 있다. 이 정보를 이용해서 동료가 있는 방향으로 공을 보내는 것이 주 목적이다.

따라서 이 예제에서는 캐릭터의 위치가 공의 목적지다. 공의 경로를 더 사실적으로 구현하기 위해서 중력과 바람의 영향을 받도록 할 수도 있다.

```
void Update ( )
{
    teamdist = teamDistance;
    if(hasBall == false && nearTheBall == true)
    {
        Vector3 positionA = this.transform.position;
        Vector3 positionB = ball.transform.position;
        this.transform.position = Vector3.Lerp(positionA, positionB, Time.
deltaTime * speed);
    }
    if(ballDistance < 0.1)
    {
        hasBall = true;
    }
    if(hasBall == true)
    {
        passBall();
        hasBall = false;
    }
    ballDistance =Vector3.Distance(transform.position,ball.position);
    if(teamDistance > ballDistance)
    {
        teamDistance = ballDistance;
    }
    if(teamDistance == ballDistance)
    {
        nearTheBall = true;
    }
    if(teamDistance < ballDistance)
    {
        nearTheBall = false;
    }
}
void passBall ( )
{
    randomChoice = Random.Range(0, 9);
    ballScript.characterPos = teamCharacters[randomChoice];
}
```

조금 전 코드에 추가한 변수를 이용해서, AI 캐릭터가 공에 가까이 다가가면 새로운 방향으로 공을 찰 수 있도록 했다. void passBall( ) 함수를 이용해서 캐릭터가 공을 패스할 수 있도록 했다. 현재 예제에서는 임의 동료에게 패스만 해도 충분하기 때문에 리스트에서 임의의 동료를 선택하도록 했다.

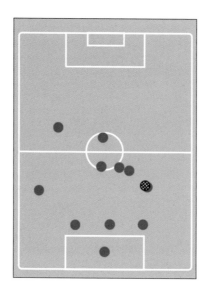

이제 게임을 실행하면 훨씬 더 다양한 움직임을 확인할 수 있다. 공에 가장 가까이 있는 선수 캐릭터가 공에 다가간 후 그 공을 동료에게 패스한다. 공은 패스한 선수 방향으로 날아가고, 패스를 받은 선수는 다시 다른 임의의 선수 캐릭터에게 공을 패스할 것이다. 선수가 공을 받고 다시 다른 선수에게 패스하는 이 패턴은 무한으로 반복될 것이다.

이제 축구 게임의 기본기가 갖춰졌다. 조금 전 추가한 의사소통을 통해 누가 공을 쫓고 누구에게 패스할지를 정하는 기능처럼 새로운 내용들을 추가해서 더 정교한 축구 게임을 구현할 수 있다.

▌ 군중 충돌 방지

8장의 마지막 내용으로 군중 사이의 충돌을 방지하는 방법을 알아보자. 수많은 캐릭터가 지도의 같은 장소에 있는 것은 이제 오픈 월드 게임에 흔하다. 그리고 군중 충돌이라는 문제를 동반한다.

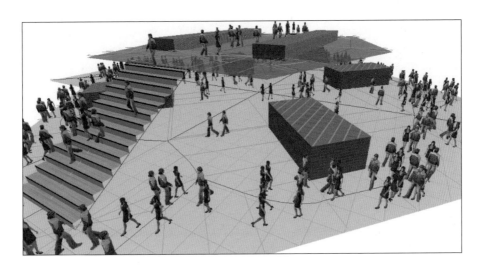

앞서 고급 길찾기 방법을 알아봤고, 그것이 AI 이동법을 구현할 때 얼마나 효율적인 방법인지 확인했다. 하지만 여러 캐릭터가 동시에 같은 목적지를 향한다면, 서로 부딪힐 뿐만 아니라 목적지까지의 길을 서로 막을 것이다. 일단 앞의 스크린샷을 보면 캐릭터가 모두 다른 방향을 향하고 있고, 서로 간섭하지 않는 것을 볼 수 있다.

하지만 많은 캐릭터가 같은 집에 들어가는 것처럼 같은 장소에 몰리면 어떻게 될까? 한 캐릭터만 문을 통과할 수 있기 때문에, 많은 캐릭터가 줄을 지어서 기다릴 것이다. 사람들은 아직도 이 문제의 해결법을 연구하고 있다. 확실한 정답은 없지만 실제로 사용하고 있는 몇 가지 방법은 있다.

오늘날 대중적인 군중 다이나믹 해결법은 문제를 두 개의 영역으로 나누어서 다룬다. 하나는 경로 찾기고, 다른 하나는 캐릭터 간의 충돌 방지다. 이렇게 하면 여러 장점이 있다. 우선 높은 퀄리티의 움직임을 볼 수 있고, 충돌 문제를 작은 규모로 축소할 수 있다. 현재 이 방법은 여러 게임에서 사용하고 있다.

비슷한 퀄리티의 결과를 도출해내는 대안도 있다. 또 다른 흔한 방법은 세타 알고리즘과 장애물 속도를 조절하는 방법을 조합하는 것이다. 이 방법은 현재 캐릭터와 충돌할 다른 캐릭터와의 거리를 계산해서 해결한다.

군중이 밀집한 상황에선 작은 지역의 충돌 방지만 해결하거나, 이론적인 경로 찾기 방법만 사용하면 캐릭터가 공통된 지점에 몰리게 마련이다. 충돌 방지 알고리즘은 이상적인 경로를 따라갈 때 국지적인 충돌을 회피할 때만 도움이 된다. 종종 게임은 여러 알고리즘을 이용해서 덜 막히는 우회경로로 캐릭터를 보낸다. 원히는 결과가 나올 때도 있지만, 의도치 않은 부작용 역시 따르게 마련이다.

집합적인 군중의 이동과 군중의 밀도를 고려한 경로 찾기 방법도 몇 가지가 있다. 밀도를 고려한 경로 찾기 방법에는 집합 이동이나 군중의 이동 방향은 고려하지 않아서, 이 그림에서 볼 수 있듯이 상황을 필요 이상으로 해결하는 경우가 있다.

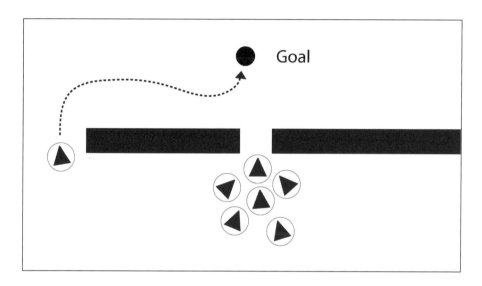

혼잡도를 나타내는 지도Congestion maps를 사용하는 방법은 방향을 나타내는 지도 Direction Maps, DMs와 같은 협력 길찾기 방법과 유사하지만 몇 가지 면에서 다르다. DMs는 시간에 걸친 군중의 이동 패턴을 분석해서 현 캐릭터가 군중과 함께 이동하도록 장려한다. 이렇게 하면 혼잡도 지도 방법에서 볼 수 있는 왔다 갔다하는 현상을 자연스레 해결할 수 있다.

하지만 DMs를 통한 이런 일시적인 완화 방법은 환경이나 군중 행동의 변화에 빠르고 정확하게 반응하지 못하게 한다. 혼잡도 지도 방법이나 방향을 나타내는 지도 방법 모두 경로를 찾을 때 군중의 전체 이동 정보를 적용하는 방법은 비슷하다. 하지만 혼잡도 지도 방법은 다양한 크기와 모양의 캐릭터도 다룰 수 있는 반면, DMs 방법은 같은 종류 캐릭터의 군중을 주로 다룬다.

마지막으로 혼잡도 지도와 방향 지도 방법에는 큰 차이가 있다. 혼잡도 지도 방법은 군중의 밀도에 따라 이동 결과에 영향을 주는 반면에 방향 지도 방법은 경로 찾기 결과를 너무 보수적으로 산정한다. 이 때문에 최적의 경로를 적은 그룹이 막고 있어서 지나갈 수 있음에도 불구하고 돌아서 가곤 한다.

▌ 요약

8장에서는 인기 있는 게임에 많이 사용되는 군중 상호작용 시스템을 알아봤다. 군중 상호작용 시스템은 가능한 모든 경우를 미리 계획하고 얼마나 알맞은 시스템을 적용하느냐에 따라 전혀 다른 결과를 내기 때문에 아주 중요하다. 8장을 마무리하면서 고급 길찾기 시스템을 더 깊게 알아봤다. 여러 캐릭터가 같은 목적지를 향해 갈 때 과부하를 막기 위해 우회하거나, 한 줄에서 다른 캐릭터가 지나가기를 기다리는 등의 방법을 살펴봤다.

9장에서는 AI의 전반적인 계획과 결정 과정을 배울 것이다. AI가 어떻게 미래를 예측하고 특정 지역에 도착하거나 어떤 문제에 직면했을 때 해결하는 방법을 알아본다.

09

AI 계획과 충돌 방지

9장에서는 AI 캐릭터를 더 복잡한 수준으로 만드는 주제를 다룰 예정이다. 이번 장의 주 목적은 캐릭터에게 계획하고 결정하는 능력을 부여하는 것이다. 앞서 관련 내용을 약간 살펴봤지만, 이번에는 본격적으로 캐릭터가 사전에 계획하는 과정을 연구해볼 것이다.

▌ 탐색

우선 게임 속 탐색에 대해 알아보자. 탐색 방법을 먼저 알아보는 이유는 비디오 게임에서 캐릭터는 끊임없이 무언가를 찾기 때문이다. 게이머를 찾기도 하고 승리를 위한 다른 무언가를 찾는 경우도 많다.

캐릭터에게 원하는 무언가를 찾는 능력을 부여하는 일은 굉장히 유용하고 중요하다. 대부분의 게임에서 탐색 기능을 볼 수 있기 때문에, 개발자가 탐색 기능을 알아보는 것은 당연한 일이다.

앞의 예제에서도 봤지만, 보통 지도를 돌아다니는 게이머가 적을 마주하면 적 캐릭터는 무방비 상태에서 공격 상태로 전환한다. 이번에는 캐릭터가 수동적으로 게이머를 기다리지 않고 능동적으로 찾아 나서도록 해보자. 머릿속으로 잠시 적 캐릭터가 게이머 캐릭터를 찾기 위해 필요한 과정을 생각해보자. 지금 머릿속에 떠오른 그 계획이 바로 AI 캐릭터의 머리에 들어야 하는 계획 그 자체다. 사람이 생각하는 과정이 제일 현실적인 과정이며, 우리가 원하는 바는 AI 캐릭터가 최대한 현실적인 것이기 때문에, 결과적으로 우리는 AI 캐릭터에 사람의 사고방식을 그대로 옮겨야 한다.

어떤 때에는 캐릭터의 제일 중요한 목적이 탐색이 아닌 다른 것일 때도 있다. 예를 들어 실시간 전략 게임에서 AI 캐릭터가 지도를 탐색하다가 우연히 적의 기지를 발견한 경우가 그렇다. 기지를 탐색하는 것이 주 목적은 아니지만, 지도를 탐색하고 기지가 발견되는 과정은 게임에서 항상 있는 일이다. 게이머의 기지를 발견한 후 AI 캐릭터는 우선순위로 지도를 계속해서 탐색할지 말지를 결정하고 다음 단계를 계획할 수 있다.

또 다른 예로 사냥 게임의 동물을 들 수 있다. 동물의 주된 목적은 음식과 물을 찾는 일이다. 배고프거나 목마르지 않을 때는, 따뜻한 쉴 곳을 찾아 탐색한다. 하지만 포식자를 발견하면 즉시 우선순위를 전환해서 안전한 곳을 찾아 도망친다.

탐색 시스템에는 많은 결정 요소가 있으며, 탐색 시스템의 목적은 결국 실제 사람과 동물을 따라하는 것이다. 이제 비디오 게임에서 가장 많이 사용되는 탐색 방법을 알아보고 AI 캐릭터에게 성공적으로 원하는 것을 찾는 능력을 부여해보자.

공격적 탐색

우선 공격 탐색을 알아보자. 공격적 탐색이란 AI 캐릭터의 최우선 목적이 바로 탐색임을 의미한다. 게이머가 숨고 AI 캐릭터가 찾아 나서는 종류의 게임처럼, AI가 게이머를 끊임없이 찾아 나서는 경우를 생각하면 된다.

여기 나무, 언덕, 바위 등 물체와의 충돌을 피하면서 캐릭터가 돌아다닐 수 있는 지도가 있다.

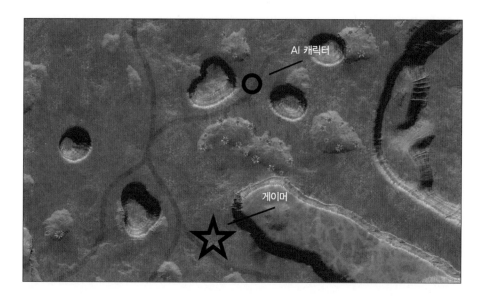

제일 먼저 캐릭터가 지도를 돌아다니는 시스템을 구축해야 한다. 예제에서는 웨이포인트 기능을 사용해서 지점 간 이동 방법을 이용해 지도를 돌아다니도록 해보자.

게임에 사용할 지도와 캐릭터를 불러온 다음, 캐릭터에게 이동 수단이 되는 웨이포인트 기능을 작성해야 한다. 코드에 직접적으로 좌표를 적어도 되지만, 이전 예제처럼 객체를 불러서 좌표만 사용하고 사용하지 않는 3D 메쉬는 제거하자.

이제 모든 웨이포인트를 그룹지어서 **waypoints**라고 이름 짓는다. 웨이포인트 기능의 기본을 준비한 후 캐릭터에게 몇 개의 웨이포인트가 있는지 알려주는 코드를 작성한다. 이렇게 하면 나중에 다른 지도에 다른 수의 웨이포인트를 불러도 캐릭터 코드의 수정 없이 사용할 수 있기 때문에 매우 유용하다.

```
public static Transform[] points;
void Awake ()
{
    points = new Transform[transform.childCount];
    for (int i = 0; i < points.Length; i++)
    {
        points[i] = transform.GetChild(i);
    }
}
```

이 코드를 준비된 웨이포인트에 적용해서 개수를 읽고 하나하나 준비된 데이터에 담을 수 있다.

앞의 지도의 작은 원들이 웨이포인트의 위치를 나타내기 위해 사용한 3D 메쉬 객체들이다. 예제에서는 캐릭터가 8개의 지점을 지나야 경로를 마친 것으로 간주할 것이다. 이제 AI 캐릭터 코드로 넘어와서 방금 만든 웨이포인트 사이를 이동하는 내용을 더해보자.

우선 캐릭터의 체력과 속력 변수를 만들고, 다음 이동 지점과 웨이포인트 인덱스를 나타내는 변수도 만든다.

```
public float speed;
public int health;
private Transform target;
private int wavepointIndex = 0;
```

이제 적 캐릭터가 게이머 캐릭터를 찾을 때까지 지점과 지점을 이동하는 데 필요한 정보를 담는 변수를 준비했다. 이제 이 변수를 사용하는 코드를 작성하자.

```
private float speed;
public int health;
private Transform target;
private int wavepointIndex = 0;
void Start ()
{
    target = waypoints.points[0];
    speed = 10f;
}
void Update ()
{
    Vector3 dir = target.position - transform.position;
    transform.Translate(dir.normalized * speed * Time.deltaTime, Space.World);
    if(Vector3.Distance(transform.position, target.position) <= 0.4f)
    {
        GetNextWaypoint();
```

```
    }
}
void GetNextWaypoint()
{
    if(wavepointIndex >= waypoints.points.Length - 1)
    {
        Destroy(gameObject);
        return;
    }
    wavepointIndex++;
    target = waypoints.points[wavepointIndex];
}
```

우선 Start 함수에서 캐릭터에게 첫 waypoint를 부여했다. 이 웨이포인트는 앞의 waypoint 코드에서 준비한 리스트의 첫 번째 포인트로, 0번째 순서에 있는 데이터를 의미한다. 그리고 캐릭터의 속도를 10f로 설정했다.

Update 함수에서는, Vector2 dir를 이용해서 다음 위치와 현재 캐릭터의 거리를 구했다. 다음 transform.Translate를 이용해서 캐릭터를 계속해서 이동시킨다. 거리와 이동 속도를 이용해서 캐릭터는 다음 위치까지 얼마나 걸리는지 계산하고, 원하는 근접 거리에 도달한 후에는 그 다음 목적지를 향한다. 예를 들어 if 구문을 사용해서 목적지와의 거리가 0.4f 이내이면 충분히 가까워서 도달한 것으로 간주하고, GetNextWaypoint() 함수를 이용해서 다음 목적지를 확인한 후 그리로 향한다.

GetNextWaypoint() 함수에서는, 캐릭터가 최종 목적지까지 도달했는지 확인하고, 목적지에 도달했으면 객체를 소멸하고, 그렇지 않다면 다음 목적지로 이동한다. wavepointIndex++를 이용해서 0 → 1 → 2 → 3 → 4 → 5 순서대로 목적지를 방문할 수 있다.

이제 앞의 코드를 캐릭터에 적용하고 캐릭터를 시작점에 놓고 게임을 실행해보자.

캐릭터는 지점과 지점 사이를 이동할 수 있게 됐다. 이렇게 해서 탐색 시스템의 기본인 지도를 돌아다니는 기능을 구현했다. 이제 캐릭터를 이동 방향으로 돌아보도록 만들고 탐색 기능을 추가하면 된다.

```
public float speed;
public int health;
public float speedTurn;
private Transform target;
private int wavepointIndex = 0;
void Start ( )
{
    target = waypoints.points[0];
    speed = 10f;
    speedTurn = 0.2f;
}
void Update ( )
{
    Vector3 dir = target.position - transform.position;
```

```
    transform.Translate(dir.normalized * speed * Time.deltaTime, Space.
World);
    if(Vector3.Distance(transform.position, target.position) <= 0.4f)
    {
        GetNextWaypoint();
    }
    Vector3 newDir = Vector3.RotateTowards(transform.forward, dir, speedTurn,
0.0f);
    transform.rotation = Quaternion.LookRotation(newDir);
}
void GetNextWaypoint()
{
    if(wavepointIndex >= waypoints.points.Length - 1)
    {
        Destroy(gameObject);
        return;
    }
    wavepointIndex++;
    target = waypoints.points[wavepointIndex];
}
```

계획대로 이제 캐릭터를 이동 방향으로 바라보도록 했다. 이제 탐색 기능을 구현할 차례다.

캐릭터는 지도 위를 이동하지만, 게이머를 발견해도 아무런 반응 없이 계속해서 지도를 움직일 것이다. 이제 그 내용을 수정할 것이다.

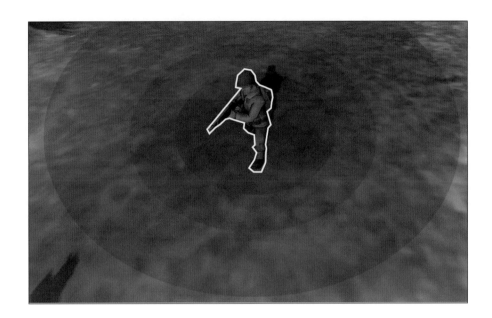

앞의 그림에서 볼 수 있듯이, 게이머를 발견하기 위해 캐릭터에 원 모양의 탐지 영역을 추가했다. 캐릭터는 지도 위를 돌아다니다가 게이머가 탐지 영역 안에 들어오면 주 목적을 발견한 것으로 인식한다. 그 내용을 코드에 추가하자.

```
public float speed;
public int health;
public float speedTurn;
private Transform target;
private int wavepointIndex = 0;
private bool Found;
void Start()
{
    target = waypoints.points[0];
    speed = 10f;
    speedTurn = 0.2f;
}
void Update()
{
```

```
    Vector3 dir = target.position - transform.position;
    transform.Translate(dir.normalized * speed * Time.deltaTime, Space.
World);
    if(Vector3.Distance(transform.position, target.position) <= 0.4f)
    {
        GetNextWaypoint();
    }
    Vector3 newDir = Vector3.RotateTowards(transform.forward, dir, speedTurn,
0.0f);
    transform.rotation = Quaternion.LookRotation(newDir);
}
void GetNextWaypoint()
{
    if(wavepointIndex >= waypoints.points.Length - 1)
    {
        Destroy(gameObject);
        return;
    }
    wavepointIndex++;
    target = waypoints.points[wavepointIndex];
}
void OnTriggerEnter(Collider other)
{
    if(other.gameObject.tag =="Player")
    {
        Found = true;
    }
}
```

이제 void OnTriggerEnter 함수를 추가해서 탐지 영역이 무엇을 발견했는지 체크한
다. 발견한 오브젝트가 게이머 캐릭터인지 확인하기 위해 Player라는 태그를 가지고
있는지 확인하는 조건문을 삽입했다. 그 결과가 참이면 불린 변수인 Found를 참으로
바꾼다. 이 값은 뒤에 유용하게 사용할 것이다.

이제 게임을 실행해서 게이머가 탐지 영역 안에 들어왔을 때 Found 변수 값이 거짓에

서 참으로 바뀌는지 확인하자.

조금 전 구현한 탐색 코드가 잘 작동하는 것을 볼 수 있다. 캐릭터는 지도 위를 돌아다니다가 아무런 문제 없이 게이머를 찾을 수 있다. 다음 단계는 게이머를 발견한 후 탐색을 멈추도록 하는 것이다.

```
public float speed;
public int health;
public float speedTurn;
private Transform target;
private int wavepointIndex = 0;
public bool Found;
void Start()
{
    target = waypoints.points[0];
    speed = 40f;
    speedTurn = 0.2f;
}
```

```
void Update ()
{
    if (Found == false)
    {
        Vector3 dir = target.position - transform.position;
        transform.Translate(dir.normalized * speed * Time.deltaTime, Space.
World);
        if (Vector3.Distance(transform.position, target.position) <= 0.4f)
        {
            GetNextWaypoint();
        }
        Vector3 newDir = Vector3.RotateTowards(transform.forward, dir,
speedTurn, 0.0f);
        transform.rotation = Quaternion.LookRotation(newDir);
    }
}
void GetNextWaypoint()
{
    if(wavepointIndex >= waypoints.points.Length - 1)
    {
        Destroy(gameObject);
        return;
    }
    wavepointIndex++;
    target = waypoints.points[wavepointIndex];
}
void OnTriggerEnter(Collider other)
{
    if(other.gameObject.tag == "Player")
    {
        Found = true;
    }
}
```

이 마지막 내용으로 우리 캐릭터는 지도를 돌아다니다가 게이머를 발견하면 그 자리에서 멈추고 다음 행동을 할 준비가 됐다.

마지막에 추가한 내용은 Found 변수를 이용해서 캐릭터가 게이머를 계속해서 탐색해야 하는지 아닌지를 정하는 것이다.

이 그림은 캐릭터의 현재 상태를 잘 보여준다. 이 코드를 기반으로 다음 단계에서 더 나은 결정을 내릴 수 있도록 구현할 준비가 됐다.

이 탐색 시스템은 다양한 장르의 게임에 비교적 빠르게 적용할 수 있어서, AI 캐릭터 캐릭터를 처음 구현할 때 시작하기 좋은 방법이다. 이제 새로운 내용으로 넘어가서 캐릭터가 미래를 예측하는 내용을 공부해보자.

적의 행동 예측하기

이제 캐릭터가 게이머 캐릭터를 마주하기 전에 일어날 일을 미리 예측하는 과정을 구현하자. 이 내용은 캐릭터 AI가 최종 목적을 달성하기 위해 최선의 선택을 하는 과정이다.

캐릭터 AI에 예측 시스템을 어떻게 구현할지 알아보자. 군인 캐릭터가 지도상에서 게이머 캐릭터를 찾아 나서는 이전 예제에 이어서 구현할 것이다. 현재까지는 캐릭터가 돌아다니다가 게이머를 발견하면 멈추도록 돼있다.

캐릭터가 게이머를 발견했다면 게이머 역시 캐릭터를 발견했을 가능성이 크다. 그런 상황에서 게이머가 캐릭터를 공격할 확률은 얼마나 될까? 또 게이머가 교전하기에 총알이 부족할 확률은 얼마일까? 이런 수치는 모두 주관적이고 예측이 거의 불가능하다. 그래도 캐릭터가 이런 상황을 인식하고 게이머의 다음 행동을 최대한 정확하게 예측하도록 하려고 한다.

간단한 질문부터 시작해보자. 게이머가 캐릭터를 바라보고 있는가? 이 내용을 확인할 수만 있다면 캐릭터가 상황을 판단하는데 한결 도움이 될 것이다. 주어진 캐릭터의 주시 방향을 확인하기 위해서 충돌자Collider 감지체trigger를 게이머를 포함한 모든 캐릭터의 앞과 뒤에 추가할 것이다. 다음 그림에서 이 내용을 볼 수 있다.

이렇게 두 개의 감지체를 추가하면 현 캐릭터가 대상 캐릭터의 앞면을 바라보고 있는지 뒷면을 바라보고 있는지 확인할 수 있다. 따라서 front와 back이라는 이름의 충돌자 감지체를 모든 캐릭터에 추가하자.

이제 캐릭터가 상대방의 앞과 뒤 감지체를 구분할 수 있도록 해야 한다. 두 가지 방법을 생각할 수 있다. 첫째는 앞 감지체를 캐릭터가 바라볼 수 있는 가시 거리만큼 늘리는 것이다.

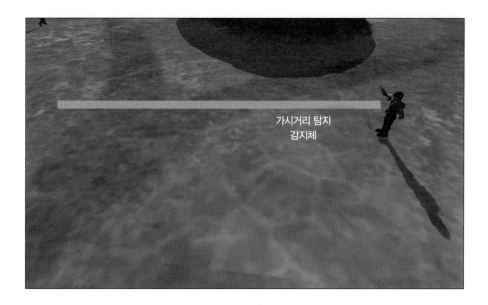

다른 방법으로, RAYCAST를 생성한 후 캐릭터 위치에서 시작해서 가시거리만큼 길이를 갖도록 설정할 수 있다.

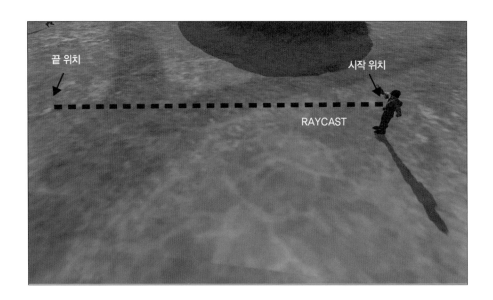

두 가지 방법은 각자의 장단점이 있다. 다시 말하지만 최고의 결과를 위해 무조건 복잡한 방법을 선택할 필요는 없다. 앞으로 게임을 만들 때 여러분이 이용하기 편한 방법을 이용하라고 권하고 싶다. 이 예제에서는 충돌자 감지체를 이용해서 가시거리를 표현하는 방법을 사용해보자.

우선 캐릭터의 앞면에 충돌자를 설치해서 다른 캐릭터의 앞면 또는 뒷면을 탐지할 수 있도록 코드를 추가해보자. 먼저 캐릭터가 게이머를 발견하면 게이머를 바라보도록 할 것이다. 게이머를 육안으로 확인하지 않으면 아무것도 예측할 수 없기 때문이다.

```
void Update ()
{
    if (Found == false)
    {
        Vector3 dir = target.position - transform.position;
        transform.Translate(dir.normalized * speed * Time.deltaTime, Space.
World);
        if (Vector3.Distance(transform.position, target.position) <= 0.4f)
        {
```

```
            GetNextWaypoint();
        }
        Vector3 newDir = Vector3.RotateTowards(transform.forward, dir,
speedTurn, 0.0f);
        transform.rotation = Quaternion.LookRotation(newDir);
    }
    if (Found == true)
    {
        transform.LookAt(target);
    }
}
void GetNextWaypoint()
{
    if(wavepointIndex >= waypoints.points.Length - 1)
    {
        Destroy(gameObject);
        return;
    }
    wavepointIndex++;
    target = waypoints.points[wavepointIndex];
}
void OnTriggerEnter(Collider other)
{
    if(other.gameObject.tag == "Player")
    {
        Found = true;
        target = other.gameObject.transform;
    }
}
```

이제 AI 캐릭터가 게이머를 발견하면 바라보도록 코드를 수정했다. 관련한 내용을 if
(Found == true) 조건문 다음 줄에 작성했다. transform.LookAt을 이용해서 AI 캐릭
터가 게이머 캐릭터를 바라보도록 했다. AI 캐릭터가 게이머를 발견하면 이는 곧 목표
물이나 마찬가지다.

게이머

AI 캐릭터

캐릭터가 게이머를 바라보면 게이머의 앞면인지 뒷면인지 확인할 수 있다.

캐릭터가 이것을 구분할 수 없다는 게 의아할 수도 있지만, AI 캐릭터를 개발할 때는 모든 내용을 구체적으로 코드에 구현해야 한다. 이런 사소한 내용이 예측, 계획, 결정에 아주 큰 영향을 미치기 때문이다.

캐릭터의 앞면과 뒷면을 구분하기 위해서 앞에서 언급한 두 개의 충돌자 감지체를 추가해야 한다. 다음 두 개의 변수를 코드에 입력하자.

```
public bool facingFront;
public bool facingBack;
```

facingFront와 facingBack이라는 두 개의 Boolean 변수를 추가했다. 감지체는 두 변수 중 하나의 값을 참으로 바꿔서 AI가 상대 캐릭터의 어느 면을 바라보고 있는지 알려준다. 이 내용은 다음과 같다.

```
void Update ( )
{
    if (Found == false)
    {
        Vector3 dir = target.position - transform.position;
        transform.Translate(dir.normalized * speed * Time.deltaTime, Space.
World);
        if (Vector3.Distance(transform.position, target.position) <= 0.4f)
        {
            GetNextWaypoint( );
        }
        Vector3 newDir = Vector3.RotateTowards(transform.forward, dir,
speedTurn, 0.0f);
        transform.rotation = Quaternion.LookRotation(newDir);
    }
    if (Found == true)
    {
        transform.LookAt(target);
    }
}
void GetNextWaypoint()
{
    if(wavepointIndex >= waypoints.points.Length - 1)
    {
        Destroy(gameObject);
        return;
    }
    wavepointIndex++;
    target = waypoints.points[wavepointIndex];
}
void OnTriggerEnter(Collider other)
{
    if(other.gameObject.tag == "Player")
    {
        Found = true;
        target = other.gameObject.transform;
    }
    if(other.gameObject.name == "frontSide")
```

```
    {
        facingFront = true;
        facingBack = false;
    }
    if(other.gameObject.name == "backSide")
    {
        facingFront = false;
        facingBack = true;
    }
}
```

앞에서 추가한 내용은 감지체가 캐릭터의 앞면인지 뒷면인지 확인하는 내용이다. 구체적으로 충돌한 물체가 frontSide 물체인지 backside 물체인지 알아봤다. 한 개의 값만 참일 수 있다.

이제 상대 캐릭터의 앞과 뒤를 구분할 수 있게 됐으니, 캐릭터가 양 상황의 위험한 정도를 분석할 수 있는 능력을 부여해야 한다. 우선 앞뒤 면에 따라 나타나는 차이를 크게 구분 짓는다. 상대 캐릭터의 정면을 마주하고 있다면, 그 캐릭터가 우리 캐릭터를 공격할 수 있다는 뜻이므로 위험한 상황이다. 위험도를 나타내는 수치를 만들고 이 상황을 공식을 만들어 대입해보자.

```
public float speed;
public int health;
public float speedTurn;
private Transform target;
private int wavepointIndex = 0;
public bool Found;
public bool facingFront;
public bool facingBack;
public int dangerMeter;
```

변수 목록에 정수 타입의 dangerMeter를 추가했다. 다음으로 현 캐릭터가 마주하는 상황이 얼마나 공격받을 위험이 있는지 분석해보자.

```
void OnTriggerEnter(Collider other)
{
    if(other.gameObject.tag == "Player")
    {
        Found = true;
        target = other.gameObject.transform;
    }
    if(other.gameObject.name == "frontSide")
    {
        facingFront = true;
        facingBack = false;
        dangerMeter += 50;
    }
    if(other.gameObject.name == "backSide")
    {
        facingFront = false;
        facingBack = true;
        dangerMeter += 5;
    }
}
```

상황에 따라 위험한 상황이면 큰 값을 더하고, 덜 위험한 상황이면 작은 값을 더한다. 극도로 위험한 상황이면 AI 캐릭터가 죽을 수도 있기 때문에, 그에 상응하는 극적인 결정이 필요하기도 한다. 그와는 반대로 위험도가 매우 낮으면, 더 정교하고 효과적인 계획을 세울 수 있다.

dangerMeter에는 다양한 요소가 영향을 줄 수 있다. 예를 들어 상대방 캐릭터 대비 현 캐릭터의 위치를 들 수 있다. 이 내용을 구현하려면 지도를 특성에 맞게 구분하고 각 특성에 따라 위험도를 부여해야 한다. 캐릭터가 숲 지역에 있으면 상대적으로 위험도가 낮지만, 탁 트인 평지에 있으면 훨씬 더 위험하다. 또, 남은 총알, 현재 체력 등 수많은 요소를 dangerMeter 값 계산에 적용할 수 있다. 이렇게 공식을 보완해 가면 캐릭터가 상황을 더 정확하게 파악하고 예측할 수 있다.

충돌 회피

충돌 회피 능력은 AI 캐릭터를 구현할 때 매우 유용할 뿐만 아니라 8장에서 봤듯이 군중 속에서 한 캐릭터가 다른 캐릭터의 방향으로 이동할 때 유동적으로 대응할 수 있게 한다. 충돌 회피를 간단하게 구현하는 방법을 알아보자.

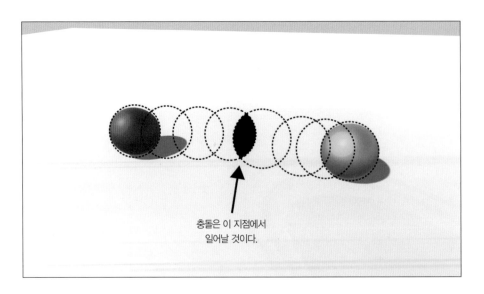

충돌은 이 지점에서
일어날 것이다.

충돌이 일어나기 위해선 적어도 두 개의 물체나 캐릭터가 있어야 한다. 앞의 그림에 두 캐릭터를 나타내는 구형 물체와 그들의 움직임을 나타내는 점선이 있다. 한 물체가 다른 물체의 방향으로 나아가면 어느 순간 둘은 충돌하게 된다. 주 목적은 충돌이 일어나는 시점을 알아서 회피하도록 하는 것이다.

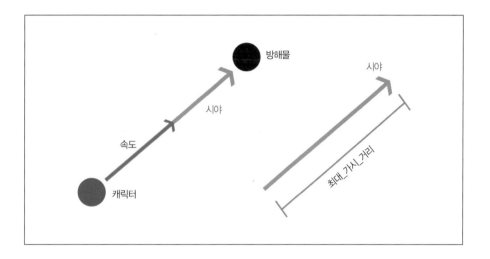

이 그림을 보면 캐릭터가 충돌을 피하기 위해 필요한 내용을 알 수 있다. 우선 캐릭터의 이동 방향을 나타내는 속도 벡터가 필요하다. 그 벡터를 복사해서 더 긴 벡터를 만든 후, ahead(시야)라고 이름 짓는다. 즉, ahead 벡터는 캐릭터의 시야를 나타내고 캐릭터가 다른 물체를 보는 순간 충돌을 피하기 위해서 방향을 틀 것이다. ahead 벡터를 계산하는 방법은 다음과 같다.

```
ahead = transform.position + Vector3.Normalize(velocity) * MAX_SEE_AHEAD;
```

ahead와 velocity는 Vector3 타입 변수이고, MAX_SEE_AHEAD는 float 타입 변수로 볼 수 있는 거리 상수다. MAX_SEE_AHEAD 값을 증가시키면 장애물을 일찍 발견하고 더 일찍 방향을 수정할 수 있다. 다음 그림에서 그 내용을 확인할 수 있다.

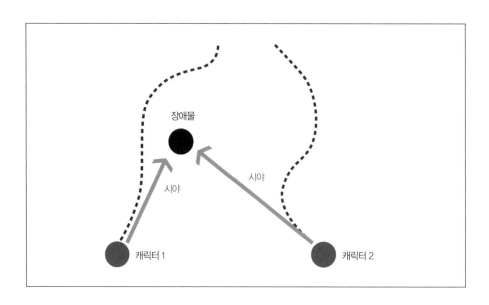

충돌을 확인하려면 선과 구 사이의 교차점 공식을 이용한다. 여기서 선은 ahead 벡터이고, 구는 장애 물체다. 하지만 이 예제에서는 더 간단하면서도 같은 결과를 내는 방법을 알아볼 것이다. 우선 ahead 벡터를 이용해서 그 길이가 반이 되는 새로운 벡터를 만든다.

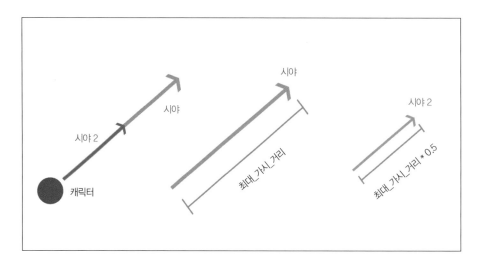

이 그림에서 볼 수 있듯이, ahead(시야)와 ahead2(시야 2)는 같은 방향 벡터이고 길이가 다르다.

```
ahead = transform.position + Vector3.Normalize(velocity) * MAX_SEE_AHEAD;
ahead2 = transform.position + Vector3.Normalize(velocity) * (MAX_SEE_AHEAD * 0.5);
```

충돌을 예측하는 방법은 두 벡터가 **충돌 영역**OBSTACLE ZONE 안에 있는지 계산해보면 된다. 계산 방법은 두 벡터와 충돌 물체의 중심 사이의 거리를 계산한 후 **충돌 영역**의 반지름과 비교해 보면 된다. 거리가 반지름과 같거나 작으면, 벡터가 **충돌 영역** 안에 있다는 뜻이고 이는 곧 충돌을 의미한다.

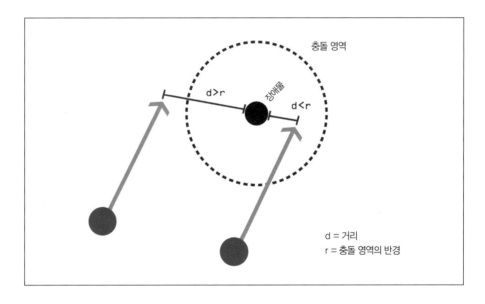

내용을 단순화하기 위해 ahead2 벡터는 앞의 그림에서 생략했다.

둘 중 하나의 ahead 벡터가 **충돌 영역** 안에 있으면 장애물이 경로를 막고 있다는 뜻이므로, 문제를 해결하기 위해선 두 지점 사이의 거리를 구해야 한다.

두 개 이상의 장애물이 있는 경우, 현재 캐릭터에 더 가까운 장애물을 확인한 후 가까운 순서로 피하면 된다.

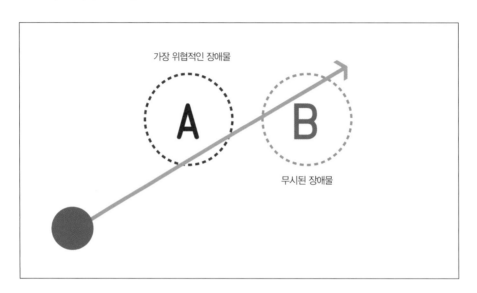

계산을 통해 더 위협적인, 즉 더 가까이 있는 장애물을 찾을 수 있다. 그 방법과 회피 방법 역시 알아보자.

```
public Vector3 velocity;
public Vector3 ahead;
public float MAX_SEE_AHEAD;
public float MAX_AVOID;
public Transform a;
public Transform b;
public Vector3 avoidance;
void Start ()
{
```

```
    ahead = transform.position + Vector3.Normalize(velocity) * MAX_SEE_AHEAD;
}
void Update ()
{
    float distA = Vector3.Distance(a.position, transform.position);
    float distB = Vector3.Distance(b.position, transform.position);
    if(distA > distB)
    {
        avoidB();
    }
    if(distB > distA)
    {
        avoidA();
    }
}
void avoidB()
{
    avoidance = ahead - b.position;
    avoidance = Vector3.Normalize(avoidance) * MAX_AVOID;
}
void avoidA()
{
    avoidance = ahead - a.position;
    avoidance = Vector3.Normalize(avoidance) * MAX_AVOID;
}
```

avoidance를 계산하고 기본단위^{normalize} 크기로 조정한 후, avoidance의 길이를 정의
하는 MAX_AVOID만큼 곱한다. MAX_AVOID 값을 늘리면 더 강하게 회피하고, 이는 캐릭터
를 장애물로부터 더 멀리 우회하도록 한다.

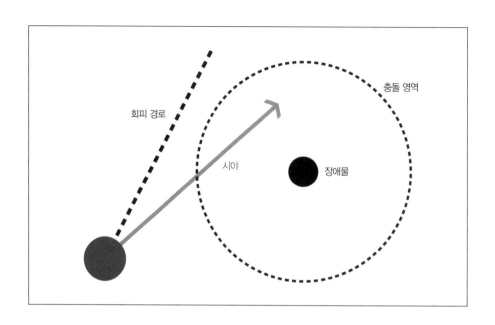

 TIP 어떤 종류의 객체든 그 위치를 벡터로 나타낼 수 있다. 즉, 다른 벡터나 힘과 함께 계산할 수 있다.

이제 캐릭터는 장애물을 미리 감지하고 회피해서 충돌을 예방하는 기본 능력을 갖췄다. 이 기술과 경로 찾기 방법을 조합하면 캐릭터가 게임 속에서 자유롭게 돌아다니는 성과를 얻을 수 있다.

▌ 요약

9장에서는 AI 캐릭터가 목적 달성을 위해 새로운 계획을 만들고 실행하는 내용을 알아봤다. 주 내용은 앞을 예견하고 그 상황에 대처하는 것이었다. 더 나아가서 AI 캐릭터가 다른 물체나 캐릭터와의 충돌을 예측하는 방법 역시 알아봤다. 이는 캐릭터를 지도에서 안전하고 자유롭게 돌아다니게 할 수 있을 뿐만 아니라, 다음 행동을 계획하고 수행하기 위한 기반이 될 수 있다. 10장에서는 감지 능력을 공부하겠다. 감지 능력은 스텔스 게임의 핵심 기능으로, AI 캐릭터가 현실적인 시야를 이용해서 주위에서 일어나는 일을 확인하게 해준다.

10

감지 능력

마지막인 10장에서는 AI 캐릭터가 전술tactics과 감지 능력awareness를 이용해서 목적을 달성하도록 발전시킬 예정이다. 앞서 살펴본 모든 내용을 함께 사용해서 스텔스 게임이나 전술 혹은 감지 능력에 기반을 둔 게임 속 캐릭터의 인공지능을 만들 것이다.

▎ 스텔스 장르

스텔스stealth 게임은 매우 인기 있는 장르다. 게이머의 주요 목적이 적에게 들키지 않고 목적을 달성하는, 즉 잠입 요소가 강하기 때문이다. 잠입 요소는 특히 밀리터리 게임에서 많이 볼 수 있지만, 다른 어느 장르에 접목해도 손색이 없다. 더 자세히 말하자면, 적 캐릭터가 게이머가 만들어내는 소음이나 게이머를 발견함으로써 행동을 개시

하는 종류의 게임은 모두 스텔스 요소를 가지고 있다고 볼 수 있다. 다시 말하면, 감지 능력에 전술 능력까지 가미해서 AI 캐릭터를 개발하면 거의 모든 장르에 유용하게 사용할 수 있다는 의미다.

▍ 전략이란

전략은 한 캐릭터나 그룹 속의 여러 캐릭터가 특정 목적을 달성하기 위해 행하는 과정을 말한다. 대개 캐릭터가 주어진 모든 능력을 사용할 수 있는 상황에서 현 상황에 맞는 최선의 능력을 선택한 다음 적을 무찌르는 것을 의미한다. 비디오 게임에서의 전략이란, AI에게 결정 권한을 주고 캐릭터가 주요 목적을 달성하기 위해 영리하게 행동하는 것을 의미한다고 할 수 있다. 가령 현실 속의 군인이나 경찰이 적이나 범인을 제압하기 위해 행하는 전술들과 비교할 수 있다.

경찰과 군인에게는 상대방을 제압할 수 있는 다양한 기술과 능력이 있지만, 원하는 성과를 위해선 단계별로 어떤 행동을 할지 현명하게 선택해야 한다. 똑같은 원리를 AI 캐릭터에 적용할 수 있는데, 목적을 달성하기 위해 가능한 옵션 중 최고의 옵션을 선택하도록 하는 것이다.

이를 구현하기 위해서 앞서 이 책에서 살펴본 내용들을 사용해서 AI 캐릭터가 목적을 달성하거나 게이머를 제압하도록 할 수 있다.

▍ 감지 능력이란

전략과 연관된 상당히 중요한 요소 중 하나가 바로 캐릭터의 감지 능력이다. AI 캐릭터가 무언가를 감지할 수 있도록 힌트가 되는 요소로 소리, 시야, 예감 등을 들 수 있다. 이런 요소는 실제 인간이 가지고 있는 시각, 청각, 촉각, 주위의 상황을 느끼는 예감 등에 기반한다.

따라서 현재 주어진 정보를 분석하는 동시에, 다양한 행동을 수행해서 주위를 더 잘 인식하는 인공지능 캐릭터를 만들어야 한다. 이렇게 하면 캐릭터는 결국 현 상황에 맞는 결정을 내릴 수 있다.

▌ 시각 감지 능력 구현하기

전술을 알아보기 전에, 캐릭터에 감지 능력을 부여하는 방법을 우선 살펴보자.

그 시작으로 시각적 감지력을 캐릭터에 구현해보자. 가까이 있는 물체는 또렷하게 보고, 멀리 있는 물체는 희미하게 보는 실제 사람의 시각적 능력을 똑같이 시뮬레이션할 것이다. 많은 게임이 이 시스템을 구현했는데, 어떤 게임은 복잡하고 어떤 게임은 단순하다. 단순한 구현의 예로는 어드벤처 게임인 〈젤다Zelda - Ocarina of Time〉가 있다. 이 게임 속의 적은 다음 그림에서처럼 게이머가 일정 영역 이내로 들어와야만 보이거나 반응한다.

이 상황에서 게이머가 반대로 걸어서 적의 감지 영역을 벗어나면 적 캐릭터는 게이머를 볼 수 있음에도 불구하고 다시 대기 상태로 전환한다. 이는 상당히 단순한 감지 시스템으로, 이번 예제에 구현해볼 것이다.

반대로 시각 감지 능력을 중심으로 게임 기능을 구현한 게임도 있다. 이런 게임에는 시각적 감지 능력이 굉장히 중요하다. 유비소프트Ubisoft의 〈스플린터 셀Splinter Cell〉과 같은 게임이 좋은 예다.

이 게임에는 앞에서 언급한 청각, 시각, 촉각, 예감의 모든 감지 시스템을 적용했다. 게이머가 어두운 지역에 조용히 머무르고 있으면 밝은 곳에서 조용히 있는 것 보다 들킬 확률이 적다. 이는 소리 역시 마찬가지다. 같은 원리로 게이머는 소리 없이 다른 곳을 바라보고 있는 캐릭터에 접근할 수 있다.

이처럼 가까이 접근하기 위해서 게이머는 아주 은밀하게 그림자가 드리워진 영역으로 만 이동해야 한다. 게이머가 소음을 내거나 밝은 영역을 지나간다면, 적은 게이머를 쉽 게 발견할 것이다. 앞에서 알아본 젤다 게임보다 훨씬 더 복잡한 시스템이지만, 앞서 말한 대로 우리가 구현하려고 하는 게임에 알맞은 해결책을 구현하는 것이 더 중요하 다. 우선 간단한 방법부터 알아보고 더 발전된 방법으로 이어가보자.

기본 시각 감지

우선 예제에 필요한 씬scene을 준비하고 게이머 캐릭터도 불러오자.

캐릭터가 지역을 이동할 수 있는 코드를 구현하고 게임을 테스트한다. 이번 예제에서 는 움직임에 필요한 기본적인 정보만 간략히 입력했다. 이를 통해 AI 캐릭터와 게이머 사이에 일어나는 상호작용을 처리하는데, 그것이면 충분하기 때문이다.

주인공이 지도를 자유롭게 돌아다닐 수 있게 됐다. 이제 상대방 캐릭터를 구현할 차례다. 〈젤다〉에 있는 적을 그대로 구현하려고 한다. 바로 주인공이 근처에 다가가면 땅에서 나오고 주인공이 멀어지면 다시 땅으로 들어가는 적이다.

그림 속의 토끼를 게임으로 불러온 후 그 캐릭터가 주인공을 인식할 수 있는 영역을 정의해야 한다. 그렇게 해야 주인공이 다가왔을 때 땅에서 나올 수 있다.

마치 토끼가 땅에 숨어 있으면서 그림의 점선 영역까지 볼 수 있는것과 같다. 이를 어떻게 구현하면 될까? 두 가지 방법을 생각할 수 있다. 충돌자Collider 감지체trigger를 구멍 오브젝트에 추가해서 주인공이 감지되면 정해진 위치에 토끼를 생성하거나, 아니면 충돌자 감지체를 토끼에 직접 추가해서, 주인공의 상대적 위치에 따라 토끼가 보이거나 보이지 않는 두 상태를 코드에 구현하는 방법 중 선택하자.

이 예제에서는 구멍을 주 오브젝트로 설정하고, 게이머가 감지 영역에 들어서면 구멍 오브젝트에서 토끼 AI 캐릭터를 생성할 것이다.

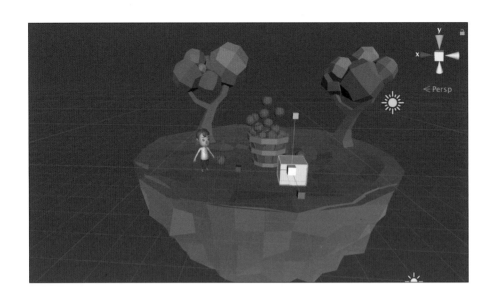

토끼를 프리팹prefab(유니티 툴의 특정 자원)으로 변환해서 나중에 생성할 수 있도록 하고 일단 씬에서 제거한다. 큐브를 생성한 후 구멍 위치에 놓는다. 구멍 오브젝트는 보일 필요가 없기 때문에 메쉬 정보를 끈다.

 빈 오브젝트보다 큐브 형태의 오브젝트로 설정하는 이유는 게임 에디터 상에서 쉽게 위치를 확인해서 수정할 수 있기 때문이다.

이제 감지체를 추가해서 계획대로 이 오브젝트가 게이머 캐릭터를 탐지할 수 있도록 해야 한다.

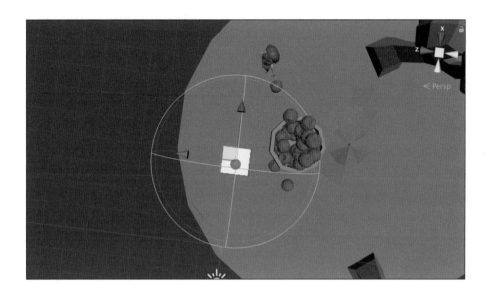

여기서 큐브 오브젝트를 생성했을 때 자동으로 딸려온 기본 큐브 감지체를 지우고 구 형태의 새로운 감지체를 추가한다. 왜 큐브의 기본 감지체를 사용하지 않을까? 큐브의 기본 감지체를 사용해도 어느 정도 작동은 하겠지만 감지 영역이 고르지 않고 완전히 어긋나기 때문에 계획에 맞게 구 형태의 감지체를 쓰는 것이다.

이제 생성한 구형 감지체가 게이머를 탐지할 수 있도록 설정해야 한다. 그러기 위해선 큐브/구멍 오브젝트에 다음 코드를 적용해야 한다.

```
void OnTriggerEnter (Collider other) {
    if(other.gameObject.tag == "Player")
    {
        Debug.Log("Player Detected");
    }
}
```

이 코드를 이용하면 어떤 오브젝트가 탐지 영역 안에 들어서는 이벤트를 확인할 수 있다. 당장은 그 오브젝트가 게이머 오브젝트인지 확인하기 위해 Debug.Log("Player

Detected");를 이용해서 구분만 하자. 이 코드를 큐브/구멍 오브젝트에 적용하고 테스트해보자.

게이머 캐릭터를 탐지 영역 안으로 이동시키면 Player Detected라는 메시지를 볼 수 있다.

Player Detected

이제 이 기본 예제의 첫 부분을 마쳤다. 지도를 돌아다니는 캐릭터가 있고, 게이머가 가까이 있는 것을 탐지할 수 있는 구멍 오브젝트를 만들었다.

 충돌자 감지체를 이용해서 어떤 오브젝트를 감지하는 그 자체는 인지 능력과는 직접적인 연관이 없다. 하지만 그 기술을 어떻게 사용하느냐에 따라 그것이 AI 캐릭터의 시각이 될 수도 있고, 아닐 수도 있다.

다음으로 AI 캐릭터인 토끼로 넘어가자. 이미 토끼를 프리팹 타입으로 생성하고 게임에 보이는 부분까지는 준비됐다. 이제 구멍 오브젝트에서 토끼 오브젝트를 생성해서, 게이머에게 토끼가 주인공을 보고 땅에서 나오는 듯한 효과를 줘야 한다. 구멍 오브젝트 코드의 "게이머를 발견했다(Player Detected)"는 메시지를 출력하는 대신에 캐릭터 객체를 생성하도록 수정해보자.

```
public GameObject rabbit;
public Transform startPosition;
public bool isOut;
void Start ()
{
    isOut = false;
}
void OnTriggerEnter (Collider other)
{
    if(other.gameObject.tag == "Player" && isOut == false)
    {
        isOut = true;
        Instantiate(rabbit, startPosition.position, startPosition.rotation);
    }
}
```

코드를 살펴보면 우선 rabbit AI 캐릭터를 생성instantiate했다. 생성 위치를 찾기 위해 startPosition 변수를 이용했지만, 대안으로 구멍 오브젝트의 위치를 사용해도 상관없다. 마지막으로 isOut 변수를 이용해서 토끼를 한 마리 이상 생성하지 않도록 했다.

게이머가 감지 영역 안으로 들어가면 토끼가 땅속에서 튀어 나오는 것을 확인할 수 있다.

다음 단계에서는 토끼의 시야를 설정해서 게이머가 시야 영역 안에 있는지 지속적으로 확인하고, 게이머가 영역을 벗어나면 토끼가 더 이상 게이머를 볼 수 없으므로 다시 땅속으로 들어가도록 해야 한다.

AI 캐릭터의 시야 영역은 구멍의 감지 영역보다 넓게 설정하자.

그림 속의 점선이 토끼의 시야를 나타내고, 게이머가 점선 밖을 나가면 더 이상 보지 못한다는 뜻이다.

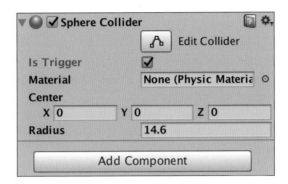

다시 구 형태의 충돌자를 사용하는데, 이번에는 토끼에 추가한다.

 충돌자를 감지 영역처럼 작동하도록 하려면 Is Trigger를 체크해야 한다.

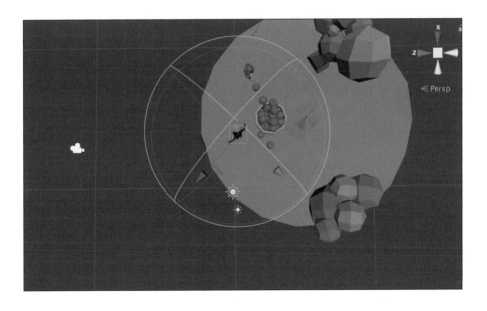

그림과 같이 우리가 원하는 크기로 설정한 구 형태의 충돌자^{Collider}가 게이머의 위치를
읽어서 AI 캐릭터의 시야로 작동한다.

이제 토끼 오브젝트에 이 감지 영역을 추가하는 코드를 작성해보자.

```
void OnTriggerStay (Collider other)
{
    if(other.gameObject.tag == "Player")
    {
        Debug.Log("I can see the player");
    }
}
```

OnTriggerStay 함수를 이용해서 게이머가 감지 영역 안에 지속적으로 있는지 확인할
수 있다.

당장은 감지 영역이 정상적으로 작동하는 것을 확인하기 위해 Debug.Log("I can see
the player");를 출력하도록 했다.

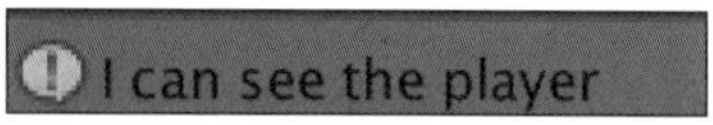

I can see the player

이제 게임을 실행하면 게이머가 토끼의 시야 안에 있는 동안 앞에서 정한 문장이 출력
되는 것을 확인할 수 있다.

다음으로, 게이머가 시야에서 멀어지면 토끼가 더 이상 보지 못하는 내용을 구현해보
자. 말 그대로 감지 영역을 벗어나는 이벤트 함수를 이용하면 된다.

```
void OnTriggerStay (Collider other)
{
    if(other.gameObject.tag == "Player")
    {
        Debug.Log("I can see the player");
    }
```

```
}
void OnTriggerExit (Collider other)
{
    if(other.gameObject.tag == "Player")
    {
        Debug.Log("I've lost the player");
    }
}
```

OnTriggerStay에 이어서 OnTriggerExit 함수를 구현했다. 함수 이름 그대로 어떤 오
브젝트가 감지 영역을 벗어날 때 호출된다. 하지만 이 함수가 의도대로 작동하려면 먼
저 해당 영역에 오브젝트가 들어오는 것을 감지해야 한다. 이때 OnTriggerEnter를 이
용한다.

```
void OnTriggerEnter (Collider other)
{
    if(other.gameObject.tag == "Player")
    {
        Debug.Log("I can see the player");
    }
}
void OnTriggerStay (Collider other)
{
    if(other.gameObject.tag == "Player")
    {
        Debug.Log("I can see the player");
    }
}
void OnTriggerExit (Collider other)
{
    if(other.gameObject.tag == "Player")
    {
        Debug.Log("I've lost the player");
    }
}
```

이제 게이머가 감지 영역을 들어오는 것, 머무는 것, 떠나는 것을 확인할 수 있다. 다시 말해서 토끼 캐릭터가 게이머 캐릭터를 보기 시작하는 순간과, 머무는 동안과, 시야에서 사라지는 순간을 확인할 수 있게 됐다.

게임을 실행해서 의도한 대로 작동하는지 확인할 수 있으며, 콘솔 메시지를 확인하면 이벤트에 따라 의도한 메시지가 출력되는 것을 볼 수 있다.

OnTriggerStay 함수의 호출이 훨씬 많은 것을 볼 수 있다. 이는 주인공이 영역 안에 있는 프레임마다 문장을 출력하기 때문이므로 자연스러운 현상이다. 지금까지 AI 캐릭터의 기본적인 시야 확인 방법을 알아봤다.

고급 시각 감지

지금까지 액션이나 어드벤처 게임에서 사용할 수 있는 일반적인 시야 구현 방법을 알아봤다. 이제 스텔스 게임에 사용할 수 있는 더 정교한 시야 구현 방법을 알아보자. 더 자세히 메탈기어 시리즈 게임을 알아보고, 그 속의 AI 캐릭터의 시야 시스템을 공부해보자.

이 스크린샷을 보면, 게이머 캐릭터가 적 캐릭터의 시야 감지 범위 내에 있어도 적이 게이머를 보지 못하는 것을 확인할 수 있다. 왜 적 캐릭터가 돌아서서 주인공을 공격하지 않을까? 그 이유는 적의 감지 영역이 바라보는 방향으로만 나 있기 때문이다.

따라서 게이머가 적의 등 뒤에 있으면 적은 게이머를 알아차릴 수 없다.

이 두 번째 스크린샷을 보면, 적 캐릭터는 어두운 부분에서 일어나는 일은 아무것도 알지 못하고 오직 플래시가 비추는 영역만 확인할 수 있다. 이와 같은 내용을 우리 AI 캐릭터에 구현하는 방법을 알아보자.

우선 테스트 시나리오를 설정하자. 일단은 간단한 큐브 오브젝트를 사용하지만 나중에 더 나은 오브젝트로 바꿀 수 있다.

몇 개의 큐브를 생성해서 땅을 의미하는 평면에 아무렇게나 배치한다. 그 다음 캐릭터를 의미하는 캡슐을 생성한다.

캡슐 역시 임의로 배치한 다음 AI 캐릭터와 상호작용할 목표물을 몇 개 만든다.

이 목표물 역시 자유롭게 지도상에 놓는다. 이제 두 개의 레이어를 생성해서 하나는 장애물을 위해, 다른 하나는 목표물을 위해 사용해야 한다.

유니티Unity에서 Layers 버튼을 클릭해서 옵션을 연 다음 Edit Layers...를 클릭한다.

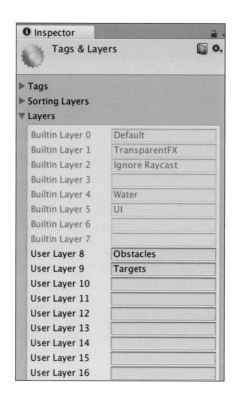

주어진 칸을 입력해서 원하는 레이어를 생성할 수 있다. 이 그림을 보면 이미 앞에서 언급한 Obstacles와 Targets라는 이름의 레이어를 볼 수 있다. 레이어가 준비되면 각각 상응하는 오브젝트와 연결해야 한다.

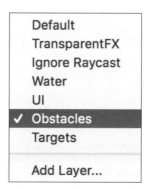

Obstacles 오브젝트를 선택해서 Layers 버튼을 클릭한 후, Obstacles 레이어를 선택하면 된다. Target 오브젝트 역시 같은 방법으로 Targets 레이어와 연결한다.

다음 단계는 우리 캐릭터에 필요한 코드를 작성하는 것이다. 또, 캐릭터에 딱딱한 몸체rigid body를 추가하고, 다음 그림과 같이 모든 회전축을 고정시켜야 한다.

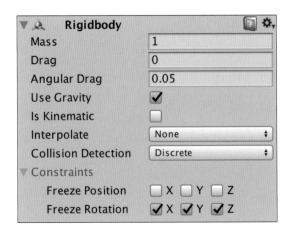

코드는 다음과 같다.

```
public float moveSpeed = 6;
Rigidbody myRigidbody;
Camera viewCamera;
Vector3 velocity;
void Start ()
{
    myRigidbody = GetComponent<Rigidbody> ();
    viewCamera = Camera.main;
}
void Update ()
{
    Vector3 mousePos = viewCamera.ScreenToWorldPoint(new Vector3(Input.
mousePosition.x, Input.mousePosition.y, viewCamera.transform.position.y));
    transform.LookAt (mousePos + Vector3.up * transform.position.y);
    velocity = new Vector3 (Input.GetAxisRaw ("Horizontal"), 0, Input.
```

```
GetAxisRaw ("Vertical")).normalized * moveSpeed;
}
void FixedUpdate()
{
    myRigidbody.MovePosition (myRigidbody.position + velocity * Time.
fixedDeltaTime);
}
```

이 코드는 캐릭터의 기본 움직임을 구현한다. 이를 이용해서 원하는 곳으로 이동시킬 것이다. 캐릭터를 지도상에서 이동시키고, 마우스를 이용해서 캐릭터가 바라보는 방향을 움직일 수 있다.

이제 캐릭터의 시야를 구현해보자.

```
public float viewRadius;
public float viewAngle;
public Vector3 DirFromAngle(float angleInDegrees)
{
}
```

우선 viewRadius와 viewAngle이라는 이름의 두 float 변수를 생성한다. 다음 각도를 파라미터로 받고 Vector3를 리턴하는 DirFromAngle라는 함수도 만든다. 이 함수 안에 삼각법을 이용해서 결과를 도출할 것이다.

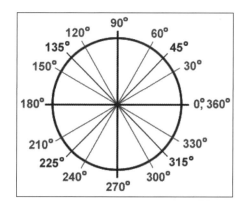

이 그림은 오른쪽에서 0도로 시작해서 시계 반대 방향으로 각이 점차 증가하는 기본적인 삼각법을 나타낸다.

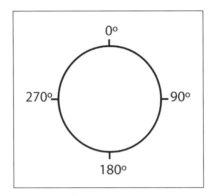

하지만 이 책에서는 유니티를 이용해서 이 예제를 구현하기 때문에, 이 그림처럼 유니티의 각을 다루는 방법이 다른 점을 유의해야 한다. 0도는 위쪽에 있고 값은 시계 방향으로 이동하면서 증가한다.

이 차이점의 유의하고 캐릭터가 바라보게 될 방향을 알아보자.

```
public float viewRadius;
public float viewAngle; public Vector3 DirFromAngle(float angleInDegrees)
{
    return new Vector3(Mathf.Sin(angleInDegrees * Mathf.Deg2Rad), 0, Mathf.
Cos(angleInDegrees * Mathf.Deg2Rad));
}
```

이제 예제의 기본 골격이 골격을 완성했다. 하지만 게임 에디터에서 캐릭터의 시야를 확인하기 위해서는 그 시야를 직접 화면에 그려야만 한다.

시야를 화면에 그리기 위해서, 프로젝트 아래 새로운 폴더를 생성한다.

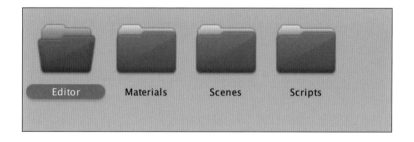

게임 엔진이 추가하는 컨텐츠를 인식하게 하려면 해당 폴더의 이름을 Editor로 설정
해야 한다. 이 폴더 안의 모든 컨텐츠는 클릭하지 않아도 에디터상에서 직접 재생하고
사용할 수 있기 때문에 예제와 같은 여러 상황에서 매우 유용하다.

방금 생성한 Editor 폴더에 다음과 같은 코드를 작성해, 캐릭터와 시야를 표현한다.

```
using UnityEngine;
using System.Collections;
using UnityEditor;
```

이 코드를 에디터 모드에서 사용할 것이기 때문에 using UnityEditor라는 줄을 적어야 한다.

앞에서 작정한 시야 코드를 사용하기 위해 한 줄을 더 추가해야 한다.

```
using UnityEngine;
using System.Collections;
using UnityEditor;
[CustomEditor (typeof (FieldOfView))]
```

이제 그 시야를 화면에 표현하는 코드를 작성해보자.

```
using UnityEngine;
using System.Collections;
using UnityEditor;
[CustomEditor (typeof (FieldOfView))]
public class FieldOfViewEditor : Editor
{
    void OnSceneGUI()
    {
        FieldOfView fow = (FieldOfView)target;
    }
}
```

void OnSceneGUI() 함수에서 게임 에디터에 보여주고 싶은 모든 정보를 구현한다. 우선 시야field of view의 타겟target을 FieldOfView 타입으로 전환해서 설정한다.

```
using UnityEngine;
using System.Collections;
using UnityEditor;
[CustomEditor (typeof (FieldOfView))]
public class FieldOfViewEditor : Editor
{
    void OnSceneGUI()
    {
        FieldOfView fow = (FieldOfView)target;
        Handles.color = color.white;
    }
}
```

다음으로 시야를 나타내는 색을 설정하는데, Handles.color에 하얀색 값을 줬다. 에디터가 아닌 실제 게임에는 이 시야가 그려지지 않을 것이기 때문에 육안으로 확인하기 좋은 명확한 색을 써도 상관없다.

```
using UnityEngine;
using System.Collections;
using UnityEditor;
[CustomEditor (typeof (FieldOfView))]
public class FieldOfViewEditor : Editor
{
    void OnSceneGUI()
    {
        FieldOfView fow = (FieldOfView)target;
        Handles.color = color.white;
        Handles.DrawWireArc (fow.transform.position, Vector3.up, Vector3.
forward, 360, fow.viewRadius); }
    }
}
```

이 코드에서는 만들고 있는 시야의 형태를 새로 추가해 나타냈다. 활처럼 둥근 곡선을 가진 형태이기 때문에 DrawWireArc 함수를 사용한다. 지금까지 구현한 내용을 다시 살펴보자.

캐릭터에 구현한 이 코드에 View Radius 값을 설정해서 원하는 반경을 정해야 한다.

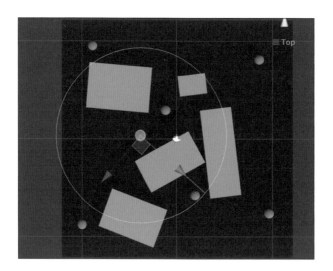

값을 증가시키면 캐릭터를 중심으로 원의 반경이 넓어진다. 이는 캐릭터의 시야각을 의미한다. 이제 몇 가지 수정을 가해서 〈메탈 기어 솔리드〉처럼 보이게 하자.

캐릭터의 FieldOfView 코드를 다시 열어서 다음 내용을 추가한다.

```
public float viewRadius;
[Range(0,360)]
public float viewAngle;
public Vector3 DirFromAngle(float angleInDegrees, bool angleIsGlobal)
{
    if(!angleIsGlobal)
    {
```

```
        angleInDegrees += transform.eulerAngles.y;
    }
    return new Vector3(Mathf.Sin(angleInDegrees * Mathf.Deg2Rad), 0, Mathf.
Cos(angleInDegrees * Mathf.Deg2Rad));
}
```

우선 viewRadius의 범위를 설정해서 그 값이 360도를 넘지 못하도록 했다. 그리고
DirFromAngle 함수에 angleIsGlobal이라는 Boolean 변수를 추가해서 현재 각도 값
이 전역 범위global인지 아닌지를 파악해서 캐릭터가 바라보는 방향을 원하는 대로 컨
트롤할 수 있도록 했다.

다음으로 FieldOfViewEditor 코드를 열어서 viewAngle 정보를 입력하자.

```
using UnityEngine;
using System.Collections;
using UnityEditor;
[CustomEditor (typeof (FieldOfView))]
public class FieldOfViewEditor : Editor
{
    void OnSceneGUI()
    {
        FieldOfView fow = (FieldOfView)target;
        Handles.color = color.white;
        Handles.DrawWireArc (fow.transform.position, Vector3.up, Vector3.
forward, 360, fow.viewRadius);
        Vector3 viewAngleA = fow.DirFromAngle(-fow.viewAngle/2, false);
        Handles.DrawLine(fow.transform.position, fow.transform.position +
viewAngleA * fow.viewRadius);
        Handles.DrawLine(fow.transform.position, fow.transform.position +
viewAngleB * fow.viewRadius);
    }
}
```

여기까지의 수정 내용이 잘 반영됐는지 테스트해본다.

Script	FieldOfView	⊙
View Radius	8.97	
View Angle	──○────────	60

View Angle 옵션의 값에 0 이상의 수를 입력해서 어떻게 변하는지 확인해보자.

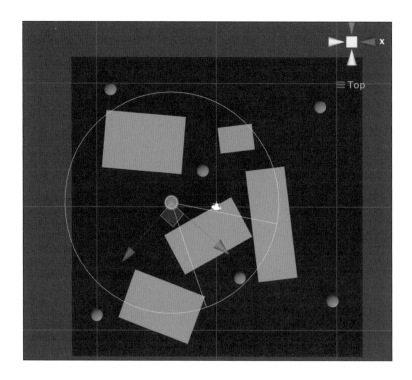

캐릭터를 둘러싸고 있는 원을 보면 피자 조각 모양을 발견할 수 있다. 이 모양의 크기를 View Angle 값을 바꿔서 조절할 수 있는데, 이 범위가 캐릭터의 시야를 나타낸다. 즉, 이 그림을 보면 캐릭터가 동남쪽을 바라보는 것을 알 수 있다.

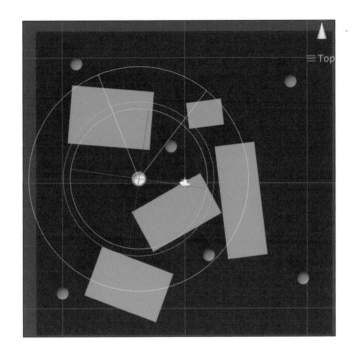

각을 전역 범위로 설정했기 때문에, 캐릭터를 회전시키면 시야 역시 따라서 도는 것을 볼 수 있다.

이제 레이캐스트를 시야에 적용해서 캐릭터가 바라보는 방향에 어떤 물체가 있는지 확인해보자. 앞에 작성했던 FieldOfView 코드에 내용을 추가한다.

```
public float viewRadius;
[Range(0,360)]
public float viewAngle;
public LayerMask targetMask;
public LayerMask obstacleMask;
public List<Transform> visibleTargets = new List<Transform>();
void FindVisibleTargets ()
{
    visibleTargets.Clear ();
    Collider[] targetInViewRadius = Physics.OverlapSphere(transform.position,
viewRadius, targetMask);
```

```
    for (int i = 0; i < targetsInViewRadius.Length; i++)
    {
        Transform target = targetInViewRadius[i].transform;
        Vector3 dirToTarget = (target.position - transform.position).
normalized;
        if (Vector3.Angle (transform.forward, dirToTarget) < viewAngle / 2)
        {
            float dstToTarget = Vector3.Distance (transform.position, target.
position);
            if (!Physics.Raycast(transform.position, dirToTarget, dstToTarget,
obstacleMask))
            {
                visibleTargets.Add (target);
            }
        }
    }
}
public Vector3 DirFromAngle(float angleInDegrees, bool angleIsGlobal)
{
    if(!angleIsGlobal)
    {
        angleInDegrees += transform.eulerAngles.y;
    }
    return new Vector3(Mathf.Sin(angleInDegrees * Mathf.Deg2Rad), 0, Mathf.
Cos(angleInDegrees * Mathf.Deg2Rad));
}
```

이 코드에 추가한 내용은 물리Physics 정보를 추가해서 캐릭터의 View Angle 안에 있
는 오브젝트를 구분하는 것이다. 그 방법은 레이캐스트를 이용해서 obstacleMask 레
이어 안의 오브젝트와 부딪히는지 확인하는 것이다. 이제 IEnumerator 함수를 구현해
서 캐릭터가 새로운 오브젝트를 탐지할 때 약간 지연되도록 하자.

```
public float viewRadius;
[Range(0,360)]
public float viewAngle;
public LayerMask targetMask;
```

```
public LayerMask obstacleMask;
[HideInInspector]
public List<Transform> visibleTargets = new List<Transform>();
void Start ()
{
    StartCoroutine("FindTargetsWithDelay", .2f);
}
IEnumerator FindTargetsWithDelay(float delay)
{
    while (true) {
        yield return new WaitForSeconds (delay);
        FindVisibleTargets ();
    }
}
void FindVisibleTargets ()
{
    visibleTargets.Clear ();
    Collider[] targetInViewRadius = Physics.OverlapSphere(transform.position,
viewRadius, targetMask);
    for (int i = 0; i < targetsInViewRadius.Length; i++)
    {
        Transform target = targetInViewRadius[i].transform;
        Vector3 dirToTarget = (target.position - transform.position).
normalized;
        if (Vector3.Angle (transform.forward, dirToTarget) < viewAngle / 2)
        {
            float dstToTarget = Vector3.Distance (transform.position, target.
position);
            if (!Physics.Raycast(transform.position, dirToTarget, dstToTarget,
obstacleMask))
            {
                visibleTargets.Add (target);
            }
        }
    }
}
public Vector3 DirFromAngle(float angleInDegrees, bool angleIsGlobal)
{
    if(!angleIsGlobal)
```

```
    {
        angleInDegrees += transform.eulerAngles.y;
    }
    return new Vector3(Mathf.Sin(angleInDegrees * Mathf.Deg2Rad), 0, Mathf.
Cos(angleInDegrees * Mathf.Deg2Rad));
}
```

이제 IEnumerator 함수를 통해 캐릭터가 시야 안의 새로운 오브젝트를 발견할 때 약
간의 시차(0.2f)를 두게 된다. 이 새로운 함수를 테스트 하려면 FieldOfViewEditor 코
드 역시 약간 수정해야 한다.

```
using UnityEngine;
using System.Collections;
using UnityEditor;
[CustomEditor (typeof (FieldOfView))]
public class FieldOfViewEditor : Editor
{
    void OnSceneGUI()
    {
        FieldOfView fow = (FieldOfView)target;
        Handles.color = color.white;
        Handles.DrawWireArc (fow.transform.position, Vector3.up, Vector3.
forward, 360, fow.viewRadius);
        Vector3 viewAngleA = fow.DirFromAngle(-fow.viewAngle/2, false);
        Handles.DrawLine(fow.transform.position, fow.transform.position +
viewAngleA * fow.viewRadius);
        Handles.DrawLine(fow.transform.position, fow.transform.position +
viewAngleB * fow.viewRadius);
        Handles.color = Color.red;
        Foreach (Transform visibleTarget in fow.visibleTargets)
        {
            Handles.DrawLine(fow.transform.position, visibleTarget.position);
        }
    }
}
```

이제 이 코드를 이용하면 캐릭터가 어떤 오브젝트가 시야에 들어올 때 그것을 발견하는 과정을 눈으로 확인할 수 있다.

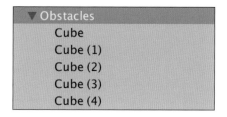

이것을 테스트하려면 우선 게임 속의 모든 장애물^{obstacles}을 선택해야 한다.

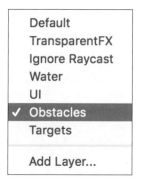

그러고 나서 그것들을 Obstacles라는 레이어에 추가한다.

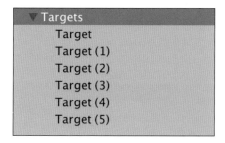

이어서, 게임의 Targets도 다 선택한다.

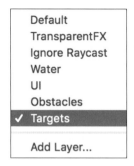

그리고 그것들을 Targets 레이어에 추가한다. 이것은 레이캐스트가 캐릭터의 시야 안에 있는 오브젝트를 탐지하기 위해 아주 중요한 과정이다. 이제 캐릭터 오브젝트를 클릭해서 어떤 레이어가 Targets를 나타내고, 어떤 레이어가 Obstacles를 나타내는지 정의해야 한다.

Field Of View에 있는 Layer Mask 옵션으로 가자.

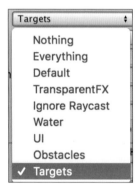

그리고 Targets 레이어를 선택한다.

이번에는 Obstacles 옵션으로 간다.

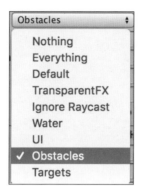

그리고 Obstacles 레이어를 선택한다.

이 모든 내용을 종합하면 캐릭터가 타겟을 발견하는 과정을 테스트할 수 있다.

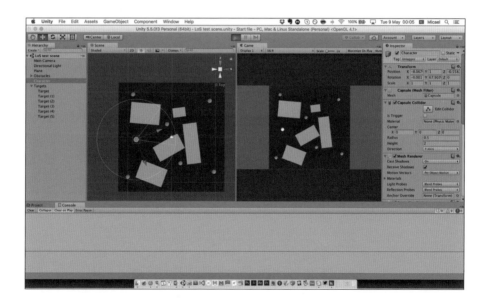

게임을 실행하면 캐릭터와 타겟 사이가 빨간 실선으로 연결되는 것을 볼 수 있다. 이는
타겟이 시야에 들어왔다는 의미다.

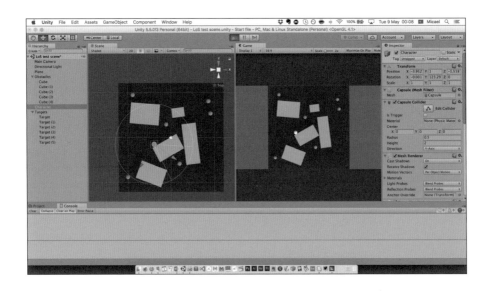

그러나, 캐릭터를 움직여서 타겟 앞에 장애물이 오도록 하면 타겟이 시야 범위에 있더라도 장애물이 타겟을 막고 있기 때문에 보지 못한다. 따라서 모든 장애물을 Obstacle 레이어에 추가해야 한다. 이렇게 하면 캐릭터가 엑스레이처럼 투과해서 보지 못하게 된다.

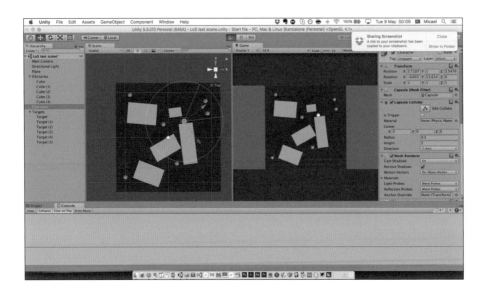

캐릭터 앞에 두 개의 타겟이 있는 경우 둘 다 선으로 연결된다. 이는 캐릭터가 동시에 여러 개의 타겟을 인지할 수 있다는 의미로, 전략과 전술에 아주 유용하게 쓰일 수 있다.

현실적인 시야 효과

이제 기본적인 시야 동작을 구현했으니, 다음 단계로 조금 더 현실적인 시야를 만들자. 캐릭터에 주변시peripheral vision를 구현해서 시야의 변두리는 희미하게 보이고 정면은 또렷하게 보이도록 할 것이다. 이는 실제 사람의 시야를 시뮬레이션하는 것과 같다. 실제로 사람은 정면을 더 집중하고, 시야의 가장자리를 확인하려면 그 방향으로 고개를 돌려서 더 명확하게 보려고 한다.

FieldOfView 코드로 돌아오자. 그리고 meshResolution이라는 이름의 float 타입 변수를 추가한다.

```
public float viewRadius;
[Range(0,360)]
public float viewAngle;
public LayerMask targetMask;
public LayerMask obstacleMask;
[HideInInspector]
public List<Transform> visibleTargets = new List<Transform>();
public float meshResolution;
```

다음 DrawFieldOfView라는 이름의 함수를 만들자. 이 함수 안에서 시야가 총 몇개의 레이캐스트선을 갖는지 정의하고 각 선의 각도도 정한다.

```
void DrawFieldOfView()
{
    int stepCount = Mathf.RoundToInt(viewAngle * meshResolution);
    float stepAngleSize = viewAngle / stepCount;
    for (int i = 0; i <= stepCount; i++) {
```

```
        float angle = transform.eulerAngles.y - viewAngle / 2 + stepAngleSize
*i;
        Debug.DrawLine (transform.position, transform.position +
DirFromAngle(angle, true) * viewRadius, Color.red);
    }
}
```

이제 이 함수를 업데이트 함수에서 호출하면 된다.

```
void LateUpdate( ) {
    DrawFieldOfView ( );
}
```

이제 게임 에디터를 열어서 방금 구현한 내용을 확인하자.

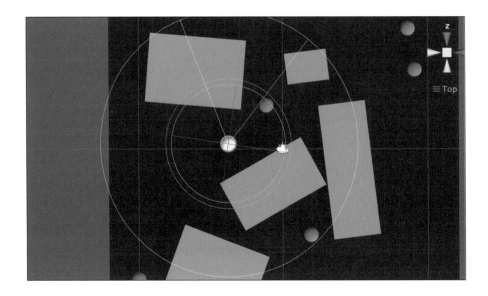

테스트를 시작하면 이전 테스트와 차이점을 하나도 발견할 수 없다. 이는 예상한 그대로다. 캐릭터의 Mesh Resolution 값을 증가해야 하기 때문이다.

☑ Field Of View (Script)	
Script	FieldOfView
View Radius	8.97
View Angle	65
Target Mask	Targets
Obstacle Mask	Obstacles
Mesh Resolution	0.08

앞의 스크린샷에서 볼 수 있듯이 Mesh Resolution 값을 바꿔서 결과를 바꿀 수 있다.

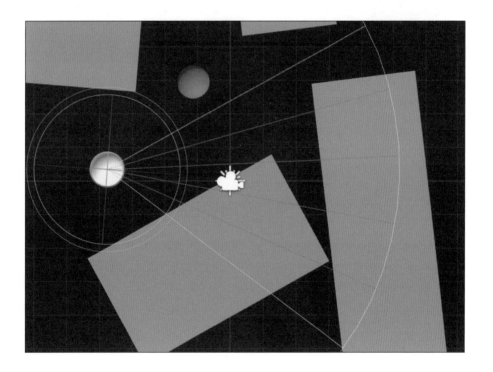

예를 들어 Mesh Resolution 값을 0.08로 하면 예상대로 몇 개의 빨간 선을 볼 수 있다.

값을 더 높게 설정하면 더 많은 선을 볼 수 있고, 이는 시야를 더 자세하게 나타낼 수 있다는 뜻이다. 다음 스크린샷에서 그와 같은 내용을 확인할 수 있다.

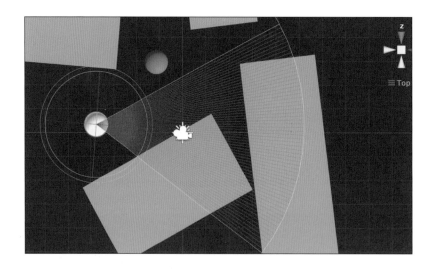

하지만 선이 많아질수록 CPU 파워도 많이 필요하기 때문에 주의해야 한다. 특히 여러 캐릭터가 동시에 한 화면에 있는 경우도 고려해야 한다.

코드로 돌아와서, 각 선이 충돌을 감지하도록 해서 캐릭터가 이런 정보를 동시에 받을 수 있도록 해보자. 레이캐스트로부터 모든 정보를 종합하는 함수를 작성하자.

```
public struct ViewCastInfo
{
    public bool hit;
    public Vector3 point;
    public float dst;
    public float angle;

    public ViewCastInfo(bool _hit, Vector3 _point, float _dst, float _angle)
    {
        hit = _hit;
        point = _point;
        dst = _dst;
        angle = _angle;
    }
}
```

새로운 함수를 준비했으면 DrawFieldView( ) 함수로 돌아가서 레이캐스트 정보를 입력하자.

```
void DrawFieldOfView( )
{
    int stepCount = Mathf.RoundToInt(viewAngle * meshResolution);
    float stepAngleSize = viewAngle / stepCount;
    List<Vector3> viewPoints = new List<Vector3>( );
    for (int i = 0; i <= stepCount; i++)
    {
        float angle = transform.eulerAngles.y - viewAngle / 2 + stepAngleSize
* i;
        ViewCastInfo newViewCast = ViewCast(angle);
        Debug.DrawLine(transform.position, transform.position +
DirFromAngle(angle, true) * viewRadius, Color.red);
        viewPoints.Add(newViewCast.point);
    }
}
```

이 과정을 이해하기 위해서 메쉬 정보를 어떻게 처리하는지 알아보자.

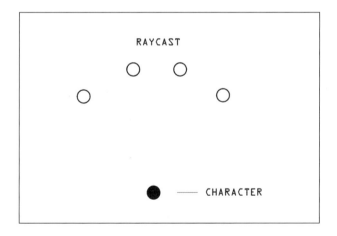

위 그림을 보면, 속이 꽉 찬 점으로 나타나는 캐릭터와 속이 빈 점으로 나타나는 레이

캐스트의 종착점을 볼 수 있다.

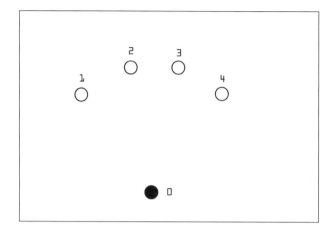

각 점에 숫자를 부여했는데 캐릭터의 숫자는 0이고, 나머지 점들은 왼쪽부터 시계 방향으로 숫자가 증가하도록 했다.

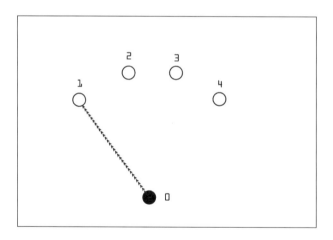

점 0번과 점 1번을 연결한다.

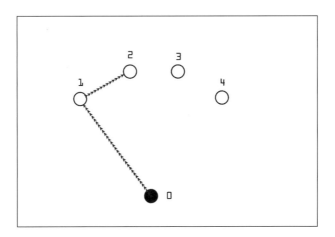

다음 점 1번과 점 2번을 연결한다.

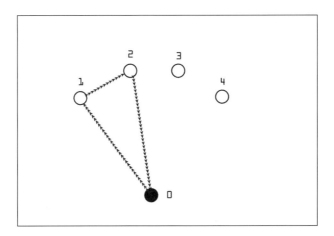

그 다음 점 2번이 점 0번과 연결해서 삼각형 메쉬를 만들게 된다.

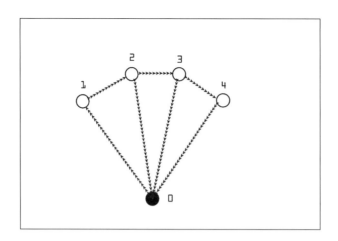

첫 번째 삼각형 메쉬를 만든 후 계속해서 0 → 2 → 3 → 0 순으로 연결해서 두 번째 삼
각형 메쉬를 만든다. 끝으로 0 → 3 → 4 → 0으로 연결해서 마지막 삼각형을 만든다.
이 같은 정보를 코드에서 사용하기 알맞게 변환한 것이 다음 행렬이다.

[0,1,2,0,2,3,0,3,4]

예제의 점은 모두 다섯 개다.

---

v = 5

생성된 삼각형의 수는 세 개다.

---

t = 3

즉 삼각형의 개수는 다음과 같이 도출할 수 있다.

---

t = v - 2

그리고 행렬의 크기는 다음과 같이 표현할 수 있다.

(v - 2) * 3

코드로 가서 이 내용을 입력한다.

```
void DrawFieldOfView()
{
    int stepCount = Mathf.RoundToInt(viewAngle * meshResolution);
    float stepAngleSize = viewAngle / stepCount;
    List<Vector3> viewPoints = new List<Vector3> ();
    ViewCastInfo oldViewCast = new ViewCastInfo ();
    for (int i = 0; i <= stepCount; i++)
    {
        float angle = transform.eulerAngles.y - viewAngle / 2 + stepAngleSize
* i;
        ViewCastInfo newViewCast = ViewCast (angle);
        Debug.DrawLine(transform.position, transform.position +
DirFromAngle(angle, true) * viewRadius, Color.red);
        viewPoints.Add (newViewCast.point);
    }
    int vertexCount = viewPoints.Count + 1;
    Vector3[] vertices = new Vector3[vertexCount];
    int[] triangles = new int[(vertexCount-2) * 3];
    vertices [0] = Vector3.zero;
    for (int i = 0; i < vertexCount - 1; i++)
    {
        vertices [i + 1] = viewPoints [i];
        if (i < vertexCount - 2)
        {
            triangles [i * 3] = 0;
            triangles [i * 3 + 1] = i + 1;
            triangles [i * 3 + 2] = i + 2;
        }
    }
}
```

그리고 코드 제일 앞에 public MeshFilter viewMeshFilter와 Mesh viewMesh라는 이름의 두 개의 변수를 추가한다.

```
publicfloat viewRadius;
[Range(0,360)]
publicfloat viewAngle;
public LayerMask targetMask;
public LayerMask obstacleMask;
[HideInInspector]
public List<Transform> visibleTargets = new List<Transform>();
publicfloat meshResolution;
public MeshFilter viewMeshFilter;
Mesh viewMesh;
```

그리고 Start 함수에서 초기화해야 한다.

```
void Start()
{
    viewMesh = new Mesh ();
    viewMesh.name = "View Mesh";
    viewMeshFilter.mesh = viewMesh;
    StartCoroutine ("FindTargetsWithDelay", .2f);
}
```

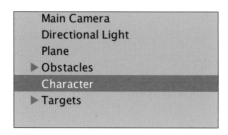

다음 단계로 게임 에디터에서 Character 오브젝트를 선택한다.

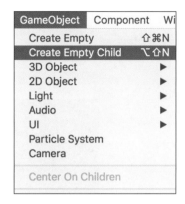

GameObject 섹션으로 간 다음 Create Empty Child 옵션을 선택한다.

오브젝트의 이름을 View Visualisation으로 바꾼다.

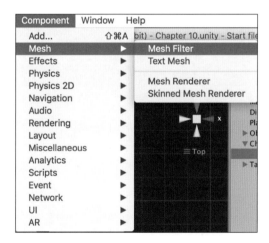

같은 오브젝트를 선택한 상태에서 Component | Mesh | Mesh Filter 옵션을 선택해서
메쉬 필터를 추가한다.

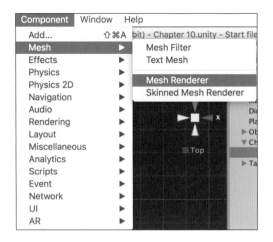

그리고 이번에는 Component | Mesh | Mesh Renderer를 선택해서 Mesh Renderer
를 추가한다.

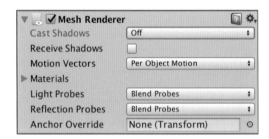

이 그림과 같이 Cast Shadows와 Receive Shadows 옵션은 끈다.

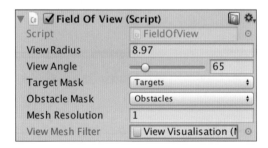

끝으로 조금 전에 만든 View Visualisation 오브젝트를 View Mesh Filter 변수에 연결하고, Mesh Resolution 값은 아무 값으로 바꾼다. 예제에서는 1로 입력했다.

코드로 돌아와서, DrawFieldOfView 함수를 마저 작성하자.

```
void DrawFieldOfView()
{
    int stepCount = Mathf.RoundToInt(viewAngle * meshResolution);
    float stepAngleSize = viewAngle / stepCount;
    List<Vector3> viewPoints = new List<Vector3> ();
    ViewCastInfo oldViewCast = new ViewCastInfo ();
    for (int i = 0; i <= stepCount; i++)
    {
        float angle = transform.eulerAngles.y - viewAngle / 2 + stepAngleSize
* i;

        ViewCastInfo newViewCast = ViewCast (angle);
        viewPoints.Add (newViewCast.point);
    }
    int vertexCount = viewPoints.Count + 1;
    Vector3[] vertices = new Vector3[vertexCount];
    int[] triangles = new int[(vertexCount-2) * 3];
    vertices [0] = Vector3.zero;
    for (int i = 0; i < vertexCount - 1; i++)
    {
        vertices [i + 1] = viewPoints [i];
        if (i < vertexCount - 2)
        {
            triangles [i * 3] = 0;
            triangles [i * 3 + 1] = i + 1;
            triangles [i * 3 + 2] = i + 2;
        }
    }
    viewMesh.Clear ();
    viewMesh.vertices = vertices;
    viewMesh.triangles = triangles;
    viewMesh.RecalculateNormals ();
}
```

지금까지의 결과물을 테스트해보자.

게임을 실행하면 의도한 대로 메쉬가 그려지는^{rendered} 것을 볼 수 있다.

 TIP Debug.DrawLine 코드를 지우는 것을 잊지 말자. 그러지 않으면 메쉬가 제대로 그려지지 않는다.

그래픽 비주얼을 최적화하기 위해서는 viewPoints를 전역 범위에서 지역 범위 점으로 변환해야 한다. 이를 위해 InverseTransformPoint를 사용한다.

```
void DrawFieldOfView()
{
    int stepCount = Mathf.RoundToInt(viewAngle * meshResolution);
    float stepAngleSize = viewAngle / stepCount;
    List<Vector3> viewPoints = new List<Vector3> ();
    ViewCastInfo oldViewCast = new ViewCastInfo ();
    for (int i = 0; i <= stepCount; i++)
    {
        float angle = transform.eulerAngles.y - viewAngle / 2 + stepAngleSize
* i;

        ViewCastInfo newViewCast = ViewCast (angle);
        viewPoints.Add (newViewCast.point);
    }
    int vertexCount = viewPoints.Count + 1;
    Vector3[] vertices = new Vector3[vertexCount];
    int[] triangles = new int[(vertexCount-2) * 3];
    vertices [0] = Vector3.zero;
    for (int i = 0; i < vertexCount - 1; i++)
    {
        vertices [i + 1] = transform.InverseTransformPoint(viewPoints [i]) +
Vector3.forward * maskCutawayDst;
        if (i < vertexCount - 2)
        {
            triangles [i * 3] = 0;
            triangles [i * 3 + 1] = i + 1;
            triangles [i * 3 + 2] = i + 2;
        }
    }
    viewMesh.Clear ();
    viewMesh.vertices = vertices;
    viewMesh.triangles = triangles;
    viewMesh.RecalculateNormals ();
}
```

게임을 다시 실행하면 더 정확하게 그려지는 것을 볼 수 있다.

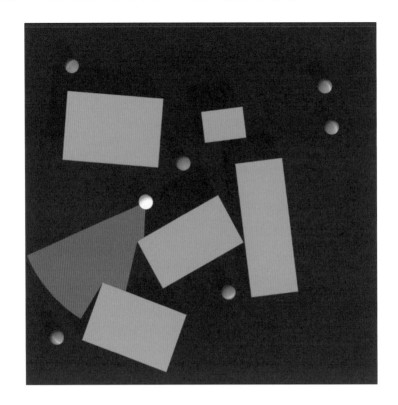

기능을 더 향상하기 위해 Update 함수를 LateUpdate 함수로 바꿔보자.

```
void LateUpdate( ) {
    DrawFieldOfView ( );
}
```

이렇게 하면 메쉬의 렌더링이 더 부드러워진다.

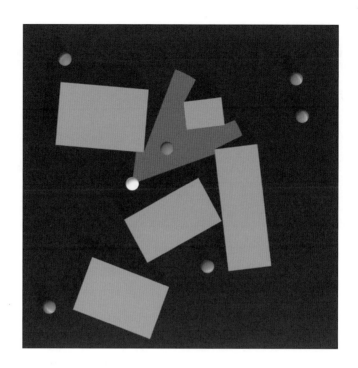

이것을 끝으로 캐릭터에 현실적인 시야를 적용하는 예제를 마친다.

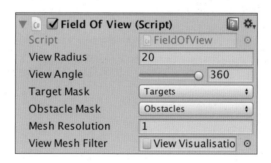

이제 캐릭터의 시야각을 수정해서 주위를 인식하는 범위를 제작자의 의도대로 결과를
도출하도록 조율하면 된다.

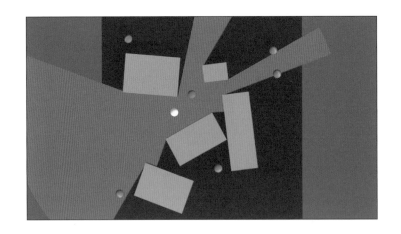

예를 들어, View Angle 값을 360으로 하면 모든 방향을 다 볼 수 있다는 의미고, 그 값을 줄이면 결국에는 〈메탈 기어 솔리드〉 같은 게임의 시야를 만들 수 있다.

이제 여타 스텔스 게임의 특정적인 시야나 청각 기능을 재구현할 수 있다. 이런 기능의 기본 원리를 배웠고, 그것을 기반으로 여러분만의 독창적인 게임을 개발할 수 있게 됐다.

▌요약

10장에서는 스텔스 게임의 기본 구성을 알아보고, 이 내용을 어떻게 구현하는지 공부했다. 간단한 인식능력부터 복잡한 능력까지 골고루 알아봤으니, 만들고자 하는 게임에 적당한 방법을 사용하면 된다. 스텔스 게임처럼 인지 감각이 중요한 게임이면 더 복잡한 방법을 쓰고, 단순히 게이머가 범위 안에 들어왔는지만 확인하면 되는 수준이면 간단한 방법을 쓰면 된다. 10장에서 배운 기술은 앞에서 배운 다른 어느 내용과도 접목할 수 있다. 충돌 감지, 경로 찾기, 의사 결정, 애니메이션 등 여러 기술에 접목해서 전문성을 좀 더 향상해보자.

게임을 만드는 방법은 끊임없이 발전한다. 게임 개발사는 게임을 개발하기 위해 새롭거나 차별화된 방법을 사용한다. 그 과정에서 우리가 이미 알고 있는 지식을 원하는 결과가 나올 때까지 수없이 실험하고 응용한다. 하지만, 더 나은 시스템이라도 결국에는 가장 기본적인 지식을 답습하고 그것을 기반으로 할 때가 있다. 이 점을 잊지 말자.

찾아보기

에이콘출판의 기틀을 마련하신 故 정완재 선생님 (1935-2004)

실전 게임 기초 AI 프로그래밍

예제로 쉽게 배우는 게임 인공지능 프로그래밍

발 행 | 2018년 8월 31일

지은이 | 미카엘 다그라사
옮긴이 | 금 기 진

펴낸이 | 권 성 준
편집장 | 황 영 주
편 집 | 배 혜 진
디자인 | 박 주 란

에이콘출판주식회사
서울특별시 양천구 국회대로 287 (목동)
전화 02-2653-7600, 팩스 02-2653-0433
www.acornpub.co.kr / editor@acornpub.co.kr

한국어판 © 에이콘출판주식회사, 2018, Printed in Korea.
ISBN 979-11-6175-167-2
ISBN 978-89-6077-210-6 (세트)
http://www.acornpub.co.kr/book/game-ai-programming

이 도서의 국립중앙도서관 출판시도서목록(CIP)은 서지정보유통지원시스템 홈페이지(http://seoji.nl.go.kr)와
국가사료공농복톡시스템(http://www.nl.go.kr/kolisnet)에서 이용하실 수 있습니다.(CIP제어번호: CIP2018026625)

책값은 뒤표지에 있습니다.